上海民办高校党的建设和思想政治工作创新计划项目：
职业生涯课程思政教学改革创新示范建设2018—2020

U0730918

*Daxuesheng zhiyeshengya
kechengsizheng jiaogai yanjiu*

大学生职业生涯课程思政教改研究

主编 何妍蓉 高红霞

复旦大学出版社

序

职业生涯课程思政教学改革的价值

为什么要进行职业生涯课程思政教学改革？

答案一：立德树人是高校的根本任务。2014 年 9 月 9 日，习近平总书记在同北京师范大学师生代表座谈时的讲话中明确提出："好老师应该懂得，选择当老师就选择了责任，就要尽到教书育人、立德树人的责任，并把这种责任体现到平凡、普通、细微的教学管理之中。"

答案二：职业生涯课程思政教学改革是新时代的需要。2017 年 10 月 18 日，习近平总书记在党的十九大报告中明确指出："中国特色社会主义进入新时代，我国社会主要矛盾已经转化为人民日益增长的美好生活需要和不平衡不充分的发展之间的矛盾。"职业生涯课程首先需要聚焦大学生的美好生活需要与个人不平衡不充分的发展之间的矛盾，引导学生关注自我管理和自我发展，从而缓解这一矛盾，为社会做出贡献。

2017 年 7 月，上海杉达学院"职业生涯"课程获得了上海市精品课程称号。下一步迈向哪里？无论是聚焦"新时代社会主要矛盾"，还是落实"立德树人根本任务"，呼应"能力不行可以培训，品德不行不能录用"的用人标准，进行职业生涯课程思政教学改革都是为大学生奠定人生亮色的有力推手。于是，我们开启了 5 年的职业生涯课程思政教学改革征程。5 年间，我们大致走过了 5 个阶段：默默探索阶段、专家调研阶段、跨校研讨阶段、实践尝试阶段、成果汇集阶段。

自拉自唱、闭门造车，容易内心惶惑；开门建课、协同研究，才能获得广泛的思想和经验。"协同创新"成了这 5 年的工作主题，并且获得市教委"民创计划"项目的资助，"职业生涯教育协同创新中心"和"幸福生涯联盟"也应运而生。我们期望借此集聚更广泛的力量，让职业生涯课程发挥更大的效能，让职业生涯课程教师拥有更多的合作伙伴。

从 2018 年开始，我们举办了 3 次征文活动，召开了 1 次专题论坛，1 次专题培训。

这些研究活动不仅包括民办高校,还有以同济大学、浙江师范大学为代表的公办高校。本书收录的文章来自 9 所高校的老师,共 33 篇。这些论文基本围绕 4 个主题:职业生涯课程思政建设、职业生涯教育中积极心理品质的培育、职业生涯教育思政化的探索与拓展、职业生涯教育思政化案例。论文从不同视角提供了对于职业生涯教育以及职业生涯课程思政的思考和经验。

其中最大的亮点是上海杉达学院教研团队的研究成果。上海杉达学院研究聚焦新时代社会主要矛盾和"立德树人"的根本任务,以积极心理学为理论基础,落实了"美德拉近幸福、优势获得幸福"的育人逻辑。为了把课程思政落实到学生的行动上,根据当代大学生特点,团队建构了职业生涯课程思政的课程识别体系(course identity system,CIS)。该体系的核心是育人理念体系(mind identity system,MIS):新时代社会主要矛盾聚焦→学生幸福现值评估与增值计划→学生美德优势发现、发挥与发展→学生幸福增值的激励与评价。育人理念贯穿教学全过程,进而付诸实践形成育人行为识别体系(behavior identity system,BIS)和"一分知识、两分讨论、七分实践"的问题导向学习(problem-based learning,PBL)模式。表达课程思政理念和行为的视觉识别体系(visual identity system,VIS)"幸福花",则脱胎于"梅开五福"中的"好德",并演化为积极心理学幸福五元素的"新梅开五福",从而成为课程思政教学中广泛运用的工具。系统的才是有效的,这是职业生涯课程思政教学改革创新的要义。

感谢上海市教委的"民创计划"资助,让我们得以先后进行了 3 期职业生涯课程思政教学改革的专题征文。感谢多年来耕耘职业生涯教育土地的老师们。感谢幸福生涯联盟校的伙伴们。感谢白茹老师在两期征文过程中所做的工作,尤其是在第二期给予老师们高质量的培训。感谢何妍蓉老师在编辑文集过程中做出的不可替代的贡献。

高红霞

2021 年 3 月 31 日

目 录

第一编
职业生涯课程思政建设

生涯发展论在职业生涯课程思政化中的应用研究

陈敏云

习近平总书记在 2016 年 12 月的全国高校思想政治工作会议上强调:"要用好课堂教学这个主渠道……各类课程都要与思想政治理论课同向同行,形成协同效应。"由此,"课程思政"开始在各大高校得以积极应用与实践。"课程思政"就是以构建全员、全程、全课程育人格局的形式使各类课程与思想政治理论课同向同行,形成协同效应,把"立德树人"作为教育的根本任务的一种综合教育理念。

"课程思政"强调专业教育与思政教育保持目标和方向一致,强调将知识传授、技能培养、价值引领和育人相统一相结合,即在专业课程中融入德育。那么,如何在职业生涯课程中融入思政元素,在不经意中达到思政教育的目的呢? 上海杉达学院的生涯课程教学团队积极创新思考和实践探索,通过开展职业生涯课程思政化教学改革,从"我的幸福人生"这一主线开始,研究 Super 的生涯发展论在职业生涯课程思政化中的应用、创新理念和方式。持续的幸福人生一定是丰富多彩的人生,教学团队从塞利格曼"人生五元素"的积极心理学视角出发,激励学生不断为实现人生各阶段目标和生涯幸福而努力。美德可以拉近幸福,优势可以获得幸福。教学团队引导大学生从追求"职业成功"转为向往"生涯幸福",为了满足美好生活的需要平衡而充分地发展自我。

一、舒伯的生涯发展理论

美国的舒伯(Donald E. Super)是职业规划与生涯教育领域最具权威性的人物,是全球最有影响力的生涯发展研究者之一。舒伯提出生涯发展理论并不断地对其进行修正和完善,他将生涯(career)界定为"人生活中各类事件的演变方向和过程,包括一个人一生中所有的生活角色(儿童、学生、休闲者、公民、工作者、家长)"。生涯彩虹图(life-career rainbow)与拱门模型(archway model)是舒伯的两大主要理论,涉及生活广度(life-span)、生活空间(life-space)、自我概念(self-concept)以及生涯成熟等。

(一) 生涯彩虹图

舒伯将时间性和空间性、环境因素和个人因素统合起来,用生涯彩虹图对美好生活进行了形象化的描绘(见图 1)。他把横跨人一生的生命历程称为生活广度,人在生命各发展阶段中出现的各种角色称为生活空间。以生活广度为横向层面,以生活空间为纵向层面,我们就可以直观地了解生涯发展阶段与角色间的相互影响和发展状况。

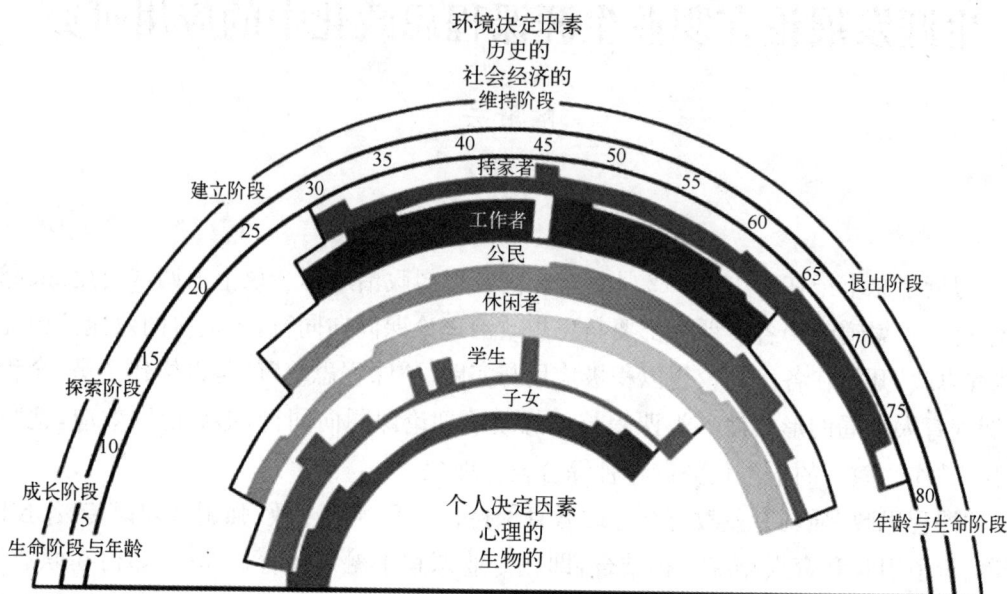

图1 生涯彩虹图

在图1中,生活广度主要包括5个阶段,覆盖了人的一生,而且每个阶段都有其生涯发展任务。① 成长阶段(约相当于儿童期,0~14岁):主要发展自我概念,通过经验了解周围环境尤其是工作世界。② 探索阶段(约相当于青春期,15~24岁):通过实习体验,把职业偏好逐渐具体化、逐渐实现职业偏好。③ 建立阶段(约相当于成人前期,25~44岁):进入职业的安定期,统整、稳固并求上进。④ 维持阶段(约相当于中年期,45~64岁):维持既有成就与地位。⑤ 退出阶段(约相当于老年期,65岁以上):会面临减速、解脱、退休。舒伯提出,人在每开始一段新的生涯,都要面对这5个阶段,即"成长—探索—建立—维持—衰退"的循环。例如,一个人更换职业,就会重新开始这一循环。

生活空间体现了人在不同的发展阶段中需要扮演的生活角色。舒伯认为,人在不同时期扮演着不同的角色并对其有不同程度的认同和投入,这种投入和重视程度以每一道厚薄以及凸起不一的彩虹来表现。生命的长度(发展阶段)、宽度(角色)和深度(个人对角色的投入程度)都在生涯彩虹图上体现出来。透过生涯彩虹图,学生可以更好地了解自己所处的发展阶段,以及每个生涯阶段自己可能扮演的生活角色和需要完成的任务,从而结合当下设定生涯目标,做好准备,规划未来。

舒伯描绘了子女、学生、休闲者、公民、工作者、家长6种主要角色。他指出,人可以在不同的发展阶段扮演不同的生活角色,也可以在某一发展阶段同时扮演几种不同的角色,各种角色先后出现或者相互重叠,不同角色的组合将会塑造出个人独特的生涯类型。另外,角色之间会互相影响,某一角色的时间和精力投入多少会影响其他角色的时间和精力投入,这就是著名的"角色显著",例如探索期的显著角色是学生,建立期就是工作者。所以,舒伯的"生涯彩虹图"对个体的自我了解、自我实现以及职业生涯规划具有很强的现实指导意义。

(二) 生涯发展的拱门模式

舒伯的发展理论强调人的主观意识,注重动态的生命全期的发展。舒伯提出人在不断变化发展的社会环境和社会结构中进行生涯选择,这其实是一种生涯的建构过程。所以,舒伯于 1990 年又创造出生涯发展拱门模式(见图 2),提到个体生涯发展会受到生理、心理以及社会经济因素的影响。

拱门左边是"生理基石",即个体的生理遗传基础,如个人的需求、价值、兴趣、智力、性向与特殊能力倾向等。生理基础支持影响生涯发展的内在因素,继而发展出一个人的人格倾向,并导向个人的成就表现。拱门右边是"地理基石",如社区、学校、家庭、同伴团体、经济资源、劳动力市场等。地理基石支持影响生涯发展的外在因素。左右两个支柱不断向上延伸,透过个人的生涯发展阶段逐渐形成角色的自我概念,进而发展成"自我","自我"

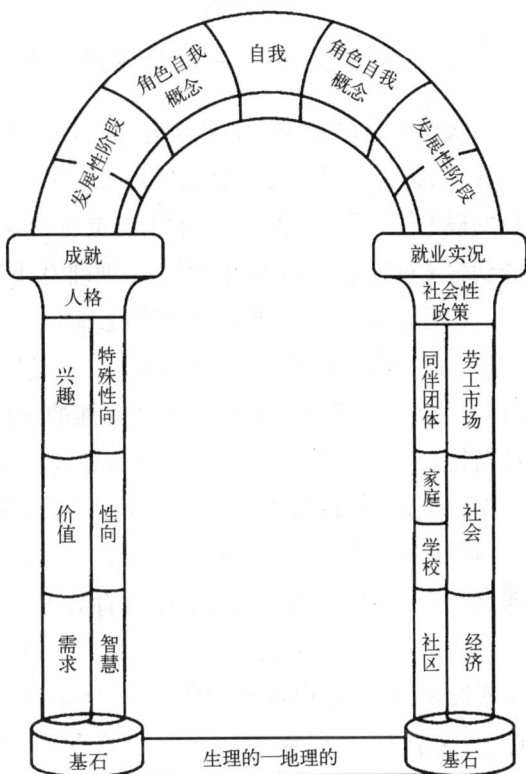

图 2 舒伯的生涯发展拱门模式

(资料来源:金树人,《生涯咨询与辅导》,高等教育出版社,2007)

居于拱门的最高点,决定了个人的生涯选择与发展。所以,学生的成长、成才建立在了解他们的需求、价值、兴趣、技能等的基础上,还需要结合他们所在的家庭和外部社会环境等情况来分析。

(三) 生涯成熟度

生涯成熟的概念也是舒伯等提出的。从成长、建立、探索、维持到衰退,这一连串纵贯式的生命全期发展,将记录着一个人的生涯成熟程度。生涯成熟指一个人在不同的生涯发展阶段,因应生涯发展任务的准备程度。例如,一位大学生应达到的发展阶段是

"探索期",该阶段的生涯发展任务是通过实习体验,逐渐具体化并实现职业偏好。这反映出个体本身在生理与社会层面的成熟程度,也是社会期待他在生涯发展上应该达到的程度。生涯成熟度高的大学生,生涯适应力一般也会比较强。所以,生涯教育需要积极提升学生的生涯成熟度,让他们保持较强的好奇心,带着创新精神、开放的思想和积极的心态去体验变化的环境。当他们有较强的生涯适应力,就能积极乐观投入到生涯决策过程中,就容易实现生涯目标。

二、生涯发展论在职业生涯课程思政化中的应用

大学生是国家未来的建设者,他们为了满足未来的美好生活也需要平衡、充分地发展自我,职业生涯规划对大学生个人的未来职业走向和职业发展具有十分深远的影响。高校的根本任务是立德树人,因而需要重视大学生的职业生涯教育,把思政教育元素不断地渗透到教学过程中,不断提升大学生的职业生涯适应力和成熟度、就业能力、职业发展能力。

以往的职业生涯课大多以讲授基本生涯理论知识为主,配合一些简单的测评工具解析,使大学生对职业生涯规划有一个初步的认识,但无法深入地开展个性化指导,难以引发学生强烈的兴趣和对生涯规划的深度思考。相比之下,个性化辅导具有更强的针对性。有些高校已逐步开设生涯咨询服务,给学生提供一对一咨询,从咨询辅导角度帮助学生认识自我,了解职业环境来进行就业指导。上海杉达学院学生人数多、班级多、师资力量比较有限,无法达到深入个性化辅导。那么,如何创新让学生更喜欢生涯课,生涯课教学中如何融入思政教育元素,如何抓住课堂育人的主渠道主阵地,成为教学团队思考的主要问题。在生涯课程思政化教学改革的实践探索过程中,教学团队结合实际修改教材,提炼教学理念,集体备课,不断提升教学质量,让理论接地气,有针对性、有吸引力,让课堂充满生气、有亲和力,让学生真心喜爱、终身受益。教学团队还结合学生的阶段成长规律,融入积极心理学幸福五元素——积极情绪、身心投入、人生意义、良好关系、生涯成就,将舒伯的生涯发展论应用于职业生涯课程思政化,搭建了生涯教育的课程教学、实践和服务三大平台。

(一)应用生涯彩虹图,提高自我认知

当下,上海杉达学院也有部分学生自我概念模糊,没有学习目标,也没有生涯目标,少部分学生对专业不感兴趣,对未来的职场也不清楚,更没有职业生涯规划意识。生涯课程教学团队结合思政化教学改革要求,头脑风暴,创新理念,引导大学生从原先追求"职业成功"转为向往"生涯幸福",让学生在生涯课开始之际就可以衡量自己当下的幸福指数,并通过完成目标提升幸福指数。为此,教学团队让学生结合自己的实际情况,启发他们对未来有更多的思考和规划,同时加强适应性辅导,提升学生的自我认知。

生涯课教师在课堂上通过分析不同人物的生涯彩虹图来让学生进一步理解这一概

念后,逐渐引导学生画出自己的生涯彩虹图,启发学生思考自己在各生涯阶段的角色,以及各种角色投入的时间和精力。生涯课教师选择部分学生的生涯彩虹图和学生分享,以有趣、接地气的方式让学生理解、使用原以为高深的生涯发展理论,逐渐让学生思考自己的生涯目标。大学生基本上都处于人生的探索阶段,这一阶段的发展对于学生未来的生涯发展至关重要。他们需要完成该阶段的主要任务——学好专业知识,还需要提升各项技能和情商,更需要利用空余时间和寒暑假去实习,了解并熟悉职场,逐渐形成职业偏好,为下一阶段做好准备。学校应当从自我认知、职业探索、生涯规划与管理等方面入手,建立生涯管理教育模式,注重培养学生的职业生涯管理能力。过去是现在的肇因,现在又是未来的基础。生涯彩虹图被广泛运用在生涯管理的各方面并取得了良好的成效。它可以指导学生了解自己当下的生涯角色以及每个角色投入程度的情况,解决角色冲突方面的情况,也可以分析大学阶段的任务和角色组合情况,还可以用于规划本学期的课程任务以及投入时间等。

(二) 理解拱门模型,提升生涯成熟度

舒伯的拱门模型表明,每一个学生的生涯选择与职业发展都会受到自身心理特质和外在环境的影响,两者交互作用,逐渐形成每个学生独特的"角色自我概念",进而发展"自我"来影响个体生涯的发展。不同的需求、价值、兴趣和技能等不同的内在因素,最终形成不同的人格倾向和成就表现。不同的家庭、学校、经济资源、社会市场等外在因素也会产生不同的影响。在职业生涯课程中,生涯课老师通过课堂教学活动,可以让学生从需求、价值、兴趣和技能方面进一步认识自我。例如,价值观课堂活动可以澄清学生的价值观取向等;生涯年表让每一个学生可以梳理自己的发展历程,从自己的生涯年表中发现成就,分享自己的优势和技能;生命线和生涯幻游等工具可以启发学生对未来职业生涯的规划和思考,让学生进一步认识自我、审视过去、思考当下和未来,提升生涯成熟度。同时生涯课老师也应积极鼓励学生参加各类校内外活动,建立积极情绪,培养人际关系,获得成就感,不断提升各项技能和综合能力。

未来更需要学生具备生涯规划意识,以开放积极的心态和好奇心去应对变化的环境。在生涯课程思政化教学改革中,上海杉达学院教学团队一直坚持第一课堂和第二课堂的有效结合,要求每一位学生期末提交一份职业生涯规划书,进行展示和交流,并推荐优秀的规划书作品参加大赛。此外,上海杉达学院还提供课外生涯咨询服务,从实际操作层面实现对个体的生涯辅导和咨询帮助,更好地服务学生,真正为每一个学生的终生发展考虑。

(三) 建立生涯档案,激发学生内心需求

金树人认为舒伯的生涯发展理论是一种集大成的理论,在当下的职业生涯领域具

有举足轻重的地位。舒伯的生涯发展论从动态发展的角度关注人的主观能动性,强调"以事就人",即人的积极主动性,注重提升个体生涯适应力。在发达国家,生涯教育从小学就开始不断渗透在教学过程中,学生很早就开始思考自己的未来和探索职业。上海杉达学院生涯课程教学团队一直积极引导学生建立生涯档案,提供个性化辅导和咨询,激发学生内心需求,但是这作为一个系统工程,需要有关部门和其他老师共同参与,也需要投入大量的人力来开展后期的跟踪和咨询服务。大部分高校和培训机构都积极采用舒伯的发展理论来辅导学生进行职业生涯规划。教学团队通过搭建生涯教育的课程教学、实践和服务三大平台来推动生涯教育,不断提高学生的生涯成熟度,逐步解决学生茫然、焦虑的情况,减少沉迷游戏、逃课等情况,助推毕业生就业和职业生涯发展。

三、关于职业生涯课程思政的实践思考和启发

近年来,国家推行高考改革,将生涯教育前置到中学教学中,使得学生具有生涯规划意识,在高考改革赋予的广泛"选择权"面前,真正具有"会选择"的能力,并学会积极主动地自我规划与发展。增加学生自主选择权、科学选才,能够更好地促进学生健康成长。《国家中长期教育改革和发展规划纲要(2010—2020 年)》首次明确"学生发展指导"的重要性,提出关注学生的个性差异,发展每一个学生的优势潜能。所以,树立新型高校生涯思政教育理念,积极打造新型职业生涯发展教育迫在眉睫。在求变、求新、快速发展的新时代,高校职业生涯发展教育面临着新的机遇,"互联网+大学生职业生涯发展"新机制建立,职业生涯发展思政教育新平台也不断涌现,就业技术智能化将推动生涯教育跨越式发展。

当下大学生出现的个性化、功利化等现象,给教师带来值得思考的问题:如何在职业生涯教学过程中做好价值引领,积极引导学生正确处理好个人、社会与国家的关系,既顺应社会进步的需要,又需要实现自身的全面发展? 生涯课程应当结合最新社会热点,贴近学生实际,不但需要专注于生涯知识的讲解和传授,还需要向同学们讲述行业、产业、职业和职位等的不同情况,更需要结合不同专业知识、职业技能和职业素养,讲述做人、做事、做学问的准则,以促进大学生平衡充分地发展自己、实现自我。

高校职业生涯发展教育对大学生的发展具有重要引导作用,上海杉达学院的教学团队积极创新思考和实践探索,结合互联网技术,开展混合式在线课程,并且在教学方案、校本教材创作中积累了丰富的经验,高红霞老师领衔教授的"大学生职业生涯导论"被评为 2017 年上海市精品课程。目前,上海杉达学院从职业生涯教育思政化教学改革角度出发,以积极心理学为理论基础,围绕新时期社会主要矛盾,用人生观、价值观和世界观引领,渗透中国传统文化,融入积极心理学的五大幸福元素,创造了"送你一朵幸福花""送你一副广角镜""21 天三件好事""每周进步一点点""带走你的幸福花"等一系列教学方法,取得了一定的成效,值得推广尝试。但是,这些实践还十分有限,我们的团队

还在不断完善的过程中,目前正在开展高校生涯课程思政化协同创新的研究和实践,期待其他高校及各方专家提供更多的意见和建议。

【参考文献】

［1］SUPER. A life-span, life space approach to career development ［M］// BROWN，BROOKS. Career choice and development：applying contemporary theories to practice. 2nd ed. San Francisco：Jossey-Bass，1990.

［2］高德毅,宗爱东.课程思政:有效发挥课堂育人主渠道作用的必然选择［J］.思想理论教育导刊, 2017(1).

［3］高红霞,陈敏云,皮凤英,等.大学生职业生涯导论［M］.2版.上海:复旦大学出版社,2018.

［4］郭少东.大学生生涯发展不确定及其生涯适应力提升策略探析［J］.长春工业大学学报(高教研究版), 2012,33(1).

［5］胡月芬.舒伯的生涯发展论在高校大学生职业生涯规划教育中的应用［J］.开封教育学院学报,2016, 36(4).

［6］金树人.生涯咨询与辅导［M］.北京:高等教育出版社,2007.

［7］塞利格曼.持续的幸福［M］.赵昱鲲,译. 杭州:浙江人民出版社,2012.

［8］塞利格曼.真实的幸福［M］.洪兰,译. 北京:万卷出版公司,2010.

［9］许敏.舒伯的发展理论在职业生涯辅导中的应用［J］.职业技术,2009,(4).

［10］张洪烈.舒伯生涯发展论的评析及应用［J］.云南财经大学学报,2010,26(4).

【作者简介】

陈敏云,工商管理硕士,上海杉达学院工程学院党总支书记,助理研究员。研究方向为大学生职业生涯教育、思想政治教育

大学生生涯发展教育在高校日常思想政治教育工作中的作用及实施途径

陈雁

一、高校日常思想政治教育与大学生生涯发展教育的内涵

高校思想政治教育包括以课堂为主渠道的思想政治理论课教育和作为主阵地的日常思想政治教育两个方面。高校日常思想政治教育以党团组织、社团活动、班级工作为载体,是对学生进行思想教育和日常管理最基本、最重要的途径。

大学生生涯发展教育通过激发大学生生涯发展意识,让大学生学习生涯发展规划的方法,树立合理的生涯发展观念,并在实践过程中自觉地提高职业生涯管理的能力,以促进大学生就业和生涯发展。

高校思想政治教育的根本任务是为学校教育教学工作和人才培养服务,这一总体目标能保证大学生职业生涯设计的正确方向。加强大学生的生涯发展教育可以使他们明确自己的生涯发展目标和方向,更好地实现生涯发展和成功就业。这是对大学生进行思想政治教育的重要基础。

二、大学生生涯发展教育在高校日常思想政治教育中的作用

在大学生生涯发展教育中把解决学生的思想问题与解决学生的实际问题相结合,使他们更乐于和易于接受,有利于增强思想政治教育工作的针对性和实效性。在大学中,研究生和本科生不同,男生和女生不同,不同生源地的学生特点不同,不同年级学生的关注点不同,不同学科、不同专业的学生也会显示出差异性。这些不同使得他们的思想特点和个体需求各有不同,这就需要教师从学生的个性出发进行针对性的辅导和帮助。这些不同的学生有一个共同的关注点,那就是自己的就业和生涯发展。大学生生涯发展教育从大学生如何做好职业生涯规划、如何确定职业目标、如何求职择业、走上工作岗位之后如何更好地适应职业等方面对大学生进行全方位的指导教育和个性化的服务,可以切实地解决学生面临的思想问题和实际问题。

大学生生涯发展教育要运用心理学、教育学、社会学等综合学科知识,更注重满足学生的个性需求,从而也更复杂、更专业,对教师的要求也更高。目前高校除了专门的

就业指导机构负责大学生生涯发展教育外,广大的高校辅导员也逐渐把此项任务列入主要工作内容,这点恰好与当下教育部对辅导员队伍建设专业化、职业化的要求相吻合,有利于加强大学生日常思想教育的教师队伍建设。

大学生生涯发展教育工作的开展,有利于增强高校日常思想政治教育工作的实效性,有利于加强大学生日常思想教育的教师职业化、专业化建设,从而有利于促进高校人才培养根本目的的实现。

三、大学生生涯发展教育在高校日常思想政治教育中的实施途径

(一) 在高校日常思想政治教育中强化生涯发展教育的相关内容,提高学生生涯发展能力

1. 加强理想信念教育,提高大学生的思想政治素质

理想信念教育是大学生思想教育的根本内容,其宗旨是使高等教育培养出大批符合社会发展需要、具有社会主义理想的建设者和接班人,构建社会主义和谐社会。大学生生涯发展教育是以大学生个人的人生目标为出发点,以大学生个性发展为基础的。理想信念教育内容实质上演化为职业生涯设计理念,而职业生涯设计理念则是理想信念教育内容的折射,两者相辅相成,互为一体。前者反映了社会对个人的外在需求,后者是个体的内在要求。

学校应在大学生生涯发展教育中,引导学生将职业理想和社会理想有机结合,将个人价值的实现与社会发展要求紧密结合,从而切实提高思想政治教育的成效和职业生涯设计的科学性。

2. 加强职业道德和诚信教育,强化大学生的职业道德和诚信观念

职业道德和诚信观念反映的是一个人的思想意识状况,同时也是大学生思想道德的基础。高校进行大学生生涯发展教育,必须把职业道德教育和诚信意识作为重点。

首先要充分发挥思想政治理论课和日常思想政治教育的主渠道作用,增加职业道德教育和诚信教育的课堂教学内容,把职业道德教育和诚信教育作为德育的重要内容。其次要把专业课教学与德育结合起来,在专业课教学中加入职业道德和诚信意识的教育内容。此外,要通过主题突出、形式多样、内容丰富的校园文化活动,强化大学生的职业道德观念和诚信意识。

3. 加强心理健康教育,提高大学生职业成熟度和心理承受力

生涯成熟是大学生个体社会化过程中的一个重要方面,也是大学生全面发展的一个重要指标。良好的心理素质是生涯成熟度的基础,是大学生顺利就业的主观前提,也是促进大学生职业发展的关键因素。

在对大学生进行生涯发展教育的过程中,还要注重加强心理健康教育,提高学生的

心理健康水平和抗压、抗挫能力。在当下求职竞争比较激烈、工作压力相对较大的社会环境下,培养学生积极主动的求职意识、适度的竞争意识,增强学生自我调控的能力等,就显得比较重要了。

4. 加强就业观教育,帮助大学生树立正确的成才观和生涯发展观

目前大学生在生涯发展认识上存在一些偏差,尤其在就业观上存在偏差,这正是一些不正确的人生观、世界观、价值观在职业发展认识上的反映。在大学生生涯发展教育过程中把加强就业观教育和加强"三观"教育相结合,引导学生树立正确的就业观、成才观,自觉地把个人前途同祖国命运结合起来。习近平总书记立足于对社会主义初级阶段这一最大国情、最大实际的科学判断,立足于对我国正从人口大国迈向人才强国这一阶段性特征的深刻把握,科学阐释了当代青年学生所处的历史方位、所承担的历史使命、所肩负的时代责任,明确指出了今天青年学生的人生黄金时期同"两个一百年"奋斗目标的实现完全契合,广大青年学生要自觉把个人理想追求融入国家和民族的事业之中,勇做走在时代前列的奋进者、开拓者,书写无愧时代的青春之歌和精彩人生。

高校应开展基层就业政策的大型宣讲,以校友座谈、基层企业参观等多种主题活动形式,使学生了解国情、了解当前的就业形势,了解国家、省市、学校不同层面基层就业的优惠政策。高校还应组织"三支一扶""大学生村官"和"西部志愿计划"人员招募,同时树立一批投身西部大开发、投身农村乡镇和城市社区建设、自主创业、在祖国最需要的地方成长成才的先进典型,充分发挥榜样的激励作用;并向毕业生宣传"先就业后择业""从最基层做起更容易成功"和"外地的舞台同样宽广"等就业理念,鼓励他们树立行行建功、处处立业的观念,踊跃到基层锻炼成才。

(二)构建与高校日常思想政治教育相结合的生涯发展教育系统平台

1. 建立大学生进行生涯发展的全程化教育平台,提高学生综合素质

大学生综合素质包括大学生的政治理论素质、思想道德素质、文化科技和业务素质、身体和心理素质等。高校要以多层次的生涯发展教育与就业指导课程为主体,以个性化辅导、网络课堂、职业测评等途径为补充,为学生提供全方位、全程化的生涯发展教育和个性化的服务,以提高学生的综合素质。

2. 以创新创业教育为平台,培养大学生创新创业能力

在双创的国家战略中,大学生作为一个特殊的群体,对于实现这一战略,既有参与的必要性,也有参与的重要性和优势。高校要充分结合和利用在长期办学过程中积累下来的具有特色的学科优势和丰富的教育资源,把大学生创新意识和创新能力的培养融入日常的思想教育,使之成为其中的重要内容。具体地,要开设创新创业的选修课程,为学生提供系统的创新创业教育内容;举办创新创业训练营等专题活动,强化培养学生的创新创业意识和能力;举办创业大赛,进一步推动学生的创新创业实践,全力打

造全方位的创新创业教育的氛围和环境,促进学生的创新创业能力的提高。

3. 以校园文化活动为载体,加强大学生生涯发展能力的培养

大学是准社会状态,也是学生进入社会的实习期,校园文化则是社会环境资源的缩影。高校要认真分析大学生生涯发展特点和要求,以校园文化为载体,增强大学生职业发展能力。具体地,要通过学生职业发展协会组织的生涯发展类的主题活动,实现朋辈互助;通过精英学生训练营的活动,塑造学生典型,发挥榜样示范作用;通过各类生涯发展的讲座、工作坊等活动,强化学生的专项技能;通过组织职业生涯规划大赛等活动,传播职业生涯规划的理念,传授职业生涯规划的方法,提高学生职业生涯规划的能力。

4. 构建与人才市场密切结合的社会实践体系,提高学生实践能力

社会实践是大学生职业发展教育指导体系中的重要部分,高校应根据学生职业生涯设计的要求,切实加强与社会的联系,构建起与人才市场密切结合的社会实践体系。此体系应以校内实践与校外实践相结合,包括校内外实习、兼职、暑期实践、挂职锻炼、志愿者活动等形式多样的社会实践活动。在实践中,学生能更早地、更多地接触到社会,了解职业世界,并进行未来职业生涯的体验、预演,从而缩短从校园人到社会人的转变,加速社会化进程,增加社会适应性,同时也能扩大视野,增长才干。

5. 开展多种教育,全面提升学生生涯发展能力

高校要从日常思想政治教育工作的特点出发,开展大学生生涯发展教育指导,对大学生开展世界观、人生观、价值观,尤其是择业观的教育以帮助大学生树立科学的职业理想;对大学生进行忧患意识教育和艰苦奋斗教育,以提高大学生受挫能力;加强主体意识、合作意识的教育,以增强大学生的主体性与合作性;对大学生开展职业道德教育和诚信教育,以提高大学生的职业素养;以全程化的生涯发展教育、创新创业教育为平台,以校园文化活动和社会实践体系为载体,全面提升学生生涯发展的能力。总之,高校要加强大学生生涯发展教育工作的力度,提高高校日常思想政治教育工作的有效性,以实现高校人才培养的目标。

【参考文献】

[1] 侯士兵.高校思想政治理论课与大学生职业教育初探[J].思想理论教育导刊,2018(2).
[2] 王翔.生涯教育在大学生思想政治教育中的应用[J].淮阴工学院学报,2011,20(6).
[3] 邢菊.以职业生涯规划为载体深化高校思政工作[J].职教论坛,2012(20).

【作者简介】

陈雁,上海视觉艺术学院,副教授。

传统文化融入职业生涯思政教育的必要性浅析

赵田田

将中国优秀传统文化与大学生职业生涯设计结合,对增强大学生的规划意识和就业能力具有现实意义。中国的传统文化博大精深,包含很多职业生涯规划方面的合理思想,教师可以借助职业生涯规划课的平台,将中国传统文化中的优秀思想提炼、升华并传递给学生,使他们在职业生涯规划和求职就业过程中有所收获。

课程思政是大学生职业生涯教育的一项重大教学改革课题。习近平总书记在全国高校思想政治工作会议上强调,要用好课堂教学这个主渠道,各类课程都要与思想政治理论课同向同行,形成协同效应。同时大学生职业生涯课程具有丰富的课程思政资源,两者相互结合可以使得教学内容更加丰富与鲜活。

一、弘扬中国传统文化的重要性

传统文化就是文明演化而汇集成的一种反映民族特质和风貌的文化,是民族历史上各种思想文化、观念形态的总体表征。世界各地的各民族都有自己的传统文化[1]。

党的十八大以来,国家越来越重视弘扬传统文化的重要性,要求高校思想政治教育把弘扬传统文化作为重要抓手。

党的十九大报告提出,要坚定文化自信,推动社会主义文化繁荣兴盛。文化兴国运兴,文化强民族强。没有高度的文化自信,没有文化的繁荣兴盛,就没有中华民族伟大复兴。要坚持中国特色社会主义文化发展道路,激发全民族文化创新创造活力,建设社会主义文化强国。中国特色社会主义文化,源自于中华民族五千多年文明历史所孕育的中华优秀传统文化。

随着信息技术的迅猛发展,人类进入自媒体时代。这种强交互性、及时性、跨时区、跨地区性的新媒体技术为人们带来便捷的同时也在一定程度上带来文化冲击。当代大学生应当是中国先进文化的积极引领者和践行者,是中华优秀传统文化的忠实传承者和弘扬者。

大学生职业生涯教育是大学生成才教育的重要组成部分,在大学生职业生涯教育中可以深入挖掘和阐述中华传统优秀文化的时代价值,融入爱国主义精神,引导大学生精神成人,确立远大理想,成为对国家有用之人。

加强传统文化和历史知识的大众化教育是提高全民历史意识,弘扬传统文化精髓的重要举措,也是现代化教育中不可推卸的责任。

二、职业生涯思政教育的现状

1957 年,美国学者舒伯在其著作《职业生涯心理学》中首次提出了"职业生涯"的概念。由此,职业生涯教育开始形成。

(一)发达国家职业生涯教育概况

在美国,人们从上幼儿园开始一直到高中毕业都接受职业生涯教育,既要掌握学术知识又要学会职业道德,学习团队工作、解决问题,去学习终身受益的技能。

在英国,职业生涯教育在政府政策的影响下,一直明确地分为两个部分:成人与青少年(13～19 岁)。职业生涯教育内容包括 4 个方面:自我意识的发展,职业机会意识的增进,决策技能的发展,从学生到就业的转变的学习。

欧盟各国的职业生涯教育尤其在义务教育阶段规定十分具体。比如在课程设置方面,德国 13～15 岁的学生平均每周要有 5～7 个课时的职业生涯辅导课程时间。在葡萄牙,九年级的学生(14 岁)每周有一节 50 分钟的职业生涯辅导课,15 岁时学生还需接受技术和职业课程。在职业认知和体验方面,瑞典所有学生被要求在 7～16 岁要有 6～10 周的生产现场经历。除此之外,欧盟国家的　些学校还为学生提供了其他走向职业世界的路径,如在学校情境中模拟工作(设立模拟商场、模拟工厂、模拟车间等),学生跟随工人师傅学徒,观察他们的工作过程,并尝试着完成部分工作任务等。

无论美国的职业道德要求,还是英国职业机会意识的增进,还是欧盟各国的情景模拟观察体验学习,都是连续性教育,这样可以让学生从小就有相应的自我分析、自我定位和自我认知,在每个阶段尤其在即将进入社会的高等教育阶段学习时有更清晰的专业目标、职业目标及工作定位。

(二)我国职业生涯思政教育概况

近年来,我国越来越重视职业生涯教育,尤其是大学生职业生涯教育,但在职业生涯思政教育方面,存在着一些不足。

1. 对职业思政教育重视度不够

重视大学生专业知识学习,轻视或忽视职业发展教育等。在教育内容上,不能很好地结合"新常态"下国家、社会、高校和大学生的需要,适时完善和补充新的职业发展教育内容,存在着高校人才培养目标和社会经济发展需求相脱节的现象。

2. 学生择业观念不明确

一般情况下,受人们观念、意愿、动机、需求等多种因素的影响,在不同的历史时期,世界各国会出现不同程度的社会就业问题。大学生必须首先了解社会诉求,按照社会诉求培养、提高和锻炼自己,从而让社 会接纳自己。大学生对社会诉求理解得越透彻,综合素质越高,就越能满足这种诉求,越能实现自己的职业理想。

3. 学生服务意识淡薄

每年国家都会下发"三支一扶"、大学生征兵、西部志愿者等通知,全面落实科学发展观和中央关于做好大学生志愿服务西部、服务基层工作的重要指示精神,引导和鼓励高校毕业生到西部去、到基层去、到祖国最需要的地方去,经受锻炼,健康成长,为促进农村基层教育、农业、卫生、扶贫等社会事业的发展、建设社会主义新农村和构建社会主义和谐社会做出贡献。但这项工作开展得不是很顺利,尤其是征兵工作,虽然国家的配套政策非常优惠,高校相关部门和老师的宣传动员工作也很到位,但调查下来有很多同学因为害怕吃苦、怕累、怕受伤,没有从大局出发。

4. 学校职业生涯思政教育实践性不强

这与我国整体的职业生涯教育体系缺乏连贯性有关。就业应该是经过长期性积累和探索再做出的选择,这样才能使学生工作后有更长远的目标和探索兴趣,同时对于企业单位乃至地区的稳定性发展产生良好的影响。职业生涯教育不是一蹴而就的理论课程,应该有更多的实践性和针对性的探索。

三、传统文化融入职业生涯思政教育的必要性

(一)优秀传统文化本身的重要性

优秀传统文化是我们的宝贵财富,是凝聚全国人民的精神支柱,也是人民智慧的结晶。传统文化是在一定的历史发展过程中逐渐形成的,它既是一个民族在历史舞台上的体现,同时也保留了各个民族独特的形态,具有丰富的内涵和特定的精神地位。

中华优秀传统文化是社会主义核心价值观的重要组成部分,也是重要的精神内涵。党的十八大"倡导富强、民主、文明、和谐,倡导自由、平等、公正、法治,倡导爱国、敬业、诚信、友善",从国家、社会、个人层面倡导公民"积极培育和践行社会主义核心价值观"[①]。党的十九大报告指出:"深入挖掘中华优秀传统文化蕴含的思想观念、人文精神、道德规范,结合时代要求继承创新,让中华文化展现出永久魅力和时代风采。"[②]

(二)学校就业指导扩大学生认识格局的需要

网络的快速发展,信息的迅速畅通,让地球在某种意义上真正成了一个"村子",这

---

① 胡锦涛.坚定不移沿着中国特色社会主义道路前进 为全面建成小康社会而奋斗[M].北京:人民出版社,2012:29.

② 习近平.决胜全面建成小康社会夺取新时代中国特色社会主义伟大胜利[M].//十九大以来重要文献选编(上).中央文献出版社,2019:30.

也使得"村民们"可以足不出户便"日行千万里"。这在一定程度上让"村民们"尤其是成长于网络时代的大学生们沉迷于网络,仅靠网络信息"知天下"。

但不少年轻人在网络上对娱乐新闻的关注多于对国家时事政治的关注;对娱乐明星的了解多于对诺贝尔获奖者的了解;对明星开演唱会的信息比对港珠澳大桥如何创建、何时开通掌握得更清晰透彻……

毛泽东主席说:"世界是你们的,也是我们的,但是归根结底是你们的。你们青年人朝气蓬勃,正是兴旺时期,好像早晨八九点钟的太阳,希望寄托在你们身上。"①如果我们当代年轻人的关注点如此聚焦于娱乐,何以担当"少年强则国强"的重任,何以做社会主义合格建设者和接班人,何以为国家之栋梁!

我们在平日的职业生涯教育课堂上要常播放弘扬爱国主义的视频,教育当代大学生继承和发扬奋发进取的不懈精神,为实现中华民族伟大复兴的中国梦而奋力拼搏。

(三) 学生进入职场立足社会的需要

中华优秀传统文化对于大学生认识自我、定位自我有着重要的教育指导作用,如"天行健,君子以自强不息;地势坤,君子以厚德载物"等名言对于培养学生自立自强、吃苦耐劳的精神有着积极作用。此外,传统文化中还包含着很多提高精神层次的知识,可以结合各学校、各院系的特色特点及培养方案的需要,对中华传统文化融入职业生涯思政教育进行多方位、全方面的探索。

有多方调查研究显示:现代大学生普遍追求个性化,一些年轻人以自我为中心,在家庭中依赖性强,但同时又存在反依赖的矛盾心理,想要学习,但无论在学校还是面对社会,都有种无所适从、不知如何学习的矛盾性。深化大学生对传统文化的认识,加强传统文化知识的渗透,开展富有特色的传统文化活动,充分利用课堂和网络平台进行宣传和教育,能够帮助大学生树立良好的价值观、世界观和人生观,促使学生在进行职业选择时有更广阔的视野和格局。

生涯教育不应该仅仅是就业后的教育,也不应仅仅是即将就业时的教育,更多的应该是连贯性的就业观念的教育和理念意识的教育。这也许将是职业教育改革中我们需要认真思考和面对的重要任务。

【参考文献】

［1］冯峰.大学生职业发展教育体系的反思、诉求与构建［J］.职业与教育,2017(22).

［2］高红霞,陈敏云,皮凤英.大学生职业生涯导论［M］.第2版.上海:复旦大学出版社,2018.

---

① 毛泽东.在莫斯科大学会见中国留学生时的讲话［M］//建国以来毛泽东文稿:第6册.北京:中央文献出版社,1992:650.

［3］姬汝茂,陈艳玲,王敏,等.中国传统文化思想研究［M］.北京：线装书局,2009：34.

［4］蔺桂瑞.舒伯的生涯发展理论与我国的职业指导［C］//中国心理卫生协会大学生心理咨询专业委员会全国第七届大学生心理健康教育与心理咨询学术交流会暨专业委员会成立十周年纪念大会论文集.北京：北京航空航天大学出版社,2001.

［5］张建国,房丽华,王春阁.儒文化视阈下的大学生职业生涯规划设计［J］.通化师范学院学报,2013,34(7).

【作者简介】

赵田田,上海杉达学院胜祥商学院辅导员,助教。

基于课程思政背景下的大学生职业生涯教育课程中"挑战式"教学法实践

周士心

新时代对青年学生提出了新的要求。课程思政改革将专业课程与思政课程紧紧结合在一起,形成了思政课程在价值观引导中"领舞",专业课程在"群舞中共振"的效应。依托课程思政改革的大学生职业生涯教育课程积极对接国家重大战略、高校人才培养目标和学生个人成长成才的需要,利用课堂主流教育渠道,以专业技能知识为载体,探索并尝试实践挑战式教学法,以学生为中心,以问题为线索,以能力培养为重点组织教学,根据学生特点设置教学环节、改进教学形式,促进学生在发现问题、自主学习、沟通表达、分析整合等方面能力的提升。同时,根据大学生职业生涯课程体系设计,在挑战活动中紧密融入个人幸福与自我实现、职业素养和美德教育,结合专业特色帮助大学生领悟工匠精神和大国智慧。通过职场探索,结合宏观环境对学生进行政策解读,让学生自觉地将自己的职业理想与国家的前途命运结合在一起。将知识传授与现实理想进行统一,让思政教育更有力度。

一、挑战式教学法产生的背景及其特征

挑战式教学法的产生经历过好几个重要时间节点。20 世纪初,美国著名教育家、心理学家约翰·杜威(John Dewey)提出了探究式教学(hands-on inquiry based learning)——在"做中学"。教师在学生学习概念和原理时,只提供一些事例和问题,让学生自己通过阅读、观察、实验、思考、讨论、听讲等途径去主动探究,自行发现并掌握相应的原理和结论。探究式教学虽然可以很好地培养学生的自主学习能力和逻辑思维能力,但一般培养时间比较久,在单项及阶段性课程的教学中很难实施,且不易于融入课程思政要素。1969 年,美国神经病学教授霍华德·巴罗(Howard Barrows)提出了现今应用非常广泛的问题式教学法(problem-based learning),强调应把学习设置在复杂、有意义的"问题情境"中,以提出问题、分析问题、解决问题为线索,并以问题为载体贯穿整个教学过程。问题教学法在设问和释问的过程中激发了学生自主学习的主动性和积极性,进而逐渐使他们养成自主学习的习惯,并在实践中不断优化自主学习的方法,是提升学生自主学习能力的一种有效教学法。但问题式教学法比较适合小班教学,而现在大部分

高校的职业生涯教育课程都是大班式教学,推广难度较大。2008 年,苹果公司在其发起的一项合作项目中首次提出了挑战式学习(challenge-based learning)的教学理念,通过设置一些有吸引力且学生跳一跳能解决的难题,引导学生运用相关知识去解决这些难题。

二、挑战式教学法的国内应用现状

这种可以使学习者获得满足感、成就感和自信心,从而增加学习的主动性和自觉性,且有效提高学习者的分析、综合、判断和应用等高阶能力的新型教学模式很快被国内一流高校引进。2012 年,清华大学首次启动了挑战式学习课程建设。之后,上海交通大学、上海理工大学、华东电力大学等国内高校也纷纷开始挑战式教学法的实践[6],一般较多在信息科技、医学实验等实践性较强的专业教学中运用,通识教育课堂相对较少。本文拟通过对在职业生涯课程中运用挑战式教学法实践过程的梳理,探索在课程思政背景下以职业生涯教育为代表的大班式通识教育课程运用挑战式教学法的经验与可行性。

三、挑战式教学法在课程思政背景下的大学生职业生涯教育课程中的实践

1. 师师联动,制定挑战目标

教师是目标设立者,学生是目标达成的主体。达成挑战的目标是课程教学的最终目的,所有过程必须指向目标的完成,而目标也应指导教学的方方面面,因此,制定挑战目标是所有要素中最为关键的一步。上海杉达学院职业生涯教研室通过近 10 年的教学经验积累,于 2017 年就形成一份《一三六模式——嵌入双创教育的职业生涯教学体系》总结报告,明确提出近年来,应用型高校正在把学生导向布鲁姆认知能力六层次学说中除知识(knowledge)、理解(comprehension)之外更为高端的能力——运用(applying)、分析(analyzing)、评估(evaluating)和创造(creating),这就让我们的挑战性教学有了明确的目标,强调分析、综合、判断和创新等高阶能力的培养。

2. 生生互动,调研挑战对象

调研挑战对象其目标人物有两种。

其一为参与挑战的对象,即学生本人。教学重点从“以教为中心”转向“以学为中心”后,面临的一个重要问题就是提前了解学生的情况,不同学生在知识结构上存在差异,学习习惯、思维方式也会有较大不同。与问题式学习相比,挑战式学习更强调问题的挑战性,侧重于问题的难度、深度及与理论学习和应用的结合程度,关注于如何激发学生的优势潜能,所以需要对学生有更深入的了解。在这点上,仅靠老师课前或课上与学生们的几次互动,即使加上向其辅导员了解学生情况都是远远不够的,因此,职业生

涯教学课程中,在第一章《我的幸福》授课伊始,教师就将大班学生分成学习小组,请小组同学们互相调研。调研和讨论交流的内容为积极心理学的创始人之一塞里格曼和彼得森2004年出版的《优秀品质和美德:手册与分类》一书中提出的几乎世界上每个文化都认同的24个优秀品质与6大美德:智慧知识、勇气、仁慈、正义、自制、超越自我,以及塞利格曼所说的幸福的三个领域,即快乐生活(pleasant life)、充实生活(engaged life)和有意义的生活(meaningful life)。性格优势和美德是源于"价值实践分类体系"同一架构中不同层次的概念。将理想信念教育、社会主义核心价值观教育、中华优秀传统文化等思政元素融入学生互相的调研和对幸福的讨论中,使职业生涯课程助力大学生实现个人理想和现实目标,使大学生懂得在尊重集体利益的前提下也要尊重个性的发展,当社会发展和个人发展发生矛盾时学会个人和社会的共同适应,引导大学生树立科学的职业发展观。

其二为生涯榜样对标人物。职业生涯教育需要结合国情,积极应对新环境、创新教育形式、丰富教育内容,需要在传承中华优秀传统文化的基础上创新理念、丰富内涵。鼓励学生与祖国发展同向同行,在生涯规划中明晰个人成长成才的主旋律,引导大学生在进行职业规划时立足长远,树立积极的职业观,塑造良好的职业素养,将自己的职业理想融入国家发展的时代浪潮中。而对于低年级大学生而言,站得高的第一步就必须看得远,通过调研提高自己的视野,通过对标那些已经站在高处的生涯榜样人物,共享视野。生涯榜样人物有行业中具有正向能量的典型人物、有成功校友、有专业顶尖人士,学生通过人脉、书籍、网络等充分调研,分享所得。通过开展对典型案例的学习,引导学生树立标杆,激发专业兴趣,培养学生的专业精神和行业情怀,科学规划未来,增强自我认同感、学校归属感和对未来职业的使命感。

3. 线上线下互动,践行挑战内容

讨论课、实践课都是随着理论授课的不断深入而逐渐进行内容深入的,然而形式虽然听起来多样,但课堂上同样的问答形式、同样的小组人群,却往往达不到"多样"应有的效果。以本该最能出现思维火花的讨论课为例,经常出现老师精心准备议题而学生兴趣不高,发言者寥寥无几的冷场局面,造成师生尴尬,最终使得不少讨论课成为鸡肋。解决问题的关键在于"趣味性"和"挑战性",挑战性强调的是课堂内容,这本就是挑战式教学的长项,所以强调趣味性的课堂形式尤为重要。

本校职业生涯教育课程无论是理论课还是讨论实践课,课堂形式都与传统课程有很大区别,避免枯燥无味,保持新鲜感和趣味性。如理论课的学习为线上视频及教材自学,通过自主学习,完成章测试并形成三问三答(章节有哪些你印象深刻的课程内容? 章节有哪些内容你想考考小伙伴? 章节有什么不理解的内容你想请教小伙伴?)的学习报告,并以此作为课程讨论内容,每次讨论课因人因章节,讨论议题各不相同,却均是来自学生真正想表达的。如讨论课,将讨论战地从课堂转移到共享课程网络问答平台,参与人员突破小组障碍,突破教室障碍,甚至突破校际障碍,人人可分享,人人可回答,人人被关注,极大程度调动学生讨论积极性。又如实践课程,经过近10年的实践,教学团队对实践课不断做出合理删选,摒弃学生不喜欢的、与时代不匹配的,新增前沿的、紧密结合大学生提升型能力培养的,如创造力大比拼、团队建设成果展示等。课程助教主持实践展示过程,全员参与团队评优,评分标准根据每次实践内容不断调整,如深入挖掘理论课难点、自学部分内容充实度等,对学生都具有很大的挑战性。学生通过内容新颖、形式多样的讨论课,饶有兴趣地学到该学的知识,同时又极大地锻炼了学生口头表达能力和科研思维。激励大学生锤炼本领,围绕促进学生全面化、个性化、最大化成长的"三化"培养目标开展教学。

4. 专家组互动,提升挑战效能

职业生涯教育课堂模拟职场分组接受挑战任务。在小组完成挑战任务的过程中,往往气氛热烈,学生互动很多,可最后展示出来的挑战成果并不都尽如人意。个人和团队能力的差异会造成该团队对挑战任务理解不够、完成程度不深、成果层次不高,课后会有一种热闹过了,学生得到的却不够的感觉。德国"双元制"职业教育课堂中常用的"专家组"方案解决了这一问题。每个小组应对挑战任务时,将任务分解,根据每个人的美德优势分工,然后在各组分享挑战心得的实践课上,让每个小组中承担相同任务的人集中,形成多个本次挑战任务中的"专家组",讨论对于这个挑战分任务的各项解决方案,互相学习,汲取更好、更完善的解决方案,之后带着学习的经验回到自己组,根据自己组的情况运用学到的经验再次复盘挑战任务。虽然只多了一个分任务人员集中讨论环节,但是让同性质任务的学生有了一个互相讨论、主动学习和提高的机会,他们带回组内分享的经验会转化成组内各成员的经验,让整个挑战活动结果得到质的提升,将不断学习、反思、提高和分享贯穿活动始终。

5. 生师互动,检验挑战成效

生师互动是一种积极主动的人才培养模式,是指由学生主导的互动形式,一般是答疑、解惑等。学生是否积极地参与生师互动,是检验学生是否真正消化课程理论、理解挑战活动,以及教师设计的挑战活动目标是否达到的重要指标。传统课程中,愿意参与生师互动的学生大多成绩较好、思维活跃、充满自信,而那些内敛腼腆、成绩较差的学生很少参与生师互动,这并不符合国家战略及高校人才培养目标。要最大程度激发大学生制度自信、道路自信、理论自信、文化自信,应从积极促发生师互动开始。

活跃的课堂互动氛围,能启发学生进行探讨,发挥其想法和观点,激发学生的学习兴趣及创造潜能。在职业生涯教育课程中,教师不再只存在于课堂上、讲台上,在学生进行挑战活动时,教师在各组间来回走动,用肢体和引导性语言带动课堂节奏。在讨论课上,无论是线上还是线下,教师放下身段主动与学生互动,在理论的讲述中,经常开展贴近学生、学生感兴趣的典型案例教学,通过饶有趣味的问题、和蔼可亲的态度以及说出学生的名字等方式亲近学生,学生的感受性反馈很好,对课程的评价很高,普遍表示"学到了很多东西,提高了各方面能力","挑战实践很有意思,线上讨论也很欢乐"。

四、结语

经过近 4 年的课程教学实践,挑战式教学法在应用型高校的职业生涯教育课程中的积极引导作用已开始强势发挥。我们通过设置挑战,引导学生主动深度挖掘课程中本身就蕴藏着的德育资源,也通过挑战过程中学生表现出来的分析、综合、判断和创新等高阶能力的提高,寻找到了职业生涯教育与思政教育内容的结合点;通过价值引领,用"幸福人生""自我实现""大国工匠""核心竞争力"等系统化的课程内容和案例,潜移默化中让学生接受主流价值观的熏陶,不仅丰富了生涯教育的内容,也使生涯教育的内容变得更加有深度。

【参考文献】

［1］BARROWS H S. Problem-based learning in medicine and beyond:a brief overview［J］. New directions for teaching and learning,1996(68).

［2］段文杰,谢丹,李林,胡卫平.性格优势与美德研究的现状、困境与出路［J］.心理科学,2016(12).

［3］侯士兵.高校思想政治理论课与大学生职业教育初探［J］.思想理论教育导刊,2018(2).

［4］刘笑,刘汀华,唐丽坤.就业指导类课程中融入思政元素的实践探索［J］.学校党建与思想教育,2019(11).

［5］龙琪.生师互动:源自美国的学理分析与经验分享［J］.复旦教育论坛,2016,14(1).

［6］孟魁,刘功申,邱卫东,等.挑战式教学的研究与实践［J］.计算机教育,2019(6).

［7］史静寰,文雯.清华大学本科教育学情调查报告 2010［J］.清华大学教育研究,2012,33(1).

［8］孙宏斌,冯婉玲,马璟.挑战性学习课程的提出与实践［J］.中国大学教学,2016(7).

［9］徐雪薇,赵莹.德国"双元制"教育在我国职业教育中应用的启示与思考［J］.知识经济,2016(7).

［10］张润,史立英.美国探究式教学实施历程及启示［J］.教学与管理(理论版),2017(1).

［11］张紫屏.师生互动教学的困境与出路［J］.教育发展研究,2015,36(6).

【作者简介】

周士心,上海杉达学院职业生涯教研室副主任,讲师。

课程思政背景下大学生职业生涯规划课路径探索

苏静

长期以来，我国高校主要通过开设思想政治课程来对大学生进行思想政治教育。但是，思想政治教育课程相对于其他课程来讲，从事思政教学的教师少，课程所占比例少。习近平总书记在全国高校思想政治工作会议上强调："要用好课堂教学这个主渠道……使各类课程与思想政治理论课同向同行，形成协同效应。"[①]目前上海各高校正在积极探索课程与思政协同育人的课程体系，将思想政治教育的功能融入所有课程的教学中，让同学们在普通课程教育中得到思想政治教育。大学生职业生涯规划课程作为上海杉达学院人才培养和毕业生就业工作的重要组成部分，职业生涯规划课程设计者应该积极思考的问题是如何在思想价值引领和立德树人方面发挥应有的作用，如何将课程思政理念融入大学生职业生涯规划的课堂教学中。本文研究的重点是如何把"课程思政"理念融入大学生职业生涯规划课程中，创新现有的大学生生涯规划课程教学，为其注入新鲜活力。

一、课程思政与大学生职业生涯规划课的关系

课程思政作为一种教学理念，由上海市教育主管部门在推进德育综合改革进程中率先提出。习近平总书记在全国高校思想政治工作会议、北京大学师生座谈会、全国教育大会、全国学校思想政治理论课师生座谈会等会议上，多次强调坚持社会主义办学方向，落实"立德树人"的根本任务，发挥课堂教学的主渠道作用，打造各门课程与思想政治理论课的协同效应，培养德智体美劳全面发展的社会主义建设者和接班人。其实质就是将思想政治教育融入课程教学的各环节、各方面，以彰显思想政治教育的内涵，发挥价值引领、立德树人的功效。

早在 2007 年，国家教育部就明确要求将大学生职业发展与就业指导课程纳入教学计划，并对教学要求做出了具体的规定。大学生职业生涯规划教育着力唤醒大学生职业生

---

① 习近平.加快建设世界一流大学和一流学科［M］//习近平谈治国理政：第 2 卷.北京：外文出版社,2017：378.

涯规划意识、普及职业生涯规划知识,提高大学生就业、创业与实践的能力,为大学生早日成为祖国和社会的栋梁之材奠定坚实的基础。上海杉达学院将"大学生职业生涯规划"作为通识必修课,并在职业规划课中倡导职业生涯管理理念,针对大学生四年的学涯设计与行动,理清实践思路、提供践行方法,使学生具备实际就业能力,实现自己的生涯设计。

大学生职业生涯规划教育工作与课程思政理念是一脉相承的。课程思政理念主要是让大学生树立正确的世界观、人生观和价值观,培养他们具有高尚的道德情操,引导他们形成科学的思维方式,为他们将来顺利就业做好充足的准备工作。大学生职业生涯规划教育的结果基本上是课程思政目标要求的结果,都是落实立德树人的根本任务,为国家和社会培养栋梁之材。因此,课程思政理念和大学生职业生涯规划教育具有相同的育人功能。

课程思政是大学生职业生涯规划教育的灵魂指引以及核心内容,可以培养高校学生的道德情操,可以实现高校学生对自身的合理定位,还可以实现高校学生的人生价值。大学生职业生涯规划指导工作与课程思政理念共同推进,一则可以促使高校大学生更为客观地评价自己以及更为准确地认识和定位自己,从而逐渐地形成大学生积极向上的思想意识以及行动;二则可以促使高校大学生根据实际的社会环境以及自身的资源和条件,深入地进行自我性格、特长等多方面的剖析,从而逐渐地形成大学生对自身现阶段受教育的重视,以及对自身未来职业发展的规划,不断地完善自我。

二、课程思政背景下大学生职业生涯规划课程现状分析

(一) 高校重视不足

目前,虽然各大高校普遍开设了大学生职业生涯规划课程,但该课程通常是作为选修课或通识必修课,并没有受到类似专业课程的重视,课程发展受到局限。此外,大部分高校只是将此课程的课程目标定位为提高学生就业的竞争力,并没有意识到该课程可以发挥思政教育渠道功能,没有充分重视该课程作为高校思政工作的创新载体的第二堂课角色,课程环境建设亟待优化。

(二) 价值导向偏离社会发展需要

虽然通过对该课程的教学,可以引导大学生提高职业发展的自我意识,树立正确的就业观念,掌握相应的职业技能。但由于在课程教学中用到的人本主义理论、社会认知理论、生涯发展理论等理论都出自西方,缺乏本土化的理论基础,这使学生不能更好地贴近自身实际和生活去做出选择和判断,导致学生在进行职业选择时过于片面追求自身需求和满足,更多考虑的是个人的发展,很少会考虑祖国和社会的需求,使得职业生涯规划课程的价值导向含糊不清。

(三) 师资队伍基本建立,"课程思政"效果有待加强

目前多数高校职业生涯规划教育师资队伍主要是由学工队伍兼任,专业化水平不高且教学质量参差不齐。以上海杉达学院为例,职业生涯规划课程师资队伍由二级学院党支部书记、一线辅导员、就业服务中心和学生处教师组成,他们大部分为兼职教师,而非专任教师。同时,教师事务工作繁多,理论学习不足,育人意识以及育人能力有限,教师在将职业规划课程与课程思政有效融合方面存在问题。由于大学生职业规划课在大部分高校只是选修课或者通识必修课,不是学校的主干课程,而且教师流动性强,教师的个人综合素质以及相关的理论专业课程就显得尤为重要。因此,作为教师就需要将课程思政中所强调的中国梦、社会主义核心价值观与职业规划教育中的职业道德和职业精神等通过实践案例有效结合起来。但遗憾的是,目前许多教师无法做到这一点,无法利用先进的教学手段和工具进行有效融合。这些都会对生涯规划课程思政的效果产生较大影响。

三、课程思政背景下大学生职业生涯规划课程发展的路径

(一) 引导学生树立正确的价值观

引导学生主动践行社会主义核心价值观是高校思想政治教育的核心工作,在大学生职业生涯规划过程中具有重要的意义。大学生职业生涯规划课程与"课程思政"的理念相融合,旨在在技能训练基础、知识传授上加强价值教育。该课程围绕思想政治教育内容,帮助大学生树立正确的职业理想,形成良好的职业道德,培养敬业的职业精神,不再仅仅突出个人本位。此外,在该课程教学过程中,要鼓励学生关注国家发展的需要,更加注重引导学生加深对当代世界形势、国情和社会条件的认识,把所学的内容与社会经济发展的需要结合起来。因此,在教学各环节中,要考虑通过案例分析、小组讨论、观看视频等多样化的手段来激发学生的思想觉悟,引导他们树立崇高的职业理想,将个人成长同国家民族利益紧密结合起来,为实现中华民族伟大复兴的中国梦而努力奋斗。

(二) 加强师资队伍建设

教师是大学生职业生涯规划课程与课程思政理念有效融合的关键。教师队伍建设是提升大学生职业生涯规划教育的质量和效果的关键。对于教师个人来讲,要树立终身学习理念,注重课程中"言传"和课堂外的"身教"统一。教师不仅要在课堂上用"课程思政"的理念创新教学内容、教学方法、教学方式,引导大学生树立正确的职业价值观,鼓励学生努力成长为具有工匠精神的卓越人才,更要在课堂外加强修身立德,成为表率,成为大学生的正确思想认识和"三观"的引领者。对于学校来说,要加强职业生涯规

划教学骨干、思想政治教学骨干同优秀校友、行业翘楚、企业家的融合,成立联合教学小组,构建资源共享、强强联合的发展机制。此外,要组织对任课教师的常态化培训,如上海杉达学院每周会举行一次集体备课活动,通过一位教师的备课分享,其他教师可以获得经验。这样不仅可以加强教师对于大学生职业生涯规划和思想政治教育的学习,还有助于提高教师的教学能力、理论水平、心理素质和思想道德。

(三) 转变教学方法,注重典型案例分析及团队合作

通过转变教学方法,促进各类思政元素的相互碰撞及化学反应。上海杉达学院在课堂教学中采用"一朵幸福花"的方式组织分组讨论:小组成员围绕课堂教学内容进行讨论,分享经验和观点,互相取长补短,表现优异的同学或者团队可以获得幸福花的奖励。这种团队合作通过小组学习的方式,培养团队合作意识和沟通能力,增强大学生的集体荣誉感。此外,可以结合生涯规划课程的特点,引入典型案例分析的教学方法,课前结合价值引导精选案例,尤其是先进的典型模范,在课上通过正向强化的激励教育,弘扬正能量,传播社会主义核心价值。还可以开辟思想政治教育的"第二课堂",比如通过举办"生涯规划周"等活动,让学生将所学的生涯规划知识运用到实践中来,义务为在生涯规划中有困惑的同学答疑解惑,让他们在实践活动中增长见识、锻炼能力,培养自己助人的高尚品德,从而成为符合社会主义核心价值观的合格公民,使"课程思政"融入大学生职业生涯规划课程的成果在实际生活中得到转化。

【参考文献】

[1] 何艺宁,朱小亮,刘凤.大学生职业生涯规划课程思政改革探索[J].课程教育研究,2018(16).
[2] 陆道坤.课程思政推行中若干核心问题及解决思路——基于专业课程思政的探讨[J].思想理论教育,2018(3).
[3] 韦宏思.多元文化背景下大学生对社会主义核心价值观认同与实践路径探析[J].文教资料,2017,(7).

【作者简介】

苏静,上海杉达学院胜祥商学院辅导员,讲师。

课程思政背景下职业生涯在线
教学范式研究综述

吴立昌

笔者所在的职业生涯教学团队，从 2017 年下半年开始进行课程思政教学改革创新，至今已经取得多方面的成果。围绕"立德树人"的核心育人理念，教研室创造了"幸福花"课程思政标识，形成了以课程思政取向的教案、教材、在线课程以及跨校协同创新中心等为核心成果的可示范教改体系。但是，该体系尚未来得及进行系统的总结与高度的提炼。所以笔者将以职业生涯课程思政在线教育范式为切入口，通过总结和研究，提炼职业生涯课程思政的理论内核、教学规范和教学范例。

根据笔者的调查，以往的研究并没有与本文论题一致或者接近的，即便是职业生涯课程思政方面的论文也寥寥无几。因此，笔者只能以"职业生涯课程思政""在线教学"和"教学范式"为关键词，进行文献搜索和研究。

一、关于职业生涯课程思政的相关研究

塞利格曼在其著作《持续的幸福》中提出了人生幸福的 5 个元素，分别是积极情绪、身心投入、人生意义、良好关系和生涯成就。在《真实的幸福》中，他又通过跨文化研究，提炼出了普遍适用人类社会的六大美德和 24 个优势。这些积极心理学理论为职业生涯课程思政改革提供了广阔土壤。

高红霞把职业生涯理论与教育的发展分为 4 个阶段：① 始于 20 世纪初，匹配取向的职业生涯理论与教育；② 始于 20 世纪 30 年代，发展取向的职业生涯理论与教育；③ 始于 20 世纪 80 年代，社会取向的职业生涯理论与教育；④ 始于 20 世纪 90 年代，积极取向的职业生涯理论与教育。职业生涯理论运用积极心理学的丰饶土壤，产生了职业生涯课程思政化的构想，形成了 4.0 版本的职业生涯教育模式。4.0 版首先带领学生探究人生观和价值观，回答"我要什么"的问题；其次带领学生探究世界观和价值观，回答"去向哪里"的问题；然后带领学生探究价值观和方法论，回答"如何到达"的问题；最终创造了职业生涯课程思政育人体系，包括 21 天三件好事、每周进步一点点、"幸福花"视觉评价系统等。

高红霞结合新时代的主要矛盾，首创了体现"美德拉近幸福"、优势获得幸福"的"幸

福花"职业生涯课程思政视觉系统,提出了赋魂、升层、激励三大学习增值的策略,使学生得到美德的启蒙、认知和运用,在需求、逻辑、学习三个层次上得到提高,得到美德和优势的综合性发展。在三大学习增值策略的基础上,打造了"幸福花"的学习增值量化评价体系,成为动态且有效衡量学生学习情况的评价标准。

二、关于在线教育的相关研究

比尔·佩尔茨提出了他的网上教学三原则。一是让学生担负起多数的学习任务,包括通过设计破冰活动使学生主导讨论、学生搜索和讨论网络资源、学生互相帮助支持、学生自己批改作业、案例分析。二是互动性是有效的异步学习的核心与关键,比如开展合作性研究论文的撰写,小组合作撰写研究计划。三是确保存在性,包括社会存在、认知存在和教学存在。其中社会存在又包括情感的存在、互动的存在和团队归属感。

杨家兴分析了在线教学不同的制度,比如教学主义或建构主义、教师中心或学生中心、同步或非同步教学、纯在线教学或混合式教学、师生互动或同学互动的教学形式、单独教学或团队教学。学校应该判断好网络教学的方式与效果之间的关系,然后选择最适合学校特点的网络教学制度。

张海青分析了网络学习共同体中教师的角色和定位。在网络学习中,教师扮演学习的引导者(意识引导和信息引导)、学习的设计者、学习的组织者、学习的支持者(认知支持、情感支持和技术支持)和学习的监督者 5 个角色。

吴筱萌从在线环境为学习所提供的丰富且变化多样的可能性出发,提出在线异步学习环境下参与式教学设计的框架,将体现平等与互动、合作与共建的参与式教学方式引入在线学习环境中。参与式教学设计能提高学习者的经验价值、学习投入度、问题解决和创新能力。在这个框架下,她从学习者、教师、活动和评价工具 4 个方面出发,划分了 4 个阶段:破冰阶段、形成小组阶段、合作自主探究阶段和反思阶段。

胡晶等从国内外在线课程模式的不同经验出发,给出了教学设计的基本思路。以学生为中心,把教学目标、教学过程和学习评价结合起来,用模块化进行管理。采取师生、生生、生和资源的互动教学,实施全方位的过程性考核评价和质量监控。

黎婉倩等认为混合学习模式对教师教学掌控能力、学生网络自主学习能力和学生网络协作学习能力提出了挑战。他们提出了 4 个实施要点:① 充分考虑学习者,从学生角度进行教学设计;② 明确线上和线下课程的密切关系;③ 发挥技术的支持作用;④ 强调面授教育的重要性[9]。

张莞雪认为之前的网络课程学习存在不足,比如:学生积极性不高,坚持完成课程的人数较少;课程内容不能及时按照学生需求而变化;无法与学生进行互动。实时的直播教学则能实现互动。她也指出了实时直播教学过程中的一些问题,比如教师的教学压力较大,对网络通信技术的要求较高,同伴关系的影响效果较低。

刘婷婷认为混合式在线课程结合了传统的线下面授与后来的在线课程,可以规避两者的缺点,利用两者的优点。她提出了大学生职业生涯规划课程的混合式在线课程:① 10 分钟线上微课＋35 分钟面授的模式;② 设计情境体验式学习活动;③ 进行课内讨论;④ 教师角色由专家型转为教练型。

三、关于教学范式的相关研究

"范式"一词最早由美国科学哲学史家库恩第一次使用。他把范式分为 3 种:① 形而上学范式或者元范式,如信念、新的观察事物的方式等;② 社会学范式,如普遍认可的科学领域、政治制度等;③ 人工范式或者构造范式,这个范式是包含了更加具体的方法,如典型的问答、实用的教科书或经典著作、仪器设备、工具、语法规范等。

美国教学研究专家盖奇把范式与教学结合起来,指出范式是模式、型式或图式。他认为范式不是理论,而是思维方式或研究模型。通过这些方式或者模型,可以产生新的理论[13]。他把教学研究独立开来,提出了教学研究的效果-标准范式、教学过程范式和教学机器范式。这是以后占主导地位的"过程-成果"范式的雏形。

张武升研究了教学范式,归纳了几种研究范式:逻辑演绎的研究范式、自然类比的研究范式、实证分析的研究范式、人文理解的研究范式。这些范式有着各自的特点,具有复合型的发展趋向,对于研究教学有着积极的影响。

蒯超英主要介绍了 3 种教学范式。过程-成果范式主要的研究内容是教师的教学行为,中介过程范式的主要研究内容是学生的学习过程,教室-生态范式的主要研究内容是师生互动。

崔允指出,范式是科学共同体使用基本相同的思维方式来研究同一领域的特定问题,简单讲,范式是一种固定化的解决方案。范式不是理论,但对形成理论具有重要的促进作用。舒尔曼认为教学研究主要范式有过程-成果范式、时间与学习范式、学生认知与教学中介范式、课堂生态学范式、教师认知和决策范式。而崔允根据范式的"问题-解题方式"含义,根据教学研究的传统,把范式分成了 3 种:目的-手段范式、过程-成果范式、社会-语言范式。

靳玉乐介绍了当代美国课程研究的 5 种范式:① 行为理论范式,主张采用逻辑与描述的方法来研究课程问题;② 系统管理范式,重点研究课程管理问题,尤其是课程的组织、实施和革新问题;③ 理智学术范式,研究重点是探讨课程知识和教材等问题;④ 人文美学范式,重点在教学的艺术性和独特性方面;⑤ 新概念主义方式,认为意识形态和社会学对于学校课程具有影响。

陈晓端介绍了 5 种流行的范式:教学的艺术范式、教学的科学范式、教学的系统范式、教学的能力或技能范式、教学的反思范式。他指出由于当代课程与教学理论多元发展,因此教师也要使用复合范式活动。

笔者以上述经典的"过程-成果范式"为线索，以所在教学团队的教师行为为主要研究内容，进行职业生涯课程思政在线教学的范式研究。未来笔者将进行以下两个方面的研究。① 对于处于课程思政教学改革示范阶段的职业生涯教学，构建职业生涯课程思政育人体系的识别系统（course identity system，CIS），其具体构成是：以"立德树人"为核心的育人理念识别子系统（MI）；贯彻上述理念，以"721"问题式学习为核心的行为子系统（BI），以及体现"美德拉近幸福""优势获得幸福"的"幸福花"视觉子系统（VI）。② 对处于线上课程优化阶段的职业生涯教学进行范例研究。基于问题与项目制教学习方式（PBL），研究如何在"一分知识、二分讨论、七分实践"721法则之下，安排每章的课程知识预习、三问三答、学习小组（成长私董会），尤其是着力攻克七分实践这一线上教学最大难题。

【参考文献】

［１］陈晓端.当代教学范式研究［J］.陕西师范大学学报（哲学社会科学版），2004（5）.

［２］崔允.范式与教学研究［J］.课程·教材·教法，1996（8）.

［３］高红霞，陈敏云，皮凤英.大学生职业生涯导论［M］.第2版.复旦大学出版社，2008.

［４］高红霞，何妍蓉.一朵"幸福花"蕴涵的学习增值探索——"立德树人"视域下职业生涯课程思政教学改革［J］.生涯发展教育研究，2020，20（4）.

［５］高红霞.从1.0到4.0：职业生涯理论与教育的变迁轨迹——兼谈职业生涯课程思政化创新的逻辑思路［J］.生涯发展教育研究，2018，16（2）.

［６］胡晶，韩晓东，武喜春.在线课程教学设计探索［J］.中国远程教育，2010（6）.

［７］靳玉乐.当代美国课程研究的五种范式简析［J］.课程·教材·教法，1996（8）.

［８］库恩.必要的张力［M］.纪树立，等译.福建人民出版社，1987.

［９］蒯超英.教学研究的三种主要范式［J］.上海教育研究，1995（4）.

［10］黎婉倩，刘赛娜，董玉伟，等.混合学习模式及其实施要点［J］.软件导刊，2016，15（9）.

［11］刘婷婷.大学生职业生涯课程的混合式在线课程设计研究——以上海杉达学院为例［J］.生涯发展教育研究，2018，16（2）.

［12］佩尔茨.我的网上教学三原则［J］.郭文革译.开放教育研究，2007（6）.

［13］吴筱萌.在线环境中的参与式教学设计［J］.现代教育技术，2009，19（5）.

［14］杨家兴.在线教学的理论基础与制度选择［J］.中国远程教育，2006（7）.

［15］张海青.网络学习共同体中教师角色的定位及作用［J］.现代远程教育研究，2007（1）.

［16］张莞雪.基于在线教育环境下实时直播教学的思考［J］.软件导刊（教育技术），2016，15（11）.

［17］张武升.教学研究范式的变革与发展趋向［J］.教育研究，1994（12）.

【作者简介】

吴立昌，上海杉达学院嘉善光彪学院学生教育办，助教。

大学生职业生涯课程思政研究
——基于学生社团功能大学生职业生涯教育研究

王苇

在大学社团中开设生涯规划教育可以促使学生们更好地适应当前社会以及行业的发展。早在 2008 年,国家教育部便将生涯规划教育作为所有大学生必修的一门重要课程。高校教师应当从社团角度出发进行思考,认真做好分析工作,充分调动学生的积极性,提升教育的效果。

一、大学生职业生涯研究的具体调查

本次调查以上海建桥学院本科三年级学生作为对象,以调查问卷的形式进行资料收集。调查问卷包括三个方面:基本信息、客观题以及主观题。除了被调查者自身的信息资料之外,主要内容是针对学生职业生涯的回顾、对自身生涯规划的了解以及具体规划课程的设计三个方面。本次调查发放问卷 1 366 份,实际回收 1 251 份,有效数量同为 1 251 份,有效回收率达到了 91.58%,具体分布见表 1。大三学生已经完整地进行过学校大一的职业发展课程学习和大二的就业指导课程学习,因此该调查在一定程度上能够反映出被调查学生对于自身职业生涯规划方面的相关认识。

表 1　问卷调查回收有效数量的具体分布

学　　院	数　　量	占学生数百分比
商学院	316	25.26%
信息技术学院	178	14.23%
机电学院	189	15.11%
艺术设计学院	165	13.19%
新闻传播学院	168	13.43%
外国语学院	143	11.43%

续　表

学　　院	数　　量	占学生数百分比
珠宝学院	92	7.35%
合　　计	1 251	100%

二、大学生职业生涯教育出现的主要问题

(一) 生涯规划和实际需求有差距

职业规划教育的具体效果往往取决于学生自己是否得到了有效满足。然而由于当前课程设计的模式过于陈旧,同时师资十分紧缺,学生很少有机会和教师展开沟通和交流。久而久之,学生们便会对课程内容产生一定的排斥心理,进而导致课堂教学效率下降。

(二) 生涯规划教育的影响力过低

对大学生自身而言,职业生涯规划主要是在其自我认知的前提下,基于自身兴趣和特长,对未来职业发展提前做好相应的规划。为此,教育活动想要能够产生影响,就需要将各方面需求结合在一起。然而,现实情况则并没有达到这一预期,其实际产生的影响力非常低,并未在真正意义上对学生带来帮助。

(三) 学生的职业规划发生了脱节

职业生涯规划通常是指对学生个人兴趣方面进行培养,帮助其获取职业能力,从而能够在社会竞争中完成正常就职,进而参与到社会工作之中的整个过程。然而,学校开设的课程普遍仅仅起到了启蒙作用,没有对学生的后续发展带来帮助,出现了脱节情况。

三、问题产生的具体原因

(一) 生涯规划并未将学生作为主体

目前来看,我国职业教育的体系不完善,仅仅是根据教育部提出的相关要求完成课程升级的工作,并开展一些与之相关的规划大赛。经过多年的发展,尽管目前许多学生自身已经具备了一定的规划意识,但是其潜在能力仍然未能被有效激发。究其原因,主要是当前体系设计并未从学生的角度出发,导致设计模式的针对性不足。首先是教学考核的模式更多只是让学生们完成自我探索以及职业探索,对于学生的职业规划未能

提供持续指导。其次是很多职业生涯规划的活动过于形式化,参与的学生能够从中获得一定的实践经验,但由于其日常学习中缺乏足够的信息,自主设计的规划理念过于空洞,往往很难实践。

(二) 师资力量严重不足

一方面,我国高校当前并没有设置与职业生涯规划相关的专业类型,因此相关课程的教师基本上都以辅导员为主。其知识储备仅仅是通过相关培训获得,之后便立刻投入到了工作岗位之中。由此可以看出,相关课程目前并没有专业教师进行授课。这些教师由于培训的时间不长,在基础理论以及实践能力方面存在缺陷,从而使得教育活动的开展不具深度。不仅如此,其设计的培训模式也十分单一,仅仅只是对于理论学习方面有所注重,缺乏足够的实践经验,因此对于学生的未来成长很难带来益处。

另一方面,一些学校尝试从校外进行教师资源引入,这不仅会使得学校的人力资源成本进一步提升,而且并不能从根本上解决当前教育规划工作中存在的问题。所有活动的开展必须基于有效的指导,并与学校目前的情况结合在一起,以此招聘一些更具专业技能的教师。显然,这一目标往往很难在短期内实现。

(三) 实践环节存在问题

首先,部分教师自身实践工作经验不足,仅仅经过了一定的培训便匆匆上岗,因此对于具体的生涯规划了解不足,同时也很难将专业和行业的特点结合在一起。正是由于师资十分紧缺,教师往往很难有时间对学生采取有针对性的个人辅导,一定程度上影响了教学活动的实际开展。

其次,部分学校的活动内容过于重视理论知识,而实践方面的内容却有所不足。究其原因主要是实践平台并未真正创建。在课堂教学的过程中,由于往往采取的都是大班教学的方式,只有很少一部分学生能够在课堂中发表自己的看法和意见。同时学校组织的相关活动数量也很少,并且实际参与的人数非常有限,学生们在完成课堂学习之后很难做到实践应用。

四、解决问题的主要方法

在开展大学生职业生涯规划教育活动的时候,应将其实践性、实用性以及参与性的价值体现出来。由于受到师资以及学校发展状况方面的限制,大学生职业生涯教育活动通常都以课堂教学的形式展开。这种方式尽管可以在一定程度上向学生们普及相关知识,但是对于应用型人才的培养无法达到预期的要求。基于现有的条件,相关教育活动应充分展现学生自身的主动性,通过多种不同的形式,尽可能做到覆盖不同的专业,使学生自己能够产生自主探索的兴趣，积极投入到探索实践的活动之中。不仅如此，教师还需要充分运用自己的专业经验，使资源利用能够实现最大化，进而提升教育的整体质量。

（一）推动社团专业化发展

在开展社团活动的时候，应尽可能为每一个社团设置一名专业教师，对社团成员进行指导和支持，使社团的发展更为专业化，从而推动更多学生生涯规划工作能够有序展开。例如，某学校便以人力资源和职业发展为基础开展了相关活动——"人力资源库"和"职业圆圈"，使学生的综合水平得到提升的同时，在学校内部取得了一定的影响力。为了确保实践活动能够顺利进行，必须对现有的资源储备进行充分利用。首要工作便是对所有社团成员展开培训，其内容除了基础理论知识之外，还要包括实践活动方面的体验。之后再组织各类具有多种不同形式的创新性活动，以此吸引更多学生的注意力，促使学生能够主动参与其中，对自己未来的职业生涯展开规划，确定自己的职业选择。在社团专业化建设中，还应借助企业力量。例如，具有行业色彩的社团，需要聘请相关行业专家做指导或模拟行业、企业特定的岗位、角色等元素，使参加社团的学生尽早适应企业环境，体验企业氛围，了解业务流程等，以强化学生对所学专业的认识，提升学习兴趣，这是生涯教育与生涯规划非常有效的方式。

（二）为学生提供资讯平台

为了能够创设一支具有较强职业规划实践水平的团队，仅仅依靠一到两个社团显然是远远不够的，必须创建一个属于学生自己的专业资讯平台。针对不同专业本身的特点，促使学生自己能够提前掌握相关职业信息和资料，之后再通过活动的形式促使学生能够切实体验职业角色方面的转换，以此看清楚自身未来发展的实际方向。为此，必须借助各个学院学生的力量，创建一个由所有学院学生组建的职业信息资讯平台。

该资讯平台主要以学生会力量为基础，完成信息收集工作，并由相关工作人员将信息全部纳入库中。整个信息库涉及的内容十分广泛，包括各个专业必备的基础技能、专业领域的主要研究成果以及专业领域的知名企业资料。同时每一个专业可以定期安排一名教师进行相应的指导，帮助学生们完成实践操作。信息资料收集的过程，也是学生们对于自身专业深入了解的重要过程。当所有资料全部传入资料库之后，相关人员还可以通过社交媒体定期进行信息发布，使学生们可以根据自身的兴趣选择有用的信息进行调查。信息的收集工作是一个漫长的过程，并非一朝一夕就能完成，并且在未来还要不断进行更新。因此当学生社团进行换届的时候，其信息更新必须及时跟进，从而使学生们能够更好地完成信息查询工作，为后期的入职提前做好准备。

（三）提升实践体系的系统性价值

为了保证实践活动能够以学生团体为主,并且呈现出不同层次的特点,必须以此为基础创建一个具有系统性价值的体系。它是可以有效反映出目标产生到职业决策以及后续跟踪方面的实践体系。

目前的实践体系主要包括课内实践和课外实践两个方面,同时校内实践和校外实践也在其中。因此在进行体系创建的时候,应当从 4 个方面入手。

第一,在职业规划课程结束之后,设计与之相关的小游戏,并完成讨论园地的构建,为学生们提供一个共同交流的平台。通过一些和课程知识相关理论内容有所结合的游戏,使学生们对于其理论内涵能有更为深入的理解,进而激发出学习的兴趣。

第二,组织一些与校内生涯规划相关的活动,包括规划大赛、招聘模拟以及专业知识讲座等,使学生的职业规划素养得到提高,并在实践活动之中对自己未来发展的目标进行明确。如此一来,学生们将会在心理层面为未来的求职提前做好准备,并获得相关的基础技能。

第三,将校内的实践活动和企业的实践工作结合在一起,并充分发挥校企联合的作用,促使规划活动能够覆盖前期的模拟和后期的实践,帮助学生们真正解决就业方面的问题。总体来说,对教师的人脉资源予以利用,定期邀请企业内部的代表人员作为面试评委,从而为学生们提供提前参与面试的机会。

第四,依靠连续测评的形式创建学生发展的信息库,以此对学生未来的职业规划进行跟踪,并为其提供相关参考。这样学校的课程教学将会具有丰富的基础案例以及数据资源,使学生们能从职业的角度出发发掘自身职业发展的基本轨迹,为后续工作的开展提前做好准备。

综上所述,职业生涯规划教育对学生的未来发展有着诸多帮助。为此,学校理应提高重视程度,分析当前存在的主要问题,并采取有效措施进行处理,进而帮助学生更好地适应未来的社会竞争。

【参考文献】

［1］李雪梅.大学生社团思想政治教育功能实现的制约因素研究——基于安徽省高职院校学生社团活动情况的调查［J］.淮南师范学院学报,2011,13(2).

［2］李叶青.职业类社团在大学生发展中作用的实证研究——基于安徽 9 所高校的调查［J］.高校辅导员学刊,2016,8(2).

［3］王燕华.发挥学生社团在大学生职业素质培养方面的作用［J］.北京教育(高教版),2016(10).

［4］吴志锋.大学生职业发展类社团发展现状及策略研究——基于学生竞赛和科研调查的角度［J］.中国电力教育,2012(22).

［5］谢露芳,亓小林,管思怡,等.学生社团视角下的大学生职业生涯教育问题研究[J].科教文汇(下旬刊),2016(12).

【作者简介】

王苇,上海建桥学院学生处副处长,助理研究员。

思政教育融入学生生涯规划的探索

王磊　冷涛

随着就业形势越发严峻,各大高校对学生职业生涯规划的重视度日趋提高。部分高校甚至成立了专门的就业指导部门,对学生进行专业指导,但是目前给学生做职业生涯规划,大多停留在指导学生就业技巧、给学生提供就业信息这一层面。其实,作为教书育人、思想引领的主战场,高校应将思政教育融入学生生涯规划中,让学生在提升就业能力的同时,思想道德修养也得到相应的提高。

一、思政教育融入学生生涯规划的重要性

可能在部分人眼里,思政教育和学生生涯规划并无联系,这个观点是片面的。

首先,思政教育能帮助高校更好地实现教育目标。就高校而言,学生就业只是教育结果,而不是教育目的,高校教育的主要目的是为社会培养品德高尚、身心健康的综合型人才,而要做到这一点,需先让学生立德,而思政教育是高校立德树人的主要抓手。全面到位的思政工作,能够潜移默化地影响大学生的就业方向,帮助学生从心理上适应从校园到职场的变化,更加理性和成熟地应对求职过程中遇到的诱惑、挫折,因此将思政教育融入学生生涯规划是非常有必要的。

其次,思政教育能帮助学生摒弃不利于自身发展的求职需求,能让学生更好地思考自己的职业方向。

面对纷繁复杂的职场,因为社会上不良思想的浸润,部分学生比较急功近利,一味追求高收入、高回报,将能得到多少报酬放在第一位,忽视了职业本身的合理性、合法性。每年都被称为"最难就业季",但其实人才市场上冷热不均,起薪较低的岗位无人投,起薪较高的岗位挤破头。正因为对高薪的追捧,每年的求职季都会爆出高校学生陷入传销、诈骗陷阱的报道。当然,有部分学生上当是因为社会经验不足,但更多的是被高薪冲昏了头脑,没有对职位信息做全面、冷静的分析,从而掉入了陷阱。

还有部分毕业生在求职过程中,目光短浅,没有对自己进行中长期的职业规划,这使得有的同学抱着所谓的"铁饭碗",浑浑噩噩地混日子。有的毕业生用自己的健康、青春去换取一时的高收入,而当职场变动,他们被无情淘汰时,才发现自己的能力并没有得到相应的提高,失去了职场竞争力,一时间无所适从。

若是能将思政教育融入这部分学生的生涯规划中,让学生认识到赚钱并不是求职唯一的目的,要通过职业生涯规划,对自己有一个全面的认识,清楚地知道自己的优势、劣势,对自己有个中长期规划,不断地提升自己,才能避免被市场淘汰,在职场上处于不败之地。

二、思政教育可以更好地引导学生做好生涯规划

思政教育能让学生认识到个人与祖国的命运息息相关,选择在更需要的地方发挥自己的力量。目前就业市场呈现出一个奇怪的现象,有的城市趋于饱和,而有的城市求贤若渴,很多学生在求职过程中,削尖脑袋想留在北上广等大型城市,其实,国内目前有很多中小型城市在高速发展的过程中期待人才的加盟。我国要实现共同富裕的中国梦,需要减少区域差异,为了鼓励同学们到中西部地区去、到农村去发光发热,每年国家都会出台很多就业优惠政策,很多城市也会降低落户门槛、发布岗位津贴、提供购房津贴等。与城市的热切渴望相对应的,便是响应的学生并不多,可见,很多学生求职时主要考虑到自己的发展,没有将个人命运和祖国的发展紧密地结合在一起。

要在学生生涯规划中融入思政教育,让同学们认识到,个人的发展是和祖国的发展息息相关的,只有祖国得到了更好的发展,个人才有更大的舞台,而祖国的发展壮大,离不开每个人的努力,当祖国需要的时候,我们要舍小家为大家,到祖国最需要的地方去发光发热,奉献自己的青春,伴随着祖国一起成长。当同学们有了这样的意识时,相信更多同学会响应祖国的号召,去中西部地区发展,去祖国更需要的地方发展,为实现中华民族的全面发展贡献力量。

三、思政教育如何融入学生生涯规划

如何把思政教育更好地融入到学生的生涯规划之中呢?这不仅仅通过课内教育,也要通过课外的家国情怀教育来实现。对每个国民而言,爱国是再朴素不过的情感,再自然不过的认同和再基本不过的责任。我们培养的国际化人才,首先要具有浓厚的家国情怀,具有民族文化定力,这样的人才能在走出校门,走向国际社会的舞台之时,自觉承担起维护国家利益和民族尊严的责任和使命。为了更好地做到这一点,我们可以从以下几个方面努力。

(一)结合课程思政,在职业规划课程中融入爱国主义教育

在教授生涯规划课程时可以将学生的人生目标与国家的发展格局相结合。专业课老师在做职业指导时,可以有针对性地将该专业、行业的发展与国家需求结合在一起,引导学生了解该行业的发展前景,明确目前国家发展的机遇,鼓励学生学好专业,做好规划,为我国的建设贡献力量。老师应在整个课程讲授的过程中自然地帮助学生树立

正确的世界观、价值观、人生观。

（二）发挥学生党员、学生领袖、优秀毕业生的领航带头作用，将家国情怀和生涯规划教育融入日常学习生活中

学生的职业生涯规划，不仅仅要让学生在课堂上学习理论知识，更要通过日常的各类校园文化活动培养大学生丰富的精神世界，使其树立崇高的社会理想和强烈的社会责任感。通过各类主题讲座、英语演讲比赛、主题海报评比、红色教育基地参观等形式，在学生的日常生活中潜移默化地渗透着国家文化、国家历史、家国情怀。同时，上海外国语大学贤达经济人文学院也积极开展和鼓励学生参与各类公益活动，重视发挥学生党员、学生干部和其他学生领袖的先锋作用。在活动中寻找自己的价值，发挥自己的特长，探索自己、认识自己。

同时可以将已毕业学生中的优秀代表请回来，用朋辈教育的方式，让同学们更深入地了解职场信息、求职要领，以及分享与祖国共成长的喜悦。比如，组织"那些校友走过的路"系列讲座，便是利用优质校友资源，帮助同学更好地规划自己的职业生涯，更好地培养爱国主义精神。

（三）发挥外语和多语种特长，在特色化服务国家和社会工作中提高学习热情和思想觉悟，探索自己的生涯道路，传播中国文化，讲好中国故事

党的十九大以来，我国对外文化交流传播工作取得了丰硕成果，国际性的文化节庆、赛事和展会品牌不断涌现，成为广泛传播中华文化的重要载体。上海外国语大学贤达经济人文学院鼓励学生积极参与各合作院校留学生的文化交流活动。例如，组织海外留学生浏览上海著名文化景点，了解中国文化，让留学生真切感受到中国文化的魅力和感染力。鼓励学生参加各类大型国际赛事的志愿者工作，可以让学生们感受作为一名大学生对国家社会应该承担的责任和义务，将他们得到的爱和温暖传递给需要帮助的人们。学院在海外留学的学子则通过自己的实际行动积极成为中国文化的传播者，用中国好声音讲述中国故事，实现自己的价值。

为了更好地给大家展示思政教育融入学生生涯规划的成效，下面分享几个典型案例。

第一个案例是 2018 年春节期间，一些在西班牙留学的同学参加了西班牙海滨城市马塔罗举办的中国春节盛装游行活动。方阵浩浩荡荡，特色十足，同学们穿着各类民族服装，非常吸睛。此次游行队伍包括西班牙留学生和当地华侨华人社团、组织。学生参加此次游行，既化解了自己的思乡之情，也为传播中国文化尽到自己的绵薄之力。

第二个案例是在西班牙留学生宣讲中国故事。2018 年，国际交流学院西班牙留学生进入西班牙巴塞罗那当地社区，与巴塞罗那居民互动讲述中国故事。学生在求学深造期间,在刻苦认真完成学习任务的同时,不忘初心,牢记使命,以各种形式积极投身到宣传祖国优秀文化的活动之中。学生们采用图片、文字等形式,轮流登台,用流利的西班牙语从"我的家""我的家乡"讲到"我的祖国",使参与活动的社区居民感受到了中国故事的生动和真实。

第三个案例在法国。2019年在中华人民共和国70周年华诞之际,《我和我的祖国》在海内外热播,然而法国雷恩商学院所在地区没有《我和我的祖国》的排片计划。我院留学生主动联系当地的留学生和华人团体,共同给学校和当地的电影院写请愿书,制作请愿板,要求电影院加入《我和我的祖国》的排片。在大家的努力下,最终电影院增加了排片,留学生们包场观看,并吸引了当地居民前来观看。观影过程中,电影院中响起阵阵掌声,远在异国的学生们,在关键时候发挥引领作用,体现了远在海外游子们的爱国之情。

四、思政教育融入学生生涯规划的必要性

思政教育能加深学生对祖国的热爱。现在出国热、移民热盛行一时,很多学生在大学毕业后选择到国外深造。"它山之石,可以攻玉",在国外的确能学到很多先进的知识、理念,但是大量留学生学成后选择在海外就业,这便造成了人才的极大流失。因此我们要通过思政教育激发学生对祖国的热爱,让学生树立"为中华之崛起而读书"的信念,在学成后,将好的技术、好的理念带回来,为祖国的繁荣发展贡献自己的力量。

学生做好自己的生涯规划,取得成长、进步和成就,对教育工作者来说是最大的欣慰和鼓舞,也是学校成功育人的标志。学校要为党和国家培养具有国际视野、家国情怀和文化自信的优秀人才,在课上课下各类教学活动和主题活动中加入潜移默化的渗透教育。对学生进行思政教育不是一蹴而就,要善用点滴积累,正所谓"春风化雨,润物无声",家国情怀的培育,既要有耐心,也要注重方式方法。只有为学生考虑,从学生利益出发,以情感赢得情感,才能引导学生走向成熟,走向完善,才能使学生在海外自觉自发地承担起一名中国人的责任和义务,争做一名为实现中国梦而奋斗的时代新人。

总之,学生生涯规划需要思政教育作为思想的引领、指导,让学生树立正确的择业观、发展观,将爱国主义浸润在求职过程中,让学生将自我发展和祖国的大发展相结合,这样能够帮助学生更精准地就业,更多方位地发展自己,既解决了就业难题,又升华了学生的职业人生。

【参考文献】

［1］陈玮瑜,祁禄.高校"金课"教学模式的构建与实践:以大学生职业生涯规划课为例[J].教育教学论坛,2020(35).

［2］高红霞,陈敏云,皮凤英,等.大学生职业生涯导论[M].2版.上海:复旦大学出版社,2018.

［3］高园.社会主义核心价值观融入大学生职业规划教育浅谈［J］.课程教育研究,2019(14).

［4］李瑶,崔永根.加强就业渠道建设　促进大学生就业［J］.中国轻工教育.2010(5).

［5］刘旭."互联网＋"时代高校思想政治教育工作研究［J］.成才之路,2020(28).

［6］沈庆斌,黄国辉,梁艳华.社会主义核心价值观融入高校学生职业生涯规划教育的路径研究［J］.创新创业理论研究与实践,2019,2(22).

［7］王俊菲.将思政教育贯穿高职学生职业规划培养全过程的探索［J］.山西青年,2020(3).

［8］杨娇.论高职院校思政教育与大学生职业生涯规划融合发展［J］.智库时代,2019(24).

［9］余瑞玲.关于我国大学生创业教育的思考［J］.教育与职业,2008(3).

【作者简介】

王磊,上海外国语大学贤达经济人文学院国际交流学院党总支书记,实习研究员。

冷涛,上海外国语大学贤达经济人文学院国际交流学院党总支副书记,助教。

就业引导导向下大学毕业生职业价值观的现状与教育手段

朱华珍

高校毕业生就业问题,是影响我国高等教育格局的重大问题,一向受到国家、社会、媒体、高校和个人多重层面的关注。习近平总书记在全国高校思想政治工作会议中提出:"要鼓励高校学生把视线投向国家发展的航程,把汗水洒在艰苦创业的舞台,到基层去、到西部去、到祖国最需要的地方去,做成一番事业、做好一番事业。"①党中央、国务院先后发布《关于引导和鼓励高校毕业生面向基层就业的意见》(中办发〔2005〕18 号)、《国务院关于进一步做好普通高等学校毕业生就业工作的通知》(国发〔2011〕16 号)、《关于进一步引导和鼓励高校毕业生到基层工作的意见》(中办发〔2016〕79 号)等文件,要求鼓励引导毕业生面向城乡基层,到中西部地区、东北地区,以及民族地区、贫困地区和艰苦边远地区就业,到中小微企业就业,鼓励参军入伍,支持毕业生到基层创新创业和到国际组织实习任职。在此背景下,如何做好高校毕业生的就业引导工作,是摆在高校就业指导工作人员面前的重大挑战。

就业引导是我国高校毕业生就业指导工作中的最新动向,不仅被认为是比就业辅导或就业指导更为强力的干预手段,对毕业生就业选择具有较强的影响力,也被认为是目前我国高校毕业生就业工作的新理念,将作为基本思想在今后较长时间内影响学校就业工作的各个方面。

所谓职业价值观,是一个人价值观在职业选择和评价时的具体体现,是影响个体选择职业的重要因素,在职业能力和兴趣大致相同的情况下,不同的职业价值观直接决定了个体选择怎样的工作岗位。就业引导所直接能干预的,就是毕业生的职业价值观。就业引导试图通过干预毕业生的职业价值倾向,将更多毕业生吸引到国家战略急需的"重点行业、重点地区、重大工程、重大项目"就业。而作为在就业引导导向下新近出现的就业岗位,到基层一线工作的地方选调生项目,成为就业引导工程的典型代表,也是本研究重点关注的对象。

因此,可以说,在目前就业引导导向下,了解大学毕业生的职业价值观,特别关注积

---

① 中共中央文献研究室.习近平关于青少年和共青团工作论述摘编[M].北京:中央文献出版社,2017:55.

极响应就业引导项目工程(如选调生项目)毕业生的职业价值观动向,找到合适的教育和干预措施,是当前高校就业工作者必须直面的课题。

一、职业价值观的研究

最早发现职业价值观的重要意义,并对其进行深入研究的生涯理论专家是美国的舒伯(Donald E.Super),他经过研究提出了15项职业价值观的内容,希望通过帮助个体理解自身价值观的取向,来更理性地进行职业选择。舒伯对职业价值观内容的研究,开启了生涯规划领域对职业价值观结构的研究。

虽然学界对于职业价值观到底由哪些成分或维度构成的问题并没有完全一致的结论,但到目前为止,苏尔基斯(Surkis)从内在、外在、社会和威望4个维度上来分析和理解职业价值观的观点,得到了最为广泛的认同。

金盛华、李雪,在苏尔基斯研究的基础上,同时吸收了"工具性职业价值观""终极性职业价值观"的分类理念,以我国大学生为研究对象,首次在价值观的目的性和手段性角度进行了清晰分层,建立了一个四因子的目的性职业价值观模型和一个六因子的手段性职业价值观模型,能很好地解释不同价值观取向如何影响大学生的职业选择。

在金盛华等人的研究中,目的性职业价值观是指个体评价和选择职业的内隐的动机性标准,手段性职业价值观是指个体评价和选择职业的外显的条件性标准。目的性职业价值观被划分为个体-集体、维护-发展4个不同维度,从而分为地位追求、成就实现、家庭维护和社会促进4类价值观;手段性职业价值观被划分为轻松稳定、兴趣性格、规范道德、薪酬声望、职业前景和福利待遇6类价值观。

二、生涯教育手段的研究

课程是学校教育的基本载体。在我国,早在唐朝,孔颖达就提到了"教护课程,必君子监之,乃得依法制也",但此处课程与现在通常所理解的课程含义差别很大。到了宋代,朱熹提到了"宽着期限,紧着课程""小立课程,大作功夫"等,与现在的课程含义有很多相似之处。在国外,课程一词最早由英国教育家斯宾塞提出来,意为"跑道",比喻学习的进程。我国教育学领域的著名专家施良方根据众说纷纭的课程定义,总结了6个共识度比较高的说法:① 课程即教学科目;② 课程即有计划的教学活动;③ 课程即预期的学习效果;④ 课程即学习经验;⑤ 课程即社会文化的再生产;⑥ 课程即社会改造。

由此可见,课程是"教什么"和"怎么教"的统一,课程设计者有明确的课程目标,但却可以以不是那么明确的手段进行呈现。因而,在教育理论界,一直有"隐性课程"与"显性课程"的区别。所谓隐性课程是指:学校政策及课程计划中未明确规定的、非正式和无意识的学校学习经验;所谓显性课程是指:学校政策及课程计划中明确规定的、正式和有意识的学校学习经验。这对概念是美国教育家布卢姆在他的著作《教育学的无知》中正式提出来的,他认为:"隐性课程与显性课程同样重要,通过隐性课程达成的教育目标能够保持得更长久。"

职业价值观教育是思政教育的重要组成部分,以往的思政教育以思想政治理论课教育教学为主要手段,显性教育处于绝对优势地位。在历史条件转变、媒体技术发展、学生价值更为多元化的今天,如何设计隐性课程、实现就业引导的职业价值观教育,是就业指导工作研究必须回答的问题。

三、研究方法

(一) 职业价值观的研究方法和研究对象

本文作者以金盛华、李雪编制的"职业价值观问卷"为研究工具,对同济大学600位面临毕业的在校生进行了调查,获得有效调查数据554份,调查有效率92.3%。调查对象的人口学信息如表1所示。

表1 毕业生的基本信息

项 目	性 别		学 历		
	男	女	本科	硕士	博士
人数	267	287	159	360	35
占比	48.19%	51.81%	28.70%	64.98%	6.32%

项目	专 业 类 别							
	工学	理学	文学	管理学	艺术学	医学	法学	经济学
人数	264	136	70	45	15	12	8	4
占比	47.65%	24.55%	12.64%	8.12%	2.71%	2.17%	1.44%	0.72%

"职业价值观问卷"共有34个题目,其中包含16个题目的4个维度的目的性职业价值观问卷和18个题目的6个维度的手段性职业价值观问卷。问卷题目为5分制,1分为最低分,表示"完全不重要",5分为最高分,表示"非常重要"。问卷编制经历了深度访谈和开放式问卷的前期调查,在初步编订后进行两次试测,最终获得34个题目构成的问卷,并经过统计检验,具备较高的信度和效度。

(二) 生涯教育手段的研究方法和研究对象

本文作者自编"生涯教育手段问卷",以200名同济大学在职选调生校友为调查对象,对高校生涯教育在职业决策中所起作用进行了调查。最终回收有效问卷163份,调查有效率81.5%。163位校友的基本信息如表2所示。

表2 选调生校友的基本信息

项目	性　别		学　历		
	男	女	本科	硕士	博士
人数	95	68	9	152	2
占比	58.28%	41.72%	5.52%	93.25%	1.23%

项目	专　业　类　别							
	工学	理学	文学	管理学	艺术学	医学	法学	经济学
人数	93	13	16	11	1	1	22	6
占比	57.06%	7.98%	9.82%	6.75%	0.61%	0.61%	13.50%	3.68%

工作年限	人　数	占　比
小于1年	68	41.72%
1~3年	65	39.88%
3~5年	12	7.36%
5年以上	18	11.04%

"生涯教育手段问卷"旨在了解已经进入选调生岗位的毕业校友在进行职业决策时的影响因素,重点期望了解学校生涯教育的各项活动对毕业校友职业决策的影响程度。问卷包括两大部分:第一部分为个人信息调查,包括性别、学历、专业、工作年限、选调地区、选调岗位等6题;第二部分为影响因素调查,包括榜样人物的影响、校内活动的影响、教育课程的影响、技能培训的影响等4大模块。其中第二部分影响因素调查采用5分制评分,1分为最低分,表示"完全没有作用",5分为最高分,表示"作用非常大"。

四、研究结果

(一)职业价值观的研究结果

1. 大学毕业生职业价值观的整体状况

图1为大学毕业生目的性职业价值观的平均分。

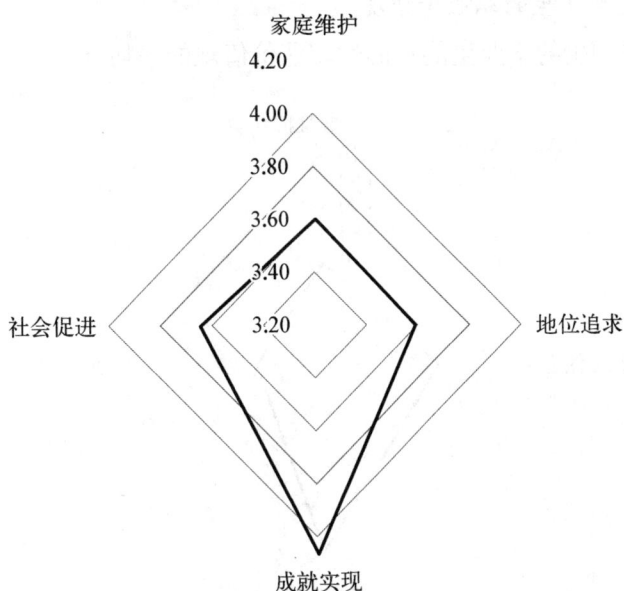

图 1 大学毕业生目的性职业价值观的平均分

在目的性职业价值观上，554 名被调查毕业生的平均得分分别为：家庭维护 3.61 分、地位追求 3.59 分、成就实现 4.06 分、社会促进 3.65 分。

图 2 为大学毕业生手段性职业价值观的平均分。

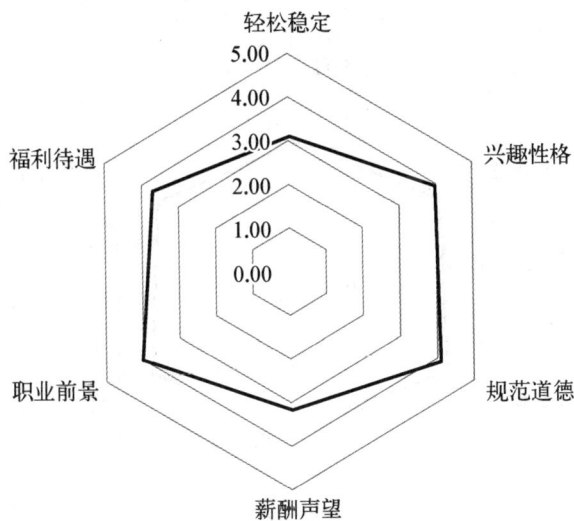

图 2 大学毕业生手段性职业价值观的平均分

在手段性职业价值观上，554 名被调查毕业生的平均得分为：轻松稳定 3.11 分、兴趣性格 3.94 分、规范道德 4.13 分、薪酬声望 3.17 分、职业前景 4.10 分、福利待遇 3.74 分。

2. 报考选调生毕业生的职业价值观

图 3 为报考选调生的毕业生的目的性职业价值观的平均分。

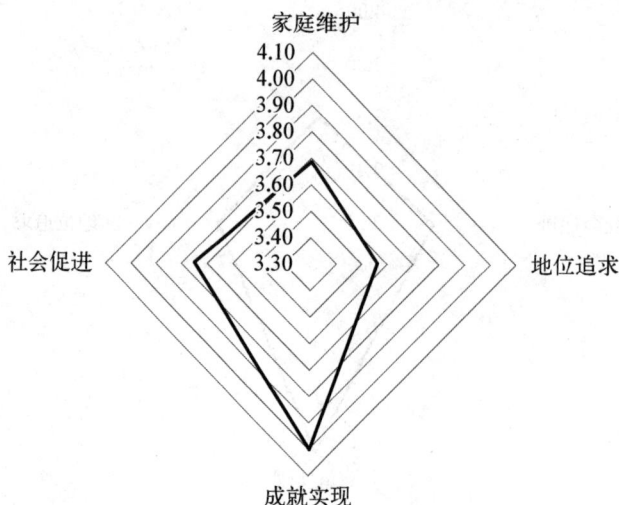

图 3　报考选调生的毕业生的目的性职业价值观的平均分

在目的性职业价值观上，152 名有报考选调生项目行动或意愿的毕业生的平均得分为：家庭维护 3.68 分、地位追求 3.56 分、成就实现 4.00 分、社会促进 3.75 分。

图 4 为报考选调生的毕业生的手段性职业价值观的平均分。

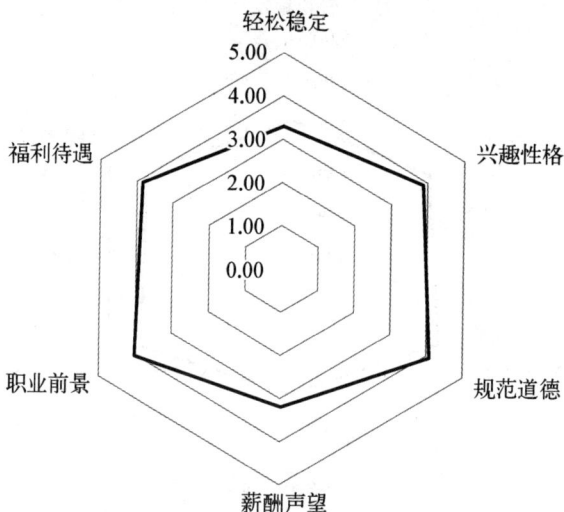

图 4　报考选调生的毕业生的手段性职业价值观的平均分

在手段性职业价值观上，152 名有报考选调生行动或意愿的毕业生的平均得分为：轻松稳定 3.24 分、兴趣性格 3.84 分、规范道德 4.05 分、薪酬声望 3.21 分、职业前景 4.07 分、福利待遇 3.87 分。

3. 报考选调生与未报考选调生毕业生职业价值观的差异

为了进一步了解报考选调生毕业生的职业价值观,研究将被调查毕业生分为两个群体,有报考选调生行动或意愿的群体和无报考选调生行动或意愿的群体。研究对比了两个群体在目的性职业价值观和手段性职业价值观上的得分,具体统计结果见表3。

表3 不同毕业生的职业价值观平均得分

是否报考选调生	目的性职业价值观				手段性职业价值观					
	家庭维护	地位追求	成就实现	社会促进	轻松稳定	兴趣性格	规范道德	薪酬声望	职业前景	福利待遇
未报考	3.58	3.60	4.09	3.61	3.06	3.98	4.17	3.15	4.11	3.69
报考	3.68	3.56	4.00	3.75	3.24	3.84	4.05	3.21	4.07	3.87

在目的性职业价值观方面,有报考选调生行动或意愿的毕业生,在家庭维护和社会促进维度的平均得分高于没有报考行为或意愿的毕业生,在地位追求和成就实现方面平均得分低于没有报考行为或意愿的毕业生。

在手段性职业价值观方面,有报考选调生行为或意愿的毕业生,在轻松稳定、薪酬声望、福利待遇方面平均得分高于没有报考行为或意愿的毕业生,在兴趣性格、规范道德、职业前景方面平均得分低于没有报考行为或意愿的毕业生。

(二)生涯教育手段的研究结果

1. 4类生涯教育手段的总体影响

在了解了毕业生的职业价值观基础上,如何找到合适的教育引导和干预办法,是本研究的另一个重点。已有研究显示,对毕业生职业决策起影响作用的生涯教育集中于4种类型,分别是榜样人物、生涯活动、课程教育和技能培训。

以在选调生岗位工作的校友为对象,了解以上4种因素对他们职业决策的影响程度。统计数据表明,榜样人物的影响作用平均得分为2.74分,生涯活动的平均得分为2.58分,课程教育的平均得分为2.19分,技能培训的平均得分为2.79分。

可以看到,4种教育手段得分均未超过3分,即没有起决定性影响作用的因素,生涯教育对职业决策的影响是整体性的。相对课程教育和生涯活动这些显性的教育手段而言,树立榜样人物、提供技能培训更能影响毕业生的职业决策。

2. 榜样人物的影响

为了更深入了解不同类型生涯教育手段的影响作用,研究统计了选调生校友的评分占比和平均分情况。

就榜样人物的影响作用而言,父母家人的得分最高,在岗选调生校友的影响也不容忽视。而更多的校友认为除了周围人的影响,自己做出决定的意义最为重大。具体统计数据见表4。

表4　榜样人物影响评分的平均分和占比

榜样人物	评分					
	平均分	1分	2分	3分	4分	5分
父母家人	3.69	9.20%	6.13%	24.54%	25.77%	33.74%
同学朋友	2.40	31.90%	17.79%	30.67%	17.18%	2.45%
老师长辈	2.31	33.13%	19.63%	33.74%	9.82%	3.68%
辅导员	1.86	52.15%	18.40%	21.47%	7.36%	0.61%
在岗选调生校友	2.49	29.45%	21.47%	26.99%	14.72%	7.36%
自己的决定	4.44	3.07%	0.61%	9.20%	23.21%	63.80%

3. 生涯活动的影响

生涯活动是指课程教育以外的生涯教育,形式包括讲座、测评、咨询、实习、参访、交流等多种。从表5的统计数据可以看到,研究分析的九大生涯活动中,对优秀选调生的宣传以及政府单位招录选调生的宣讲活动对毕业生职业决策的影响作用最为重大。

表5　生涯活动影响评分的平均分和占比

生涯活动	评分					
	平均分	1分	2分	3分	4分	5分
职业相关讲座	2.42	27.27%	31.82%	18.18%	11.00%	6.06%
职业规划测评	2.30	30.30%	33.33%	15.15%	18.18%	3.03%
个人职业咨询	2.42	36.36%	13.64%	24.24%	22.73%	3.03%
优秀选调生宣传	3.27	15.15%	12.12%	19.70%	36.36%	11.00%
企业单位宣讲	2.70	19.70%	22.73%	31.82%	19.70%	6.06%
政府单位宣讲	3.39	4.55%	15.15%	31.82%	33.33%	15.15%
校友回校交流	2.85	18.18%	22.73%	25.76%	22.73%	10.61%
企业单位实习	2.55	28.79%	18.18%	27.27%	21.21%	4.55%
政府单位实习	2.52	31.82%	19.70%	22.73%	16.67%	9.09%

4. 课程教育的影响

课程教育是生涯教育的重要方式,因为有学程、学分和固定学习内容的安排和要求,被认为是最为规范化的生涯教育手段。

从调查数据可以看到(见表6),课程教育对毕业生职业决策的影响程度相对平均。在各类型课程中,聚焦个人素质提升的课程对毕业生影响最为重大。

表6　课程教育影响评分的平均分和占比

课　　程	评　分					
	平均分	1分	2分	3分	4分	5分
生涯规划课程	2.66	22.95%	21.31%	32.79%	13.11%	9.84%
求职技能课程	2.69	21.31%	27.87%	21.31%	19.67%	9.84%
个人素质课程	2.72	18.03%	27.87%	26.23%	19.67%	8.20%
行业探秘课程	2.54	26.23%	26.23%	24.59%	13.11%	9.84%

5. 技能培训的影响

技能培训是生涯教育的组成部分。研究调查了7类技能培训对选调生校友职业决策的作用和影响。从表7的数据可以看到,专业知识技能、求职面试技能、公文写作技能、逻辑思维技能和办公软件技能的作用都比较大,评分超过了3分。

表7　技能培训影响评分的平均分和占比

技　　能	评　分					
	平均分	1分	2分	3分	4分	5分
专业知识技能	3.09	16.18%	11.70%	32.35%	26.47%	13.13%
专业操作技能	2.76	16.18%	19.12%	41.18%	19.12%	4.41%
求职简历技能	2.76	16.18%	22.06%	33.83%	25.00%	2.94%
求职面试技能	3.28	16.18%	11.76%	20.59%	30.88%	20.59%
公文写作技能	3.44	8.82%	10.29%	30.80%	29.41%	22.06%
逻辑思维技能	3.72	8.82%	5.88%	19.12%	36.76%	29.41%
办公软件技能	3.19	13.24%	13.24%	27.94%	32.35%	13.24%

五、总结

同济大学坚定不移地贯彻落实党中央、国务院的决策部署,以强化以服务国家战略为导向、结合学校人才培养要求、推动毕业生更高质量就业与创业为工作目标,鼓励毕业生赴基层、重点领域建功立业,推动区域协调发展,服务经济社会发展。为此,学校专门印发《同济大学赴基层、重点领域就业创业优秀毕业生评选办法(扬帆奖)》,以鼓励到"四重"领域就业的毕业生。

本研究以同济大学毕业班学生为主要对象,通过科学系统的调查方法,了解学生整体的职业价值观现状;通过适当的隐性与显性课程的设计和实施,引导学生建立贡献国家、服务社会的职业价值观,吸引更多毕业生到国家战略急需的"重点行业、重点地区、重大工程、重大项目"就业。

从调查结果我们可以看到,大学毕业生职业价值观呈现出如下特点:

① 价值观念相对平均,不存在特别突出的极端化价值追求,呈现的是多样化的价值生态;

② 个人价值追求显现,对个体的成就实现、对职业前景的积极追求,都体现了当代大学生的自我价值意识;

③ 响应就业引导工程项目的毕业生价值观念鲜明,在致力于社会促进的同时,兼顾着家庭的维护;

④ 响应就业引导工程项目的毕业生价值观念稳健,在看重职业稳定的同时,对职业的待遇回报报有较高期待。

从调查结果我们可以看到,学校生涯教育手段的影响呈现出如下特点:

① 不同教育手段的影响总体相对平均,不存在决定性影响的因素,即不同生涯教育手段在毕业生职业价值观的形成中都发挥着作用;

② 相对于课程教育、生涯活动等显性的教育手段,榜样人物的引领、职业技能的培训等隐性的教育手段,对毕业生职业价值的取向影响更为显著;

③ 榜样人物影响着毕业生的职业价值取向,但榜样人物的作用依然需要通过毕业生的内心认同,转化为自身的自主性决定才能发挥积极作用;

④ 生涯活动、课程教育和技能培训等教育手段中,和就业引导工程项目(本研究以选调生项目为例)相关程度较高的部分,能更强有力地起到教育的作用。

任何教育都是"教什么"和"怎么教"的统一。在就业引导导向下,针对大学生职业价值观的教育显得尤为重要,这是对学校生涯教育"教什么"的重要指引,也是本研究重点考察毕业生职业价值观的出发点。研究结论显示,尽管大学生具备鲜明的价值导向,但在目前就业引导的大环境下,引领主流价值、塑造奉献意识,依然是生涯教育需要完成的任务。

同时,在解决了"教什么"的情况下,找到合适的教育手段,是本研究更为急需回答的问题。研究梳理了4类生涯教育手段的影响作用,清晰展现了隐性的、更注重学生自身素质提升的教育的重要意义,这为今后教育的设计和实施提供了参考思路。

【参考文献】

［1］谷静,冯绍红,吕蒙.基于文献计量分析的国内职业价值观研究综述[J].人类工效学,2019,25(4).

［2］金盛华,李雪.大学生职业价值观:手段与目的[J].心理学报,2005,37(5).

［3］施良方.课程理论:课程的基础、原理与问题[M].北京:教育科学出版社,1996.

［4］杨增崇.显性教育与隐性教育相统一的实践辩证[J].学校党建与思想教育,2019(7).

【作者简介】

朱华珍,教育心理学硕士,同济大学学生就业指导中心,讲师。研究方向为大学生职业生涯规划。

论企业核心价值观与社会主义
核心价值观融合效应
——以华为公司为例

赵雅涵

华为技术有限公司作为一家民营的生产、销售电信设备的科技公司,1987 年在广东省深圳市创办,起始注册资本 21 000 元,经过 31 年的时间,华为就取得了通信行业全球第一、手机市场全球第三、服务器市场全球第三的傲人成就。追根溯源,华为的企业文化尤其是该企业的核心价值观,被公认为是华为能走稳、走远、做大做强的根本之道。本文拟以华为公司为例,做一简略分析。

一、华为企业文化概述

华为从开始关注企业文化到系统思考企业文化,历经十余年。20 世纪 90 年代末期,华为颁布了《华为人行为准则(暂行版)》,共列出了 14 条行为准则,构建了华为企业文化的基本系统。从 2005 年到 2011 年,华为由国际化到实现全球化,这个过程是很艰难的。企业文化、企业核心价值观等理念对于当时很多中国企业管理层来说,还刚接触没多久,而国际市场上很多富有生命力的企业已把它列为"传家宝"之一。为了使华为在国际化的过程中更快与国际接轨,华为升级了其企业文化核心价值观,具体体现在愿景、使命和战略 3 个方面。

愿景:"丰富人们的沟通和生活。"

使命:"① 华为的追求是实现客户的梦想。② 聚焦客户关注的挑战和压力,提供有竞争力的通信解决方案和服务,持续为客户创造最大价值。"

战略:"① 为客户服务是华为存在的唯一理由;客户需求是华为发展的原动力。② 质量好、服务好、运作成本低,优先满足客户需求,提升客户竞争力和盈利能力。③ 持续管理变革,实现高效的流程化运作,确保端到端的优质交付。④ 与友商共同发展,既是竞争对手,也是合作伙伴,共同创造良好的生存空间,共享价值链的利益。"[①]

华为公司在三十余载的发展历程中,积累了深厚的理论技术和实践经验,形成了自

---

① 华为公司的核心价值观[J].中国企业家,2005(18).

己特有的企业核心价值观,可以概括为"以客户为中心,以奋斗者为本,长期坚持艰苦奋斗"①。这些价值观并不是空洞的口号,也不是无力的呐喊,而是一种准则、一盏明灯,在企业发展中扮演着重要的角色,激发了员工爱岗敬业的潜能,增加了企业众志成城的凝聚力。华为由最初筚路蓝缕、栉风沐雨到今天成为各大企业争相效仿的典范,是与其核心价值观的精神力量分不开的。

2006 年 10 月,党的十六届六中全会第一次明确提出了建设社会主义核心价值体系的重大命题和战略任务,明确提出了社会主义核心价值体系的内容。党的十七届六中全会指出,"社会主义核心价值体系是兴国之魂"②。党的十八大又提出了"富强、民主、文明、和谐、自由、平等、公正、法治、爱国、敬业、诚信、友善"的社会主义核心价值观。这些新的思想、新的价值观的提出就是为了配合国家战略的更好实施,在精神上将大家拧成一股绳,让大家有劲使得对,有力用得好。

可以看到,无论是社会主义核心价值观还是企业核心价值观的形成都不是一蹴而就,是历经岁月而高度凝结的。企业核心价值观与我国社会主义核心价值观倡导的内容是高度趋同的。社会主义核心价值观高度概括了在社会主义初级阶段这一大的背景下,在个人层面、社会层面、国家层面应坚守和追求的价值导向。而华为作为社会主义市场经济中重要的一分子,也正是在员工、管理和集体层面分别给予所坚持和力争的价值明确的定义。这种并非生搬硬套的、实在内涵及总体方向上的一致,也正体现了社会主义核心价值观是企业文化的根基,愿景、使命和战略等企业核心价值观是其孕育出的茂叶繁枝。

二、员工层次融合

"爱国、敬业、诚信、友善"是公民基本道德规范,是公民个体层面对社会主义核心价值观的凝练。华为的核心价值观也将其融入员工个体的行为规范和处事方法。

华为人的爱岗敬业精神,由华为的使命(聚焦客户关注的挑战和压力,提供有竞争力的通信解决方案和服务,持续为客户创造最大价值)和战略(为客户服务是华为存在的唯一理由,客户需求是华为发展的原动力;质量好、服务好、运作成本低,优先满足客户需求,提升客户竞争力和盈利能力)可见一斑。"为客户创造价值,华为才能得以生存"是华为员工最根本的工作理念和行为准则。公司的一切行为都是以客户的满意度作为评价依据,在产品和解决方案领域要围绕客户需求持续创新。在产品投资决策上,坚持客户需求导向优先于技术导向。此项核心价值观明确了员工及企业的奋斗目的,主观上是为企业和员工自身,客观上是为服务客户、壮大行业竞争力和提高国家影响

---

① 黄继伟.华为内训[M].北京:中国友谊出版公司,2016:38-39.
② 中国共产党第十七届中央委员会第六次全体会议公报[M].北京:人民出版社,2011:8.

力。客户的认可需要员工坚定信念，立足岗位，艰苦奋斗，砥砺前行。以客户为中心的服务精神，衍生出整个企业文化中对拼搏奋斗者敬业精神实实在在的敬重。华为企业在本质上充分肯定和激励员工热爱自己的工作岗位，珍惜本职工作，以恭敬严肃的态度对待自己工作的职业精神和职业道德。

华为人有关"诚信、友善"的道德要求也可以在华为核心价值观的"华为十六条军规"中找到明确的表述。员工在工作中崇德向善，诚实守信，在团队中团结友善，众志成城，为增强企业凝聚力和竞争力，助力企业持续健康发展起到了至关重要的作用。比如："最简单的是讲真话，最难的也是。""你越试图掩盖问题，就越暴露你是问题。""造假比诚实更辛苦，你永远需要用新的造假来掩盖上一个造假。""公司机密跟你的灵魂永远是打包出卖的。""在大数据时代，任何以权谋私、贪污腐败都会留下痕迹。"这些都是鼓励员工要诚实守信、务实求真，这两项重要的品质不仅是形成和谐公民关系的基础，更是企业、社会乃至国家经济正常有序发展的根本基础和保障。另外，华为人力资源部门有记录员工奖罚、晋升、任职能力、绩效等信息的诚信档案。再比如："如果你觉得主管错了，请告诉他。""讨好领导的最好方式，就是把工作做好。"这正反映了华为核心价值观中与人为善、不唯上只唯实、杜绝逢迎、真诚守信的思想精髓。

由此可见，国家对公民个人层面核心价值观的要求和华为公司对员工个人品行素质的要求是高度吻合的。

三、管理层次融合

社会主义核心价值观对社会层面的追求可以概括为"自由、平等、公正、法治"，而这一层价值观同样也体现在华为企业干部管理的制度建立和考核上。对于员工的薪酬价值评价，"平等"是华为放在首要的考量标准：公司给员工的报酬是以他的贡献大小和实现持续贡献的任职能力为依据，以能力作为衡量标准，而非以单一的学历、工龄和职称以及内部"公关"做得好支付报酬。华为战略要求为满足客户需求，持续不断的管理变革才能实现高效的流程化运作。同时也要求层级管理的人员必须将公正、法治凝聚成共识，要把可以规范化的管理都标准化、制度化，发挥其核心价值观的稳定器作用。在创立之初，公司就要求干部应做到严于律己、自我批判，相应的制度化、法制化防止干部腐化、自私和得过且过的条令也应运而生。《华为公司改进工作作风的八条要求》中"不搞迎来送往""不给上级送礼""绝不动用公司资源，也不能占用工作时间，为上级或其家属办私事""不当面赞扬上级""绝不私费公报""绝不贪污受贿""不捂盖子"①等都是公司核心价值观的体现和要求，每一条都结合实际工作，极具可操作性。条例还要求

---

① 华为集团财经《改进工作作风的八条要求》学习纪要[EB/OL].(2017 - 10 - 26)[2018 - 5 - 12]. http://www.sohu.com/a/200322737_479829.

管理层予以真正的理解并严格执行,确保落到实处。此外,华为从 2004 年开始推行轮值 CEO 模式,七位常务副总轮流担任 CEO,每半年轮值一次,保持权力的动态平衡。从 2007 年起,华为经营管理团队每年举办一次公开宣誓大会,接受全体员工的监督,并且固定形式,形成制度。华为通过规范、廉洁、高效的干部管理模式确保企业内部员工享有平等的权利,可以自由地进行生产活动。

综上所述,我们可以看到,华为对企业管理层的价值引领与社会主义核心价值观对社会层面的要求同样是高度一致的。

四、集体层次融合

“富强、民主、文明、和谐”体现了社会主义核心价值观在发展目标上的追求,是立足国家层面提出的价值目标和要求。优秀企业作为国家经济的有机组织部分,必须在世界各国你追我赶的经济大潮中拥有与国家核心价值观相一致的社会责任感和担当。

首先,在低价制造业时代已成为过去式、互联网连接的经济全球化的背景下,未来的企业之争就是核心产品和专利之争。华为的愿景——丰富人们的沟通和生活,也是华为作为金牌企业勇于负责与担当的体现。华为通过提供货真价实并不断优化的产品来丰富人们的沟通和生活,以推动经济全球化的进程,为创建和谐世界、打造人类命运共同体而奉献自身的一分力量。

其次,华为作为一个包括核心制造在内的高新技术企业,实现企业愿景的一项重要手段是高度重视研发和鼓励创新。欧盟委员会官网发布的“2017 全球企业研发投入排行榜”中,华为以 104 亿欧元的企业研发支出超过苹果(95 亿欧元)研发支出,更将其他企业远远甩在后面。不论盈亏与否,华为坚持每年将 10% 以上的销售收入投入研究与开发。仅 2017 年华为就获得了 1 474 项专利,位居全球第二十,在中国高居榜首。华为深知:只有不断创新,永无止境研发新产品、拥有核心技术,才能不受制于人,真正掌握企业发展的命运,助力中国成为世界工业强国。拥有本行业的核心技术,高科技专利可以使产品的毛利率高达 40%~60%,今天华为在专利方面的投入和成绩没有人可以小觑,以华为为代表的民族品牌的崛起,展现的正是国家的富强与文明。

最后,华为一直在与国际同行的竞争中营造“和而不同”“求同存异”“优势互补”“互利互赢”的和谐局面。华为在拓展海外市场时,不以低价倾销,不扰乱当地市场秩序,不做短视行为,以高质量产品和周到、细致的服务口碑说话。在与西方公司的竞争中,华为也一直坚持“师夷长技以制夷”,学习西方先进的管理和技术制度,学习良性竞争机制,打造自己的技术王国。同时,在经济一体化的今天,华为一直与国际同行在诸多领域携手合作,通过合作取得共赢。这也是华为战略“与友商共同发展,既是竞争对手,也是合作伙伴,共同创造良好的生存空间,共享价值链的利益”的核心思想。华为为本企业发展壮大打造了一个和谐的竞争环境,真正实现了共享生存空间和利益,也从一个企业的微观角度践行了共商、共建、共享和谐世界,打造人类命运共同体的价值观。

五、高度融合的深远意义

林坚在《企业文化修炼》中认为:企业核心价值观是企业核心竞争力的灵魂和遗传密码。两者的关系类同于人的大脑(核心价值观)和心脏(核心竞争力),互相依存,不可分割。当企业的核心价值观做到理论与实际统一,思想和行动的统一,不是外化于形式,而是内化于员工心中,便能使员工共同认可并共享价值观,能在企业建设中形成强大的凝聚力,为企业创造生命力。同时,当企业价值观与国家提出的社会主义核心价值观相一致时,便能强化每一个员工的动力与信念,成为企业文化乃至企业壮大发展的精神核心与进取灵魂。华为公司核心价值观的提出与确定,既证明了社会主义核心价值观的优越性,同时也证明了在社会主义核心价值观指导下的企业核心价值观为企业生存和发展提供了精神支持。

【参考文献】

[1] 2017全球企业研发投入排行榜[EB/OL].(2017-12-18)[2018-5-12].http://www.sohu.com/a/211088546_468675.

[2] 林坚.企业文化修炼[M].北京:蓝天出版社,2005.

[3] 赵远兴.社会主义核心价值观与企业文化建设探讨[J].东方企业文化,2015(8).

[4] 中国共产党第十六届中央委员会第六次全体会议公报[M].北京:人民出版社,2006.

【作者简介】

赵雅涵,上海杉达学院人力资源处。

第二编
职业生涯教育中积极心理品质的培育

从1.0到4.0：职业生涯理论与教育的变迁轨迹

——兼谈职业生涯课程思政化创新的逻辑思路

高红霞

百余年来，关注职业生涯教育领域的专家和学者们孜孜不倦，进行了不计其数的试验和研究。按照职业生涯所涉及因素，大致可以梳理成四个单元。根据其形成的先后顺序排列，分别为：① 匹配取向的职业生涯理论与教育的1.0版。② 发展取向的职业生涯理论与教育的2.0版。③ 社会取向的职业生涯理论与教育的3.0版。④ 积极取向的职业生涯理论与教育的4.0版。值得强调的是，以上4个版本并非相互替代关系，而是相互交织、相互补充，在相互促进中共同成长。

我国的职业生涯教育从20世纪90年代初期起步，在20余年的时间里走过了西方职业生涯教育百年的历程。我国职业生涯教育从无到有，借助后发优势迅速从1.0版本飞跃到3.0版本，目前正在向4.0版本迈进。这里所谓的职业生涯教育4.0版本，是在习近平新时代中国特色社会主义思想指导下，以积极取向的职业生涯理论为基础所进行的课程思政化教学改革。本文的前三节将分别阐释1.0版本到3.0版本的职业生涯理论与教育，第四节和第五节将分别阐释4.0版的理论内涵与教学创新。

一、匹配取向：职业生涯理论与教育的1.0版

（一）1.0版的历史背景

19世纪末的欧美发达国家已经完成了资产阶级革命，克服了职业流动的超经济强制，自由选择职业成为可能。工业的高度发展带来了高度分化的社会分工，形成了金字塔状的复杂的职业体系。欧美发达国家均建立起了包括职业教育在内的国民教育制度，教育分流和就业安置成为现实的社会问题。20世纪初，世界大战和经济危机交替出现，劳动力供需状况是时而大量失业、时而供不应求。如何消除上述矛盾？这引起了当时一些热心于社会改良的人士的关注。人们试图通过实现人职匹配的方法，来解决结构性失业和企业劳动力结构性短缺问题，所解决的问题主要属于生存层面。

(二) 1.0 版主要的理论观点及代表人物

提出"人职匹配"原则并有专著传世的是帕森斯 (Frank Parsons, 1909),先经明尼苏达大学的威廉姆逊 (Williamson, 1938) 发展成为"特质-因素理论",再经霍兰德 (Holland, 1959) 扩展为职业及其环境的"人格-职业类型理论",又经施恩 (Schein, 1971) 通过实证研究发展为"职业锚理论",此外还有追求动态人职匹配的明尼苏达"工作调适理论"①。

此时的理论家们运用手术刀——理论定义和测评方法,在职业生涯决策的某一特定的时点上,对职业和人两个基本元素进行横向解剖,先分别考察个人的素质以及需求结构、职业乃至职业环境的需求结构,然后进行同类匹配。所以,可以给该阶段理论一个统一的称谓——人职匹配理论。

(三) 职业生涯教育 1.0 版简况

人职匹配理论是工业革命的产物,当以手工业传统的劳动市场让位于工业化劳动市场,职业生涯教育的任务是帮助人们选择职业,因而人职匹配理论的意义不言而喻。该理论的前期强调人尽其才,发展到后期更加关注职业满意度。

我国的职业生涯教育 1.0 版产生于大学毕业生就业市场化背景之下,因应高校大规模扩招而产生的就业难。匹配取向的职业生涯理论对应职业生涯教育 1.0 版是"就业指导",以及职业生涯发展课程中的求职部分。1.0 版的职业生涯教育课程侧重于个人认知、咨询和辅导,侧重于提供职业信息。各大高校的就业指导中心在职业生涯教育中发挥了组织、实施的功能。因为师资和职能所限,时至今日,部分高校仍然黏滞在聚焦就业工作所需要的 1.0 版本。

二、发展取向:职业生涯理论与教育的 2.0 版

(一) 2.0 版的历史背景

匹配取向的职业生涯理论占据主导地位期间,经济危机和世界大战交替出现,职业环境动荡不堪,时点的考量可以理解。但是人职匹配理论基本上是此时此地的侧重,没有顾及人生的持续性和动态性。职业生涯教育还需要与此相适应的理论支持,于是,职业生涯发展理论横空出世了。

1929—1933 年的大危机之后,职业的外部环境终于迎来了长期的稳定。人们的立

---

① 明尼苏达大学的 Lofquist 和 Davis 自 20 世纪 60 年代提出了工作调适理论,认为一个人能否在工作环境中取得长久的发展,取决于个人是否有能力完成工作任务,以及工作环境是否能够满足个人的需求。

足点从现实的生存跃升为长期的发展,学者们关注点也自然从生存扩展为需求的更高层次。因而,做出持续的动态的考虑,或者说规划职业生涯成为可能和必要。与此同时,为职业发展理论奠基的人本主义心理学家马斯洛(Mallow,1943)的"需要层次理论"有了突破性的进展。他认为人的行为和发展的动机来自不同的需要,按照需要层次的高低、重要程度和发展的顺序,人的需要从低级到高级分成 5 个层次:生理需要、安全需要、归属需要、尊重需要和自我实现需要。马斯洛指出,低级需要的满足与否直接制约着高级需要的产生与实现,从而也影响人的发展和自我实现。在社会环境和理论基础双重催生之下,职业生涯管理领域的另一核心理论基础"职业发展理论"应运而生。

(二) 2.0 版主要的理论观点及代表人物

职业发展理论认为,一个人的自我概念——人如何看待自己,受年龄和生活经历的影响,随时间而变化。因此职业生涯决策不可能一蹴而就,而是一个持续的过程,并因此获得职业生涯的终身发展。该领域的代表人物主要有:创始人发展心理学家埃里克森(Erikson,1950)、重要贡献者经济学家金兹伯格(Ginzberg,1951)、生涯发展理论集大成者舒伯(Super,1953)、在匹配理论和职业生涯发展理论两个领域均有卓越建树的施恩、提出"无边界职业生涯理论"的亚瑟(Arthur,1994)、提出生涯建构理论的萨维科斯(Savickas,1996)。

职业发展理论以发展心理学为基础,研究生涯阶段、生涯任务、生涯角色和生涯成熟,成为现代最为重要的职业生涯教育的理论基础。第一,它用动态的观点来研究人的职业选择行为,不是把职业看作是一个固定的工作(job),而是看作一个人一生一系列连续的生活过程(careers)。第二,它把职业发展与人生发展联系起来,拓宽了职业生涯管理的范围。第三,它引进"自我概念"(self-concept),把职业选择和发展看作是自我概念的形成和发展过程,通过职业生涯规划促进个体自我意识的发展,从而进一步拓展了职业生涯教育的功能。第四,产生于信息时代的无边界生涯理论和生涯建构理论,将职业生涯发展理论带入了新时代。人的生涯发展从依托组织转为依托"元胜任力",职业生涯规划从文字描述变为故事构建。如果说匹配论拓展了职业生涯教育的深度,那么发展论则从纵向拓展了职业生涯教育的时空,这无疑是职业生涯理论发展历程的一个里程碑。该理论作为生涯教育最主要的理论基础,起着强有力的支撑作用。

(三) 职业生涯教育 2.0 版简况

发展取向的职业生涯理论的发展,推动职业生涯教育领域"职业生涯规划"课程的诞生。舒伯的生涯彩虹图成为职业生涯规划课程最为亮丽的风景线,他的弟子萨维科斯甚至把职业生涯发展理论与狭义的职业生涯教育挂起钩来。在此阶段,职业生涯教育的侧重点是制订职业生涯规划书,职业生涯规划大赛是该阶段十分吸引眼球的学科竞赛。

三、社会取向：职业生涯理论与教育的 3.0 版本

(一) 3.0 版的历史背景

社会取向的职业生涯理论产生于 20 世纪 80 年代。20 世纪 80 年代以来,世界发展变化的主导力量是信息化和全球化。首先,计算机和大数据在各行各业的广泛应用,被称为第三次工业革命带来的信息化。随着信息化的迅猛发展以及科技成果转化为生产力周期的缩短,产业结构和职业结构调整的速度越来越快。移动通信、电子邮件每时每刻都在包围着人们,让人们无处藏身。工作和休闲的界限模糊了,非传统的工作方式出现了。其次,互联网技术和电子通信技术提高了国家间的信息交流,加速了全球化的进程。全球化使得上述的变化在更大的范围内发生,即便是信息技术领域也要受到全球化的影响。人力资源配置在全球范围内进行,人们对多元文化环境适应能力的重要性日益突出。这些多变性、复杂性使年轻一代在择业时产生更多的困难,长期的决策和规划的有效性日益受到质疑。于是以社会取向为特色的职业生涯理论与教育 3.0 版本应运而生。

(二) 3.0 版的主要专家与理论

社会取向的职业生涯理论关注那些被人们带入工作环境中的以及社会传承的特质,这些特质与环境因素相互作用形成了一些自我观,进而影响个体与工作有关的行为。本领域的主要专家及其理论包括：班杜拉(Bandura,1972)的社会认知理论、克鲁姆波兹(Krumboltz,1979)的职业决策的社会学习理论,以及社会认知职业生涯理论、终生生涯发展理论和认知信息加工理论。

社会取向的职业生涯理论突出了变化,将职业决策看成是一个相对开放的系统,随着时代的变化而变化。该理论时代感更强,比传统理论更具有适应性。该理论还具有强大的理论整合能力,不仅表现在社会学、心理学领域内,而且可以融合人职匹配理论、职业生涯发展理论。甚至该理论还可整合管理学领域的需求层次理论、目标管理理论和激励理论、期望理论、环境适应理论等,从而弥补了该理论本身偏重解释力而操作性不足的缺憾。

(三) 职业生涯教育 3.0 版简况

社会取向的职业生涯理论强调个人的背景,强调社会观察和社会学习,进而形

成职业兴趣，做出生涯决策。对 3.0 版的职业生涯教育起到观念引领、框架厘定、范畴规范和方法提供等作用。至此，职业生涯规划的内涵已经不能涵盖社会观察和社会尝试等社会实践，需要一门内涵更加宽广的课程与之对应。由于探索、实践和决策成为关键词，3.0 版本的职业生涯教育以"职业生涯管理"为名，更能概括其特点。

四、积极取向：职业生涯理论的 4.0 版本

(一) 4.0 版的历史背景

曾经，社会达尔文主义盛行，学术界过多地关注和应对人的消极面甚至阴暗面。从 20 世纪 90 年代开始，人类思想界产生了一次革命，人们开始从哲学、历史学、生物学、心理学、经济学等领域进行反思。反思的结果是：人类之所以成为人，靠的是人性，而不是动物的本能。于是，心理学界兴起了一股新的研究思潮——积极心理学横空出世了。职业生涯理论与教育也因其理论基础——心理学的变迁而发生了生涯理念和生涯发展着力点的变化：从追求物质成功转变为幸福向往，从弥补劣势转为发展优势。

(二) 4.0 版本的代表人物及观点

积极心理学与职业生涯教育是天然的同盟军，因为它们都是面向未来的思考，都关注人的成长。因而，积极心理学理论不乏生涯元素，职业生涯理论和教育也需要积极心理学的支持。在此，值得一提的代表人物及其理论如下。

1. 塞利格曼(Seligman,1992)的积极心理学

塞利格曼被誉为积极心理学之父。他指出积极心理学有 3 块基石：① 研究积极情绪；② 研究积极特质，其中主要的是优势和美德；③ 研究积极组织系统。这三个方面分别与生涯信念、生涯优势和生涯环境相对应。对职业生涯教育比较具有影响力的观点有以下两个。其一，关于幸福人生的 PERMA。塞利格曼认为，心理学应当补充的新目标是探讨人生的美好之处和使人生美好的条件。他在更加注重幸福能力的著作《持续的幸福》中提出了幸福的 2.0 版本，即 PERMA。积极情绪(positive emotion)、投入(engagement)、人际关系(relationship)、意义(meaning)和成就(accomplishment)。这 5 个元素构成了自由人的终极追求。其二，关于生涯美德和优势的理论。赛里格曼认为美德可以拉近幸福，优势可以获得幸福。塞里格曼团队通过跨文化研究，提炼出 6 项基本的美德，以及支持美德的 24 项优势(见表 1)。

在积极心理学家看来，测量、运用和发展这些美德优势，是人生的重大课题，因为人们由此可以过上有意义的生活。

表1 美德优势列表

序号	（一）	（二）	（三）	（四）	（五）	（六）
美德	智慧与知识	勇气	仁爱	正义	节制	精神卓越
优势	1. 好奇心 2. 热爱学习 3. 判断力 4. 创造性 5. 社会智慧 6. 洞察力	7. 勇敢 8. 毅力	10. 仁慈 11. 爱	12. 公民精神 13. 公平 14. 领导力	15. 自我控制 16. 谨慎 17. 谦虚	18. 美感 19. 感恩 20. 希望 21. 灵性 22. 宽恕 23. 幽默 24. 热忱

资料来源：塞利格曼.真实的幸福[M].洪兰,译.沈阳：万卷出版公司,2010：131—167.

2. 奈尔斯以希望为中心的生涯理论

奈尔斯借鉴了积极心理学中的心流,认为如果我们把从事的职业提升到一种生涯流动状态的话,那么这种正向的经验会极大改变工作动机。生涯流动内涵如同一个风车图,最中间的是希望感,外围是周遭环境,而风车叶片包括自我省思、自我澄清、生涯愿景、目标设定/计划、执行/适应5个部分。他认为,希望是相信生活可以更好的信念,以及让生活变得更好的动机与努力。

3. 萨维科斯关于职业发展模型积极功能的认知

萨维科斯提出,职业发展模型是社会心理力量的分类,并且在考虑如何建构人类意志和公民美德方面更加有用。这里的人类意志包括5种：① 希望,发展对职业的关心；② 意愿,发展对职业的控制,能促成或提高责任感、延迟满足的能力；③ 目的,认清和阐释人生的目的；④ 尽力,发展对职业的胜任力,感觉自信是人力的基本成分之一；⑤ 承诺,潜心投入一项职业选择、忠诚一个职业身份,是一种可靠的力量和持久的动机。

4. 职业生涯理论和积极心理学

职业生涯理论运用积极心理学丰饶的土壤,两者积极向上的取向有着惊人的相似之处,相互促进、相得益彰。鼻祖帕森斯用人职匹配原则开展职业指导的肇端,就暗含了优势利用的理念。舒伯等人提出的职业生涯发展理论,更是面向幸福和美好（如生涯彩虹图）。社会取向的职业生涯理论提倡个体与社会互动寻找兴趣提升自我效能,同样是通过个体与社会的适调追求更加美好的生存状态。换句话说,面向未来的职业生涯理论就是积极取向的职业生涯理论。或许因为如此,或许囿于笔者的视野,所看到的将积极心理学运用在职业生涯领域里的系统性成果不多。虽然奈尔斯和萨维科斯的生涯理论积极取向的色彩明显,成果本身也足够耀眼,但是遗憾的是他们更加重视的是技术和流程,意识的多于现实的。尤其遗憾的是,积极心理学家在美德优势与职业关联研究上还处于散点分布的状况。虽然收集到一些积极心理学关于人类优势的研究专著和盖洛普系列关于职业优势的书籍，但是我们更期待的是类似霍兰德职业倾向类型或者至少类似施恩职业锚这样可以直接运用于生涯教学的研究成果。

五、4.0 版本的理论应用：职业生涯课程思政化的逻辑思路

职业生涯教育从来都是跟随着时代的脉搏跳动与发展。有人从人际交往场景中提炼了三个具有时代烙印的招呼用语：吃了吗？在哪儿发财？幸福了吗？与职业生涯对应的关心又何尝不是如此：找到工作了吗？在哪里发展？干得开心吗？与此相对应，职业生涯教育版本也走过了关注就业安置的 1.0 版本、关注职业发展的 2.0 版本、关注社会学习的 3.0 版本、关注生涯幸福的 4.0 版本。

笔者曾经身为人力资源经理，关注点集中于大学生的职业胜任力。所以最初（2005年底）设计的职业生涯教学方案，就聚焦了大学生的职业发展，所指导创立的第一个学生生涯社团就叫作"金融职业发展协会"，职业生涯教育直接跨越了 1.0 版本，进入 2.0 版本。2015 年 9 月，校本教材《大学生职业生涯导论》第一版出版。该教材虽然脉络上体现了职业发展理论，但是其方法上融入了职业生涯的社会认知模型，这一时期的教学基本属于 3.0 版。2017 年 9 月，团队开始瞄准新时期社会主要矛盾，尝试以积极心理学为理论基础的职业生涯教学，关注美好生活的需要，关注充分、平衡的发展。2018 年 9月，以《大学生职业生涯导论》第二版的问世为标志，职业生涯教育进入了 4.0 时代。2018 年 10 月底，"幸福生涯课——成就更好的自己"在线课程拍摄完成。至此，4.0 版本教学体系的构建基本完成。限于篇幅，这里简略地阐释职业生涯教育 4.0 版所瞄准的痛点和逻辑。

当今这个时代，一些父母对子女的要求，很多学生对自己的要求，不再是"好好读书""好好工作"，而是"开心就好"。一时间，"我很懒的"成了理直气壮的流行语。为了理所当然，甚至上升到"佛系"的高度。所谓"佛系"现象的背后，是时期转换、社会升级关头人们的迷茫和不知所措。"情况不明，就地卧倒"是人们的本能。但是大学生不同，他们正处于发展自己的黄金年龄，如果"就地卧倒"就会错失关键的几步，甚至失落整个人生。指引大学生人生发展的职业生涯教育，必须有足够的远见来解决"情况不明"的问题才能让大学生"起而行之"。

"我要什么""去向哪里""如何到达"是职业生涯教育所要回答的三个基本问题，从1.0 到 4.0，不同的版本答案的侧重点有所不同。从职业生涯教育思政化教学改革角度，4.0 版就这三个问题思路蕴含了这样的逻辑：① 回答"我要什么"，是人生观和价值观的引领；② 回答"去向哪里"，是世界观和价值观的引领；③ 回答"如何到达"，是方法论和价值观的引领。

首先，4.0 版带领学生进行与人生观和价值观相关的需求认知，找到"我要什么"。

职业生涯教育的 2.0 版和 3.0 版,引领大学生进行需求认知的是马斯洛的需求层次论。这个理论的最高层次是自我实现的需求,由于其冠名"自我",常常让人们误解这种需求只是"自我"的需求,所产生的内驱力有限。职业生涯课程思政化教育改革所要实施的是:用"逻辑层次"和"生涯广角镜"来引领学生,促使其用积极、博大的世界观和价值观进行自我需要和他人需要的认知,从而明确自己更为崇高的人生使命和更为远大的人生目标。

其次,4.0 版带领学生进行与"世界观和价值观"相关联的世界和人生的认知,用人生幸福替代职业成功,确立生涯目标。按照塞利格曼的观点,幸福的首要元素是"积极情绪"。积极情绪来自个体的世界观,如果学生能够借正向博大的世界观产生积极向上的情绪,就能发展自己源源不断的内驱力。若能如是,"佛系"的认知就会不翼而飞。

最后,回答"如何到达",4.0 版用价值观和方法论的引领。团队创造了直观反映新时代社会主要矛盾的"幸福花"来贯穿课程始终。这朵"幸福花"包含了幸福的五个元素,代表着大学生对幸福美好生活的需要。学期开始时,"送你一朵幸福花",用平衡轮与刻度尺,请同学了解自己与"平衡充分发展"之间的差距,进而制定充分平衡发展自己的学期计划目标。在学期结束的时候,"带走你的幸福花",用幸福花刻度尺法,总结一学期发展成果。

那么,如何在学期过程中,促进学生持续地充分地发展自己呢?塞利格曼"美德可以拉近幸福""优势可以获得幸福"给予的启示是:利用积极心理学的"美德优势"①引领大学生进行美德优势的发现、利用和发展。具体的做法就是带领学生通过"三件好事"记录、感悟和安排,通过"每周进步一点点"的小结和分享,通过幸福花的奖励和计量,带领学生持续地发现、利用和发展美德优势,进而获得幸福。

期待有更多的大学生在其生涯历程"成为更好的自己",从而收获幸福人生;期待更多志同道合者成为幸福生涯课的教师,从而收获幸福的教师生涯。

【参考文献】

[1] BANDURA A. Social Foundations of thought and action: a social cognitive theory [M]. Englewood Cliffs, NJ: Prentice-Hall, 1986.

[2] DEFILLIPPI R J, ARTHUR M B. The boundaryless career: a competency-based perspective[J]. Journal of organizational behavior, 1994, 15(4).

[3] GYSBER N C, HEPPNER M J, JOHNS TON J A.职业生涯咨询——过程、技术及相关问题[M].侯志瑾,译.2版.北京:高等教育出版社,2007.

[4] KRUMBOLTZ J D, MITCHEL A M, JONES G B. A social learning theory of career selection [J]. The counseling psychologist, 1976(6).

[5] LENT R W, BROWN S D, HACKETT G. Toward a unifying social cognitive theory of career and

① 美德,就人格心理学而言是指:可以给一个人的自我增添力量的东西,包括力量、勇气、自信等。在积极心理学中,美德是性格优势的上位概念,不同的性格优势可以汇聚成不同的美德。

academic interest, choice, and performance [J]. Journal of vocational behvior, 1994(45).

[6] PETERSON N, GONZALEZ R C.职业心理学——工作在人们生活中的作用[M].时勘,等译.2 版.北京：中国轻工业出版社,2007.

[7] 杜映梅.职业生涯管理[M].北京：中国发展出版社,2006.

[8] 高红霞,陈敏云,皮凤英,等.大学生职业生涯导论[M].2 版.上海：复旦大学出版社,2018.

[9] 萨维科斯.生涯咨询[M].郑世彦,马明伟,郭本禹,译,重庆：重庆大学出版社,2015.

[10] 塞利格曼.持续的幸福[M].赵昱鲲,译.杭州：浙江人民出版社,2012.

[11] 塞利格曼.真实的幸福[M].洪兰,译.沈阳：万卷出版公司,2010.

[12] 施恩.职业的有效管理[M].仇海清,译.北京：生活·读书·新知三联书店,1992.

[13] 斯奈德,洛佩斯.积极心理学：探索人类优势的科学与实践[M].王彦,刘力,陆瑜,译.北京：人民邮电出版社,2013.

【作者简介】

高红霞,上海杉达学院,创新与创业学院职业生涯教研室主任,副教授。研究方向为职业生涯教育。

一朵"幸福花"蕴含的学习增值探索

——新时代"立德树人"视域下职业生涯课程思政教学改革

高红霞　何妍蓉

新时代职业生涯课程思政教学改革,需以"立德树人"为使命,在聚焦"新时代社会主要矛盾"的基础上,着力发挥承上(思政课程)启下(专业课程思政)的作用。本文探索将包含塞利格曼幸福五元素的"幸福花"贯穿于教学全过程,构建、实践"确立目标、优选策略、评价成长"的学习增值理念与思路。所谓学习增值,即指在职业生涯课程思政教学改革后学生在学习过程中所发生的积极变化。

一、"幸福花"的提出:新时代社会主要矛盾的聚焦

中国共产党第十九次全国代表大会报告提出,中国特色社会主义进入了新时代,我国社会主要矛盾为人民日益增长的美好生活需要和不平衡、不充分发展之间的矛盾。在这一新时代格局下,探索将大学生职业生涯课程思政教学改革的目标设定为:促进大学生成为新时代的奋斗者,即能够帮助自己及社会大众实现美好幸福(happiness)生活的目标——平衡而充分地发展自己。将教学理念由促进"职业成功"进化为推进"生涯幸福"。积极心理学之父塞利格曼提出了幸福 2.0 版本的五大元素:积极情绪、人生意义、投入、人际关系和成就。本文即将此直接引用于课程目标的设定,并首创了"幸福花"这一课程思政教学改革图腾(见图 1)。

塞利格曼不仅提出了幸福的内涵,与此同时还研究出了幸福实现的路径:"美德可以拉近幸福","优势可以获得幸福"。在"立德树人"的引领下,本文探索运用"幸福-美德-优势"机制的实施方案,将职业生涯课程的教学目标设定为:协助大学生发现、发挥其美德和优势,综合提升其人力资本。

图 1　幸福花

二、"幸福花"的增值策略：赋魂、升层、激励

在新时代,大学生中普遍存在着 3 个制约其平衡、充分发展的消极因素,需要教育工作者积极应对:① 随着国家的繁荣昌盛,大学生对美好幸福生活的向往日益强烈,但是与此相对照的却是相当部分的大学生自我发展呈现严重的不平衡、不充分的状态;② 大学生虽然都已成人,却以"宝宝"自居,"退行"情况程度不同地在他们身上存在,等、靠、要等消极被动状况时有发生;③ 独生子女"6+1"的养育模式,导致了"精致的利己主义者"盛行,缺少"修身、齐家、治国、平天下"的家国情怀。以往,高校的职业生涯课程过于强调"赋能",而忽略了道德修养和三观教育的"赋魂",须要及时匡正。

据调查,许多用人单位的选人标准中,首先需要评估的并非能力,而是道德水准。高校职业生涯教育工作必须因应新时代的新矛盾,改变大学生这种无心无力的迷茫状态、等靠要的退行心理,需要研究如何"立德树人",以扩展在校大学生的格局,将他们培养成新时代的奋斗者、幸福生活的创造者。职业生涯课程思政教学改革的具体做法是:根据习近平新时代中国特色社会主义思想和其他相关理论,结合新时代社会对高等人才需求的实际,采用相应的增值策略——赋魂、升层和激励。

(一) 赋魂策略：美德的启蒙、认知和运用

在传统的职业生涯课程教学中,"赋能"广为人知。但是在融合思政教育的职业生涯课程思政教学改革中,在"赋能"的同时更加注重"赋魂"。德国古典哲学创始人康德曾说过:"有两样东西,越是经常而持久地对它们进行反复思考,它们就越是使心灵充满常新而日益增长的惊赞和敬畏:我头上的星空和我心中的道德法则。"因此"赋魂"策略就是促进学生认知和传承"美德"。

定义美德的最早尝试出现在《论语》中,孔子系统地论述了仁(博爱和仁慈)、义(责任和公正)、礼(遵守礼仪和习俗)、智(智慧)和信(诚实)。20 世纪末,美国心理学家塞利格曼在与他的团队,研究了包括《论语》《道德经》在内的横跨 3 000 年历史的不同文化,从找出的 200 多种美德中归纳出以下 6 个放之四海而皆准的美德:智慧和知识、勇气、仁爱、正义、节制和精神卓越。塞利格曼指出,把实现这些美德的途径叫作优势,这些优势是可以测量的,也是可以学会的。6 种美德及其实现途径如表 1 所示。

这些体现了中国文化精髓,也具有时代感的人类共同的美德与优势,可以作为衡量学生的基本品质。在职业生涯课程思政的教学改革实践中,我们通过 4 个环节来进行美德优势的启蒙、认知、运用和发展,从而实现"立德树人"。① 美德优势启蒙:团队自我介绍。课程导入时进行团队组建,有一个重要的环节是小组成员的自我介绍,规定格式是:"我是来××(家乡)的×××,我要传承我们家乡的××美德。"引导学生关注和传承美德。② 美德优势的认知:在盘点自我课程教学中,进行塞利格曼"VIA 优势调

查",进一步明确学生的美德与优势。③ 美德优势运用：教学中运用"21 天三件好事"记录和分享的方法，引导学生塑造美德优势运用并促使其形成习惯。④ 美德优势发展：运用学涯计划、自我管理和自我实现的具体训练，帮助大学生发展自己的美德优势。

表 1　积极心理学之美德及实现途径

美　　德	优　　势
智慧和知识 （获得和使用知识的认知优势）	1. 创造力（能想出新颖的和多产的做事方法） 2. 好奇心（对不断出现的事物感兴趣） 3. 开放的心智（多角度思考和考证事物） 4. 热爱学习（掌握新的技能、主题和知识内容） 5. 洞察力（能够给他人提供明智的忠告）
勇气 （情绪优势，涉及在面临内部或外部反对力量时达成目标的意志）	1. 勇敢（不因威胁、挑战和困难或痛楚而退缩） 2. 坚持（完成自己的工作，即使出现困难，也会坚持下去） 3. 正直（说实话和真实地展现自我） 4. 生命力（兴奋、充满干劲地面对生命；做事不半途而废）
仁爱 （人际优势，涉及关心和扶助他人）	1. 爱（重视与别人的亲密关系，特别是那些相互分享与关怀的关系） 2. 仁慈（愿意向他人施以恩惠和为他人做好事；帮助他人；照顾他人） 3. 社会智慧（明白他人与自己的动机和感受）
正义 （构成健康社区生活基础的公民优势）	1. 公民精神（作为团队的一分子，表现良好；对团队忠心） 2. 公平（依据公平和公正的观念，对所有人一视同仁） 3. 领导力（鼓励所在群体完成工作）
节制 （避免过度）	1. 宽恕和宽容（宽恕做错事的人；接受他人的缺点） 2. 谦恭/谦虚（不张扬自己的成就） 3. 审慎（对自己的选择小心谨慎；不会过分冒险） 4. 自我控制（规范自己的感觉和行为；自律）
精神卓越 （建立与广博宇宙的联系和提供意义）	1. 对美和卓越的欣赏（留意和欣赏生命中的所有美丽、优秀和富于技巧之处） 2. 感恩（留意身边发生的好事并为此感谢） 3. 希望（对未来抱有最好的期望并努力达成愿望） 4. 幽默感（喜欢大笑和逗别人笑，给别人带来欢笑） 5. 精神感悟（对崇高的人生目的和宇宙意义持有一致的信念）

资料来源：斯奈德，洛佩斯.积极心理学：探索人类优势的科学与实践[M].王彦，刘力，陆瑜，译.北京：人民邮电出版社，2013：55.

（二）升层策略：需求层次、逻辑层次和学习层次的提升

1. 需求层次的提升：由物质到精神

"佛系"这个新名词一夜之间铺天盖地而来，社会上对此不乏各种担忧和指责。国家二级心理咨询师罗文娟曾撰文对此进行了还原和解读：独生子女养育"6＋1"模式的物质提供，在很多情况下不是缺乏而是多到无法承受。"佛系"大学生的父母辈有着生

存的恐惧,基本都是指望着钱、权、工作过一辈子。所以,他们一辈子的起点和终点,可能就是某个地段的某套房、某个单位的某个职位、某个数量的存款。而"佛系"大学生的背后,是物质生活已经得到了满足。因而,佛系青年不过是在告诉世人,他们的理想饿了,他们追寻的是一种超越物质的终极价值所在。这一解读有马斯洛的需求层次的理论支撑(见图2)。当生理、安全这两个物质性价值需求得到满足的今天,只有提升社会、尊重、自我实现等精神性价值需求层次,才有激发佛系大学生的动力。

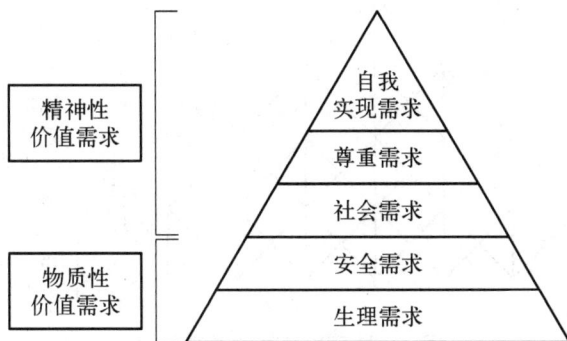

图2 马斯洛需求层次

为满足大学生三个精神层面需求,职业生涯课程思政教学改革的"升层策略"如下。第一,满足大学生的自我实现需要:用"生涯发展广角镜"(见图3)和"学习和变革的逻辑层次"(见图4)启发大学生,激发人生意义的思考:他人乃至世界因为我有什么不一样? 第二,满足大学生的社会需要:改变传统教学中大学生各自为战的状态,课上以

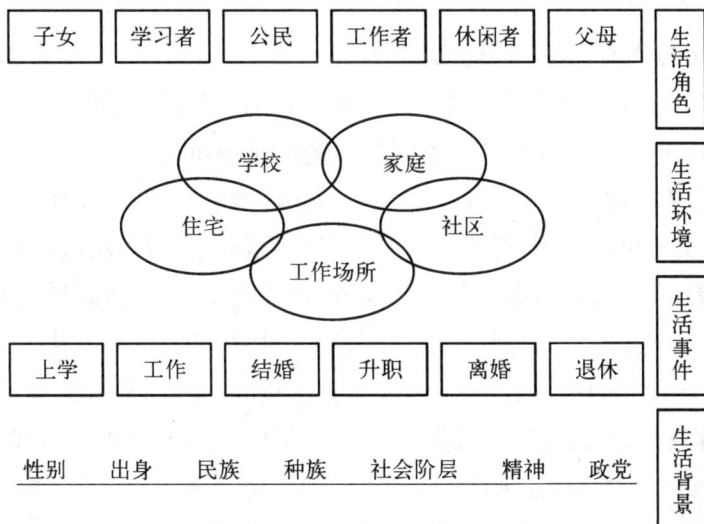

图3 生涯发展广角镜

(资料来源:GYSBER N C, HEPPNER M J, JOHNSTON J A.职业生涯咨询——过程、技术及相关问题[M].侯志瑾,译.2版.北京:高等教育出版社,2007:9.)

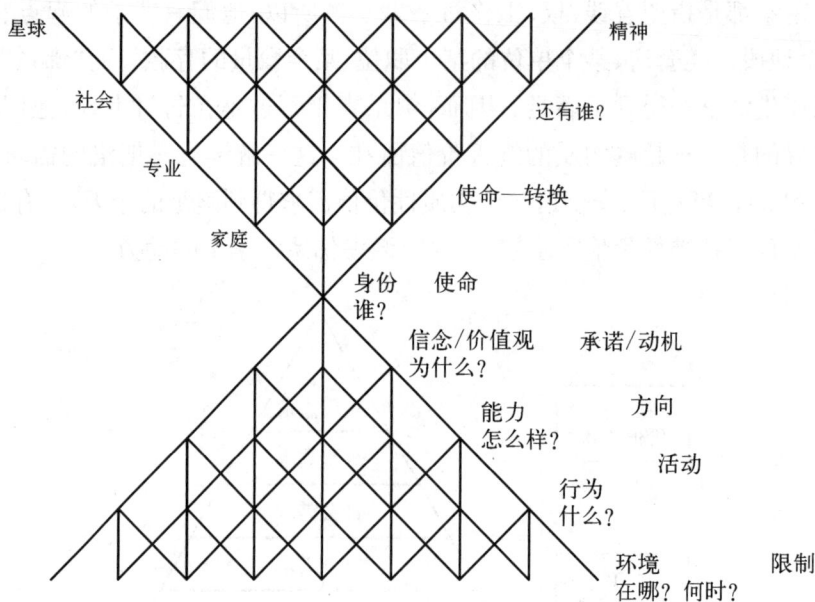

图 4　学习和变革的逻辑层次

(资料来源:迪尔茨.从教练到唤醒者——NLP人生成功宝典[M].黄学焦,李康成,译.郑州:河南人民出版社,2009:7.)

"成长私董会"为主题建立成长互助团队,在课下成立职业发展协会,满足大学生的归属、友谊等社会需要。第三,满足大学生的尊重需要:传统的教学重视知识的记忆,支离破碎的考点让学生感觉到知识无用,从而厌弃课堂学习,缺乏对大学教育价值应有的尊重。引导大学生用"生涯发展广角镜"去观察人生、观察世界,从而树立正确的世界观、人生观和价值观。

2. 逻辑层次的提升:从个人到他人

迪尔茨的"学习和变革的逻辑层次"(见图4)认为:在任何系统中,人的生活——包括系统本身的活动,都可以通过几个不同层次进行描述和理解。图4中,有上下两个对顶三角形。其中下面的正三角包含5个层次:① 环境层次,即我在什么时间、什么地点开始做,有什么资源可以利用,有哪些人事物需要考虑;② 行为层次,即做什么,我要做什么具体的事情,有没有开始做;③ 能力层次,即如何做,我具备怎样的能力,我有哪些不同的选择,我还需要培养怎样的能力;④ 信念、价值观层次,即为什么,我为什么要成为这样的人,有什么样的信念让我认为这是适合我的,是有必要的,我有怎样的选择;⑤ 身份层次,即我是谁,我在这个世界上到底要成为一个怎样的人,我希望大家如何看我。上面的倒三角包含精神层面次的4个层次:家庭、专业、社会、星球。这4个精神层面的内容统合起来,即我与世界的关系如何、人生的意义何在等。

用逻辑层次进行分析,可以发现改革前职业生涯教育的不足:虽然已经关注到正三角形的5个层次,但是过于在能力、行为、环境等下三层盘桓,而且恰恰缺失了对价值观、身份和使命等上三层的精神元素的重视。职业生涯课程思政教学改革，便是要运用生涯广角镜（见图3）为大学生开阔胸怀，用使命感引导大学生，给他们的精神加餐，倡导大学生在立足自我的基础上，放眼他人如家庭、专业、社会和星球等更大的系统，用升层策略扩展其视野。

3. 学习层次提升：从记忆到创造

职业生涯课程思政教学改革用新布鲁姆认知历程的6个层次（见图5）启发学生，并通过课外"21天三件好事"①、课上"三问三答"②讨论、分析、评价和提出对策，让学生获得成就感和对个人美德优势的认同；并且安排"砸核桃"③系列课堂实践，体验从创意到创新到创业全过程，提升大学生的创新创业意识。事实上，职业生涯课程的大作业——大学生职业生规划书就是发展高阶思维技巧的活动。

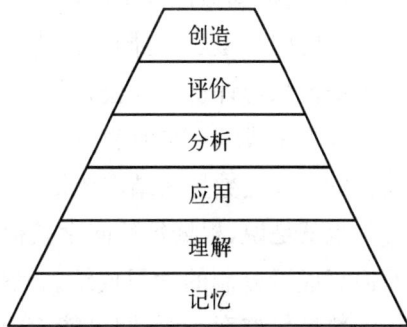

图5　新布鲁姆认知历程

（资料来源：瞿媚、杨斐.对当前学生评价存在问题的思考——基于教育目标分类理论视角[J].沈阳教育学院学报，2011(6).)

（三）激励策略：优势、美德的综合发展

激励（motivation）含有激发动机、鼓励行为、形成动力的意义。职业生涯课程思政教学改革的激励策略就是以培养新时代奋斗者为目标，通过各种激励手段鼓励大学生在美德、知识、技能、情商等方面发展，实现学习增值。

以马斯洛的"需求层次模型"、迪尔茨的"学习和变革的逻辑层次模型"，以及麦克利兰的胜任力的"素质冰山模型"为理论基础与借鉴，我们启发学生树立高层次的、有意义的生涯目标，从而形成内驱力，激励自己向前迈进。教学改革后的职业生涯课程先进行"21天三件好事"的实践，再在每周（每章）课上进行"每周（章）进步一点点"的主题分享，并以"幸福花"进行即时激励。此外，每章的"三问三答""砸核桃"等各种教学安排，均采用了对优胜者用"幸福花"即时激励的方式。

目前，"幸福花"这一内驱力与外驱力有机结合的激励法已经渗透到教学的各个环节，激发了大学生主动学习、自我发展的积极性，实现了"赋能"与"赋魂"并重。

---

① 受塞利格曼《持续的幸福》著作启发，我们借助微信打卡工具，让学生连续21天进行每日三件好事和一个小确幸的打卡和接龙，通过对幸福5元素和24美德优势相关事项的计划、实施和总结，获得幸福感并发现、运用和发展美德优势。

② 这是学习复旦大学心理学系张学新教授所创造的对分课堂教学法，在预习环节要求学生就每一章的思考、回答和分享"亮闪闪、考考你、帮帮我"三方面的问题。

③ "砸核桃"的三创团队活动分别是：① 创意，纸上谈兵列举砸核桃的N种方式；② 创新，将前述创意通过砸核桃的课堂体验，来实际体验如何砸核桃才是新颖的、可行的方案；③ 创业，让同学制订与"砸核桃"相关的创业计划书，将创新方案商业化或社会化。

三、"幸福花"的学习增值评价：个人与团队

职业生涯教学改革的重要内容之一是：大学生的学习质量的评价要有效地回应个体发展，要根据该课程学习给大学生自我发展上带来的增值来确定。"幸福花"不仅用于前述的即时激励，也同时作为学习成绩统计工具用于学习增值评价。职业生涯课程学习增值综合评价计算公式是：

课程总成绩＝平时教学获得的幸福花数量×成绩权重60％＋期末职业生涯规划书获得的幸福花数量×结课成绩权重40％

也就是说，根据每位同学获得的"幸福花"总数，计算其学习增值总值，乘以权重进而换算成百分制的学习成绩。其中有两组关键数据：① 幸福花数量，根据学习活动安排的数量与难度，每学期可能有调整，显示课程教学不断的优化；② 学习时段的权重，基本固定，表明重学习过程考评的一贯性。就学习主体而言，分个人独立学习和团队合作学习两个方面的增值评价。

（一）个人独立学习增值评价权重70％

职业生涯课程思政教学改革将平衡轮和度量尺结合起来运用到幸福元素中，开展"幸福花"评价和计划活动。在"送你一朵幸福花"环节，学生填入两组数据：现状的评价数值和计划目标数据。在开课初期进行评估，根据现状找差距、定目标。课程结束时进行"带走你的幸福花"环节，对照"送你一朵幸福花"环节的数据，进而评价学习增值的实现程度。

期末的职业生涯规划书的撰写和展示均有专门的评价指标和评分表。平时大学生个人职业生涯学习活动评价内容，主要包括"21天的三件好事""每周（章）进步一点点""每章三问三答""校园招聘会HR探访""生涯人物访谈""社团实践"等。

（二）团队合作学习增值评价权重30％

"成长私董会"是职业生涯课程思政教学改革为扭转大学生学习各自为政的局面而特设的实践活动与学习组织的团队。其目的在于培养大学生集体主义精神，发展他们的团队合作能力，同时使他们获得归属感。因此，"成长私董会"的运作情况可以衡量大学生团队合作能力的发展以及高端需要（社交、尊重和自我实现）满足情况。职业生涯课程思政教学改革中，"成长私董会"学习活动评价内容主要是："私董会的组建、策划与展示""私董会头脑风暴""私董会课堂发言组织""私董会三创实践""私董会生涯人物访谈与展示""私董会最佳雇主研究与展示"等。"职业生涯规划书展示"也以私董会为平台进行推荐和评分。以上所有评分权重汇总如表2所示。

事实上，以上各个因素是一个有机整体，不可能泾渭分明。比如，期末提交的生涯

规划书质量与平时课前、课堂与课后的努力程度正相关;再比如,期末生涯规划书展示则离不开"成长私董会"前期的举荐和支持,所以也会在团队平时成绩中记上一笔。

表 2　职业生涯课程学习增值评分权重汇总表

项　目	平　时	期　末		总　和
		规划书质量	规划书展示	
个人(70%)	30%	30%	10%	70%
团队(30%)	30%	0		30%
总和(100%)	60%	40%		100%

四、总结:一朵"幸福花"蕴含的教学创新

职业生涯课程思政教学改革在"立德树人"使命的指引下,通过学习增值实践,从目标、策略、评价 3 个相互联系、相互承接的环节,不断促进大学生作为新时代奋斗者提升美德优势。一朵"幸福花"蕴含的教学创新分别体现以下 4 个环节。

1. 学习增值行动的自主性

学生现状的自我评价、学期增值计划目标都由学生根据教材扉页上的"送你一朵幸福花"自主完成。这种评价和计划的自主性,可以让同学自己找到差距,确立目标,并且为消除差距、平衡发展、实现学习增值目标而采取行动。

2. 学习增值策略的联动性

从"21 天三件好事"幸福、美德和优势的点滴记录引出"每周(章)进步一点点"的收获分享,持续一个学期(16 周),便可获得相当可观的收获。在课程结束时设计了"带走你的幸福花"环节,借以评价学生实现学期增值计划目标的情况。

3. 学习增值结果的定量化

第一节课就向学生明确及格、中等、良好、优秀各档平时成绩所对应的"幸福花"数量,以及通过出勤、作业和团队活动可获得的"幸福花"数量。由于每位同学过往积累和现实努力的差异性,同学们收获的"幸福花"数量有所不同,这样就产生激励作用。与此同时,学生根据自己收获的"幸福花"数量,对自己的学习成绩心中有数。

4. 学习增值评价的可视性

在传统的教学模式中,学生的平时成绩记录在老师的记分册上,学生并不清楚自己的平时成绩。"幸福花"教学体系的设计,使学生能看到手里的"幸福花"的多寡,就大约知道自己的学习增值有多少。学习增值的幅度通过可视的"幸福花"数量得以彰显。具体教学实践中,无论是发"幸福花"纸,还是盖"幸福花"印章,学期结束前的数量盘点,都

像极了秋收的打谷场。大部分同学洋溢着丰收的喜悦,也有人暗暗后悔"幸福花"数量不够理想。

【参考文献】

［1］康德.康德著作全集：第 5 卷［M］.李秋零,译.北京：中国人民大学出版社,2007.

［2］罗文娟.佛系生活：你的理想是不是饿了［J］.十分心理,2017(12).

［3］马斯洛.人性能达到的境界［M］.北京：世界图书出版公司北京公司,2014.

［4］塞利格曼.真实的幸福［M］.洪兰,译.万卷出版公司,2010.

【作者简介】

高红霞,上海杉达学院创新与创业学院职业生涯教研室主任,副教授。研究方向为职业生涯教育。

何妍蓉,上海杉达学院国际医学技术学院党总支副书记,讲师。研究方向为职业生涯教育。

积极幸福观视域下大学生生涯规划的研究

丁轶

一、幸福与积极幸福观

(一) 幸福的内涵

幸福是什么? 不同的人回答不尽相同。有人认为是功成名就,有人认为是财富丰盈,有人认为是身心健康,有人认为是儿孙满堂,有人满足于物质的需求,有人却追求精神的丰富,还有人认为物质和精神是幸福不可分割的两部分。因为每个人所处的时代、生活环境、人生经历境遇等不同,所以产生了千差万别的回答。有学者从主客观角度定义幸福的概念和内涵,如林剑认为:"在马克思实践唯物主义视域里,幸福是一种主客观的统一。这种统一的基础是人的实践。"①罗敏则提出了"幸福首先是一种主体对客体的对象化关系"②的观点,将幸福的主体与客体通过对象化联系起来。第七版《辞海》中"幸福"的解释是:"人们在为理想奋斗过程中以及实现了预定目标和理想时感到满足的状况和体验。对幸福含义的理解因理想、追求的内容不同而有不同。"

综合上述解释,笔者认为幸福是人心理上满足的一种状态,是基于实现预定目标过程中或达成结果时感到愉快的一种心理,是基于客观现实的主观感受。这里有三层意思解释: ① 幸福本质既是人外在客观状态,又是人自己的主观心理感受,是主客观的统一。② 幸福产生于人的各个时期,既可年少,也可年老;既产生于完成预定目标或实现理想时,也可以产生于为实现目标与理想的奋斗过程中。③ 幸福具体展现会因人的理性追求具体内容不同而不同,每一个人都有自己的幸福内容,展现不具有唯一性。

(二) 幸福观内涵

幸福观是人生观的重要组成部分,是人们对幸福的认识、根本态度的概括总结。追求幸福是人类永恒的话题。什么才是幸福? 我们为什么要追求幸福? 我们应该怎样去追求幸福? 数千年来,人们站在不同的立场,以不同的方式对这些问题做出过不同的诠

---

① 林剑.幸福论七题——兼与罗敏同志商榷[J].哲学研究,2002(4).

② 罗敏.幸福三论[J].哲学研究,2001(2).

释,也就产生了多种多样的幸福观。

本质上,幸福观是由社会物质条件所决定的一种社会意识,它随着社会物质条件的不断变化而变化着,受社会历史条件的影响和制约。幸福观受到社会整体意识发展程度的影响,而人的自我意识又受到所处历史社会条件的影响,因此不同时代人的幸福观也不相同,在同一历史社会时期,不同的人因为自身经历、境遇及价值观等产生不同的幸福观念。

(三)马克思主义幸福观是积极幸福观

西方学者对于"什么是幸福的"持续思考,提出了各种不同幸福观理论,如理性主义幸福观、感性主义幸福观、功利主义幸福观、宗教幸福观等。但上述幸福观理论派别始终无法抓住幸福的内涵和本质,往往把物质与精神割裂或对立。而马克思主义从人的实际出发,强调现实性的人的幸福是通过人的积极实践活动不断发展自我,开拓自己的幸福道路。其内涵特征首先是基于人的需要,这是实现幸福的前提;其次是实践活动,这是实现幸福的途径;再次是实现人的自由全面的发展,这是人类追求幸福的理想目标。因此,马克思主义幸福观是积极的、具有实践的幸福观。

二、当前大学生职业幸福观特征表现

从笔者以往的教育教学经验来看,当前大学生充满活力,满怀理想,具有很强的创新意识、挑战意识以及成功意识。大学生幸福观有非常积极的表现,如对于家庭和谐美满生活的期待,对于美好爱情的向往,对于祖国繁荣昌盛的自豪。同时,社会对大学生能力期待较高,高校毕业人数剧增,就业竞争激烈。部分大学生承载着父母的过高期望,面对社会现实和自身理想的冲突,心理压力较大,情绪易波动。有些大学生在实习期间接触到比较复杂的社会,会有很强的不适应感,还有 些大学生因为家庭经济困难等原因产生就业自卑心理,诸如此类的现象给他们的就业带来消极影响,造成恶性循环。在客观上的激烈竞争与主观上的心理压力综合作用下,会产生很大程度上的不幸福感,以至于大学生职业幸福观也出现偏差。通常来看,主要表现在以下 3 个方面。

(一)拜金主义求职倾向

大学生进入高校之后,面对着各种各样的新鲜事物所带来的诱惑。有一部分学生认同"如果我有足够多的钱,我就会生活得很幸福"的观点,认为钱是影响幸福的首要因素,把金钱看得越来越重要。如果大学生一味地追求金钱,在求职中片面追求高薪,他们必然会有很大的精神压力,在自身的学习和就业过程中会急功近利,容易陷入披着快速致富谎言的校园贷款、校园诈骗等陷阱。

（二）享乐主义生活态度

享乐主义是一种把享乐作为人生目的的人生观，主张人生的唯一目的和全部内容就在于满足感官的需求与快乐。享乐主义使人们尽情地追求物质上的享受和肉体上的快乐，容易陷入意志消沉、缺乏进取精神的状态之中。部分大学生把对生活和学习的热情看成是一种不实用的东西，毫不体恤父母辛苦，也不去想自己的未来，只躲在自己的世界里得过且过。这些大学生一味地沉迷于物质生活的享受，忽视了对自身创造力的培养，不仅不能给自己带来全面发展，反而麻痹了自己的精神状态，对其追求幸福的道路产生强烈的副作用。大学生将这种负面享乐带入生涯规划、求职过程、职场工作中，必然会取得与自己真实幸福期望截然相反的结果。

（三）精致利己主义

精致利己主义是指从个人出发，把个人的利益放在集体利益之上，把社会和他人当作达到个人目的的手段。精致利己主义在平时的日常生活学习中很难表现，但在一些需要整体大局或者特殊场合情况就表露无遗。当代大学生绝大多数都是独生子女，因于家庭宠爱于影响，难免性格以自我为中心、争强好胜、固执偏执。特别是有的大学生竭力强调"自我价值""自我实现"，只讲自我存在而不顾社会和他人，只讲个人利益而不讲集体利益，只要个人自由而不要组织集体。可以说精致利己主义危害性对于社会整体、对于大学生个人发展的伤害远超上述两者。

三、积极幸福观引领生涯规划

职业生涯规划的核心是价值观，也就是说，把什么看得最重。有人看重收入，那么职业生涯就会朝高薪方向规划；有人看重地位，那么规划时就会优先考虑升迁；有人希望平凡安宁地生活，职业生涯规划就会侧重稳定。并且个人职业生涯规划也会因时因境做出调整和改变。

（一）"积极幸福"指引生涯认知

从"知己"的角度，大学生积极幸福观指引学生全面认知自我，包括自我的性格、兴趣爱好、能力水平等。积极幸福观引领下的自我认识，不是建立在大学生对于金钱的迷失或追求享乐，而是客观实在地分析自己现实的情况和条件；不是建立在大学生分析过程中产生的困扰或自卑，而是用积极主动的心态进行全面自我评估，为下一步积极规划自己的大学生涯和职业生涯打下坚实的基础；不是为了在分析评价展现结果后同学们进行横向比较，而是理性认真地与自我纵向历史对比，找出自己进步发展的闪光点，激励自我。

从"知彼"的角度,大学生积极幸福观指引学生认识外在社会,特别是社会对于所学专业人才需求的要求、层次,行业特性,就业渠道等。"积极幸福"能指引大学生有效匹配"我想做什么"和"我能做什么"。大学生积极乐观的幸福观和心态,能够有效对冲职场压力带来的负面影响,帮助大学生建立自信、自我定位、自我更新与发展。

(二)生涯规划蕴涵"积极幸福"

当完成"知己""知彼"分析评价时,大学生面临最重要的就是生涯目标的规划与选择,这个抉择问题可能会影响学生的一年或几年,甚至可能会影响学生的一生。大学生应秉承"积极幸福"的理念与思维,对无论是在校期间的学习生涯规划还是今后职业生涯规划,进行充分的考量,在规划与选择过程中摒弃拜金、享乐、精致利己的弊端。真正从实践中出发,基于自身现实情况,制定出一份自己通过努力可以实现的生涯规划,长远目标和短期目标相结合,做到一步步分解小目标,不断实现目标,不断调整自己,在努力实现的过程中获得满足感、幸福感。

笔者认为,大学生制定的职业生涯长远目标必须将自己与国家、民族的命运,与整个时代的背景相契合。每个大学生都有自己的际遇和机缘,都要在自己所处的时代条件下谋划人生、创造历史。

(三)"积极幸福"驱动实现自我

认知内外情况、目标规划与选定,都只是完成了人生的蓝图,真正要把这张幸福的蓝图变为实际,需要大学生不断努力积极去实践。在实现职业生涯目标的过程中,一定会遇到各种困难挫折无法继续,也会遇到目标完成情况不理想的情况。在这种情况下,大学生会产生沮丧和苦闷的情绪,甚至有可能会自暴自弃,放弃生涯目标。

积极幸福观就像大学生自己心中一盏明灯,它驱散黑暗,从人生观地角度给予大学生不断积极向上的驱动力。这种驱动力相比于追逐金钱物质动力来说更加持久,相比于一时快乐的享乐来说更加充实,相比于精致利己主义来说对于社会更加有贡献。

(四)"积极幸福"提升教师生涯指导能力

生涯课教师不仅是生涯规划课堂的组织者、开发者,学生规划的引导者、参与者,更是与学生共同实践生涯目标的创造者。因此,教师自身首先应具有"积极幸福"的理念与思维,才能在组织、引导、创造中滴灌式的润物细无声,才能帮助和鼓励大学生树立积极向上正面的幸福观,才能更好地实施生涯指导。

教师指导能力的提升,必然离不开对学生的自我认知、社会现实的了解程度。教师指导学生生涯规划的过程,就是和学生理念观点互动的过程,就是观察评估分析学生主观意愿和客观现实匹配情况的过程,就是帮助学生建立自信,坚定实施动力的过程。这需要教师自身具有积极的人生观、价值观。在上述互动师生互动过程中,积极幸福观帮助学生修正自身生涯目标和进行实践,学生的进步与发展也促进了教师指导经验的积累,从而有效提升了教师生涯指导的能力与水平。

【参考文献】

［1］杨丽媛.试析马克思主义幸福观及其现代启示[D].太原理工大学,2012.

［2］周萌.论马克思的幸福观及其现实意义[D].曲阜师范大学,2015.

【作者简介】

丁轶,上海杉达学院胜祥商学院辅导员。

积极心理学取向的职业规划课堂活动设计

——以"三件好事"练习为例

李洁

一、课程思政视角下的大学生职业规划课程

高校的职业规划课程的教学,应从态度、知识、技能三个层面,激发大学生职业生涯发展的自主意识,树立正确的就业观,促使大学生理性地规划自身未来的发展,并努力在学习过程中自觉地提高就业能力和生涯管理能力。2016 年,习近平总书记在全国高校思想政治工作会议上指出:"做好高校思想政治工作⋯⋯要用好课堂教学这个主渠道,思想政治理论课要坚持在改进中加强⋯⋯其他各门课都要守好一段渠、种好责任田,使各类课程与思想政治理论课同向同行,形成协同效应。"①2017 年,中共中央、国务院印发《关于加强和改进新形势下高校思想政治工作的意见》,明确提出:"要坚持全员全过程全方位育人。把思想价值引领贯穿教育教学全过程和各环节"②。因而,在职业规划的教学实践中,如何通过课程的教学引导大学生树立正确的人生观、价值观和就业观,把个人发展和国家需要、社会发展相结合,是职业规划课程教学探索中的一大重点和难题。

二、积极心理学与大学生职业规划课程

积极心理学是以研究人的积极的情绪体验、认知过程、人格特征以及创造力为主要内容的研究科学,是 20 世纪末美国心理学家马丁·塞利格曼等人倡导的心理学研究的新领域。积极心理学从人的社会需要的角度来关注人的发展,有效地将社会价值和个人价值加以联系。积极心理学以"人是社会中的人"为前提,通过对社会生活中产生的人的情绪与整个社会发展趋势的相互影响,探讨"幸福"及其要素。积极心理学认为,追求幸福是每个人积极情绪产生的源泉,是个体行为的内在动机。

---

① 习近平.加快建设世界一流大学和一流学科[M]//习近平谈治国理政:第 2 卷.北京:外文出版社,2017:378.

② 中共中央、国务院关于加强和改进新形势下高校思想政治工作的意见[M]//十八大以来重要文献选编(下).北京:中央文献出版社,2018:480.

在传统的职业规划课程中,在课程价值观导向上,更加注重对于"职业成功"的追求。然而在现实的教学中,特别是随着互联网经济的发展,学生价值观领域产生变化,在"佛系"等现实思潮下,学生对于"职业成功"的追求方面也产生了变化。因此,以什么样的理念引导职业规划,如何探索更深层次的职业规划的意义,成了当下职业规划课程设计亟须思考之处。"幸福"这一元素和概念的引入、积极心理学在职业规划中的导入能够有效地应对这一困境。如果说对于"职业成功"的追求并非每一个大学生的内在动机,那么对于"幸福"的追求,却是每个社会人的内在动机。

积极心理学告诉我们:人们对希望、快乐、幸福的追求是人类成就的主要动机。离开了个人的希望、快乐、幸福,提高思想政治教育实效性不能不说是一种奢侈。可见,积极心理学在高校思政工作中,在职业规划中都能起到积极的作用。

三、课程活动设计与分析——以"三件好事"练习为例

如何将积极心理学导入大学生职业规划课程中需要仔细探讨和教学实践。本文通过自身在课堂中的教学实践,以积极心理学中"三件好事"练习为例,分析导入框架与方案。

(一) 积极心理学取向的课堂活动设计的原则

1. 营造积极的课堂氛围

心理学的一大原则是助人自助。将这一原则引入职业规划课堂的活动设计中,就是要提高学生的主观能动性,挖掘学生的内在力量。因而,积极、开放、快乐的课堂氛围是十分重要的。

具体应该表现在:

① 设计开放性强、允许学生表达真实感想和观点的活动。从第一次课程开始就应该做好团建,将课堂氛围推向开放积极。

② 允许学生思考、体验。要留给学生充分的时间去充分地思考和体验,正如泰勒·本-沙哈尔(Tal Beu-Shahar)强调的那样,积极心理学注重的是"time-in""反思",而不是"time-out""休息"。要给学生充分的反思、消化和自我探索的时间,这个时间可以放在课下,也可以是课上。

③ 以鼓励代替惩罚,以肯定代替否定。对于学生的表现,应该更多地去肯定和鼓励,正如积极心理学倡导的那样,以积极的情绪去感染学生,营造课堂氛围。

④ 给学生创造分享、评价、反馈、提问的机会。"让学生成为课堂的主人",这一"翻转课堂"的理念在这里同样适用。让学生有机会能够评价和反馈课堂,给学生分享课程和提问的机会,增强课堂的互动性。

2. 选择有意义的内容

积极心理学提出的幸福工作法——MPS 模式,M 即意义(meaning),P 即快乐(pleasure),S 即优势(strength),同样适用于职业规划课堂活动的设计。课堂活动设计的内容应该是有意义的,能够帮助学生获得未来的。

3. 培养学生积极的心理品质

培养学生积极的心理品质是积极心理学的重要内容之一,也是课堂设计过程中需要考虑的核心指标。每一个课堂活动的设计都应思考:培养学生哪一个或者哪几个积极的心理品质,这些心理品质可以表现为哪些具体行为,这些行为在课堂中如何体现。

4. 触发学生的心流体验

心流是指个体完全地沉浸于体验本身,而体验本身就是最好的奖赏和动机。在心流体验中,个体的感觉和体验合二为一,行为和觉察融为一体。在心流体验中,个体持一种全神贯注的态度,不分心,因而能够更好地学习、成长、进步,并向未来的目标迈进。因此,课堂活动的设计应该要尽可能多地去触发学生的心流体验,让学生将当下的快乐与未来的益处合二为一,体会"现在的快乐即未来的成果"。

(二)以"三件好事"练习为例的活动设计思路与方案

根据以上积极心理学导入大学生职业规划课堂活动中的原则,本文以积极心理学中的"三件好事"练习为例,探索课堂活动设计的思路和方案。

1. "三件好事"练习概述

"三件好事"练习是要求学生在一段时间内(最初是一个星期,鼓励坚持 6 个月),每天写下当天的三件好事以及它们发生的原因。这三件事不一定要"惊天动地",可以是无关紧要的,也可以是你觉得很重要的事情。在每件好事的下面,都要写清楚它为什么会发生,回答"这件好事为什么会发生""这对你意味着什么""如何才能让这样的好事在未来更多地发生"。

2. 课堂活动实施思路

(1) 课堂活动设计的目的

"三件好事"练习课堂活动设计的目的是培养学生的积极情绪。研究表明,习惯于感受并表达感激的人在健康、睡眠及人际关系上都会获益,他们的表现也会更好。同时也能提升学生的习得性乐观技能和抗压能力。这能帮助学生塑造健康向上的精神面貌,将思想政治教育化无形,润物无声。

(2) 课堂活动实施

"三件好事"练习运用到职业规划课程中的课堂活动中,主要分 4 步实施(见图 1)。

图1　"三件好事"实施步骤

第一步，以作业方式布置"三件好事"练习。在职业规划课程第一课的职业唤醒环节，与学生一起探索职业规划意义时，可以将"三件好事"作为作业，要求学生用一周时间，每天记录三件好事，并写下原因。

第二步，分享"三件好事"，分析原因。在第二次课程时，以课堂作业分享的方式，以小组为单位，首先进行组内的好事分享、原因分析。接着以小组为单位，分享重复率较高的好事，并分析原因。同时，以作业的方式要求再接下来的三个月的课程学习中，每天记录一件好事并记录原因。

第三步，在接下来一个学期三个月的课程学习中，每次课堂上利用一部分时间，鼓励学生分享自己的好事并分析原因。可以是小组内互相分享，也可以是课堂内互相分享。

第四步，在学期末课程结束前，在课堂上帮助学生分析"我的好事"。从以下几个维度分析：① 三个月记录的好事日记中，我的好事可以分为哪几类？ ② 哪个类别的哪些好事一直在重复，他们反复出现的原因是什么？ ③ 这些好事的发生与你的哪方面品格优势有关？ ④ 这些好事中，哪些使你快乐，哪些你觉得有意义？ ⑤ 如何使得这些好事在未来持续发生？

3. 活动中可能存在的问题及应对

(1)"三件好事"作业的完成率不佳

第一次布置"三件好事"的作业，学生可能要思考很久才能总结出好事和原因，甚至"三件好事"的完成情况可能并不是特别理想。这个时候，课程教师一定要以鼓励为主，肯定学生的作业，帮助学生一起分析原因，给学生坚持的动力。同时，可以采用课堂契约的方式，以契约精神要求学生完成，提高学生作业的完成率。在第二次布置任务的时候，可以充分考虑学生的情况，将三件好事降为一件。

(2)"一件好事"坚持率不高

通过课堂加分、团队协作等方式，在第一次作业的三件好事完成后，鼓励学生继续坚持"一件好事"。树立课堂学习模范，坚持的同学予以正面鼓励，同时引导意志薄弱的同学继续坚持。

(3)"好事"形式化，缺乏内容

好事的内容和原因分析对于最后的总结十分重要，因此，在课堂分享部分，一定要将分享的内容落到实处，引导学生根据自身实情分析原因，好事的记录必须经过思考与总结。

(三）课堂活动设计小结

积极心理学取向的课堂活动在设计时除了遵循 4 个原则外,还应该考虑活动本身实施的时间维度和条件。心理练习很多都是要在一定时间框架下才能看到成效,故在安排相关课堂活动设计时应充分尊重心理学的一般性规律和实验要求。同时,教师的积极投入和教练式的训练也是保证课堂活动有所成效的重要环节。

四、结论

课程思政视角下的职业规划课堂应以引导学生树立正确的人生观、价值观、就业观为目标,将思想政治教育有效融入课堂活动实践中。积极心理学取向的课堂活动设计不但能帮助学生树立正确的人生观、价值观,培养学生积极的心理品质,更能将优秀传统文化中蕴含的各类人格品质传递给学生,帮助学生明晰自身优势品质,以更加持续、蓬勃的状态投入到社会学习中去,从而影响整个社会发展。

【参考文献】

［1］本-沙哈尔.幸福的方法[M].汪冰,刘骏杰,译.北京：中信出版社,2013.
［2］李静.积极心理学视角下的高职生性格优势与职业生涯规划教育的研究[J].科教导刊,2016(3).
［3］柳礼泉,肖冬梅.积极·希望·快乐·幸福——积极心理学对大学生思想政治教育的启示[J].学术论坛,2009(7).
［4］塞利格曼.持续的幸福[M].赵昱鲲,译.杭州：浙江人民出版社,2012.

【作者简介】

李洁,上海杉达学院嘉善光彪学院,讲师。

大学生职业生涯规划的美德取向研究

赵玉莲

一、美德伦理的诠释与弘扬

美德是伦理学的一个基本概念。美国学者汤姆·L.彼彻姆在《哲学的伦理学》一书中,把经典的伦理学理论概括为功利主义理论、义务论理论和美德理论3种基本类型。而且,无论是何种伦理学流派,无论哪位伦理学家都不会回避美德概念,都重视美德问题。美德或美德伦理学思想源远流长。由于在不同伦理流派或学者那里,美德都具有共通性,那么,我们对于美德概念的诠释,对于美德之构成及美德之模塑途径等的了解,就不仅要从我们悠久的文化历史资源中吸取有益成分,而且也应当且有可能吸收与我们有着不同价值体系、不同理想信念的西方国家民间与学术界的传统积淀或研究成果。亚里士多德可谓是西方最早论述美德的学者,其著作《尼可马克伦理学》是美德伦理学的经典。杜威对于"诚实""勇敢""贞操"等美德的研究也可为我们的道德教育提供某些有价值的参考。现代美德伦理学的著名代表人物麦金太尔也在《追寻美德》一书中追忆现代道德中已经失落的亚里士多德的美德伦理传统。

著名国学大师钱穆在《中国文化丛谈》中指出:"中国文化可一言蔽之,乃是一种'最重视道德精神之文化'。"[①]这要追溯到以孔子为代表的儒家思想家,是他们开辟了我国美德伦理学的道路。古人有许多关于美德的零星论述,如"仁者爱人""老吾老以及人之老,幼吾幼以及人之幼""何谓四维? 一曰礼,二曰义,三曰廉,四曰耻"等,抛却其中某些腐朽的、落后的因素,其在美德概念及其基本内涵上的一些见解至今仍在某种程度上值得我们予以肯定和继承。而在我国现代一百多年的伦理学发展中,专门诠释人类基本美德的著作并不多。蔡元培的《中学修身教科书》和《华工学校讲义》是较早论述基本美德的。

那么,我们当今要弘扬或者贯彻的美德的内涵到底是什么,其构成及模塑途径到底有无统一的说法呢? 由上文对美德历史的梳理可以看出,美德或美德伦理学所关心的不仅仅是行动,更是情感、性格和道德习惯。相对于制度化规则这一外在的形式,德性是内在秩序的根源,更多地体现了道德的内在维度。制度化规则所体现的是人们社会

---

① 钱穆.中国文化丛谈[M].北京:九州出版社,2011:101.

生活的现实需要,德性则表征了人对完美存在的确证和追求;制度化规则是基于公共权威的强制机制,德性则是基于对"义务"认同的主体性自觉。简单来讲,弘扬美德伦理就是要培养和塑造当代大学生良好的性格与品质。具体有哪些优良的品质呢?中国传统的"五常"讲求"仁义礼智信",西方古代的"四主德"倡导"智慧、勇敢、节制、公正"。肖群忠从思想资源上借鉴了中外历史上对基本美德的各种基本概括,结合现代社会与现代人自我完善的社会需要与自我内在需要,提出了个体、人际、公民及社会4个逻辑板块共16种现代人的基本美德。而近年来我们所倡导的社会主义核心价值观,作为社会主义核心价值体系的内核,反映了社会主义核心价值体系的丰富内涵和实践要求,是社会主义核心价值体系的高度凝练和集中表达。由此,笔者认为,当代大学生要弘扬的是以社会主义核心价值观为主体的一系列美德。

二、大学生职业生涯规划的美德取向的必要性

大学生职业生涯规划是在心理学、教育学、社会学、管理学等多学科理论指导下设置的一门新型的应用性课程,旨在引导学生学会全面地了解自我、深入地了解职场、科学地定位发展方向,尽早做好职业准备。一直以来,大学生职业生涯规划着重于大学生职业兴趣发展、职业知识储备、职业技能提升、职业情商发展以及社会资本的积累,通过在教师引导基础上的职业倾向测量、个人风格测量、课堂训练、课外调研等活动,了解本人当下的职业兴趣、职业能力和资本优势,初步确定并不断修订、完善自己的职业方向、目标和路径。可以说,传统意义上的大学生职业生涯规划虽然有对于个人情商提升等能力、素质方面的要求,但它更为注重大学生外在职业路径的设计,因此带有明显的实用和功利取向。

本-沙哈尔在《幸福的方法》中指出,幸福是人生的终极财富。积极心理学之父塞利格曼在其代表作《持续的幸福》中提出幸福2.0的概念,指出幸福是我们人生的终极追求。我们可以认为,大学生职业生涯的终极追求是生涯幸福,而我们所追求的幸福生涯工作法,是快乐情绪、人生意义和优势三者的结合。同时,塞里格曼还提出了包含智慧与知识、勇气、仁爱、正义、节制、精神卓越等六大板块一共24种美德,这些美德也即为我们的优势。由此,在积极心理学的理论指导下,大学生职业生涯课程更为注重个人内在感受与体验,其课程目标已经由原来的功利取向转变为育德取向。

无论是从宏观教育政策与理念要求、中观课程建设本身,还是微观大学生生涯幸福的角度考虑,注重美德伦理的弘扬和美德资源的挖掘,坚持大学生职业生涯规划的美德取向都是非常必要的。

(一) 坚持美德取向的职业生涯规划是贯彻课程思政理念的要求

2016年12月,习近平总书记在全国高校思想政治工作会议上强调,要用好课堂教

学这个主渠道,各类课程都要与思想政治理论课同向同行,形成协同效应。课堂思政指以构建全员、全程、全课程育人格局的形式,着力将思想政治教育贯穿于学校教育教学的全过程,落实于课堂教学的主渠道之中,深入发掘各类课程的思想政治理论教育资源,把"立德树人"作为教育的根本任务的一种综合教育理念。苏格拉底认为"知识即美德",即一切知识都具有"善性",问题在于我们是否有发现的慧眼。课程思政理念要求教育工作者寻找专业学科知识体系与德育知识体系的"触点",梳理各专业课程的"思政元素",并用学生喜闻乐见的方式,润物无声地开展德育教育。

　　20 世纪以来科学技术的高度发展给人类带来了物质生活的极度繁荣,同时,工具理性逐渐压制了价值理性,现代规范伦理成了道德的主导形态,导致个性缺失、精神贫乏、价值沦丧等问题层出不穷,使人类生存陷入一种价值困境。这无疑是当代大学生思想政治教育和德育工作要解决的重大问题。同时,十九大报告也提出"培育和践行社会主义核心价值观""加强思想道德建设""坚定文化自信"。2018 年政府工作报告也提出"加强思想道德建设和群众性精神文明创建""不断提升人民群众的获得感、幸福感、安全感"等具有美德内涵的理念。

　　大学生职业生涯教育与思想政治教育在教育目的方面具有共通性,二者都旨在促进学生形成正确的职业理想与职业价值观,提高大学生的综合能力与素养。课程思政理念下,更需要我们深入发掘大学生职业生涯规划课程的"思政元素"。大学生职业生涯规划不再仅仅以个人职业成功为目标,而把职业生涯幸福与弘扬美德,人生幸福这一价值标准作为终极追求。自我认知部分在盘点个人兴趣、性格、价值观、人力资本与社会资本的基础上,突出了个人优势即个人所拥有美德的调查及培育。职场认知着重对外部环境的分析,并增加了职场及社会对大学生综合素质特别是诸种美德的新要求。职业规划环节中职业方向的确立与职业路径的设计、职业生涯各阶段的具体规划以及学涯计划皆以生涯幸福为导向。职业实施环节,重在自我管理和自我调控,强调个人价值和个性的发扬。

(二) 美德取向是职业生涯规划课程建设的需要

　　国外特别是美国、加拿大、德国、英国等发达国家基本上从小学就开始进行职业生涯规划教育,目前已形成了比较系统且成熟的职业生涯规划理论与实践体系。英国2017 年发布的《职业生涯战略》从六个主要方面为人们提供职业规划帮助。在《职业生涯教育指南》中,英国政府还特别引入"盖茨比基准"(学校用于提升职业生涯指导体系的八项指导基准)作为职业生涯教育的主要参考标准。

　　我国的生涯教育始于 1916 年清华大学周寄梅先生引入并实施的"生涯规划"相关的课程辅导。1993 年,中共中央、国务院颁布了《中国教育改革和发展纲要》,明确提出大学生可以"自主择业"。随着这一毕业生就业制度的改革,各高校逐渐开始重视以就业指导为重点的职业指导。2007 年,教育部颁发了《大学生职业发展与就业指导课程教学要求》,各高校开始普遍开设大学生生涯教育课程,我国的高校就业指导和职业生涯规划课程从此迅速发展起来。但具体实施效果并不理想,仍然存在以下几方面的问题。

1. 课程价值取向偏离

大学生生涯教育的直接目标是提升学生的综合素养,增强学生的职业规划意识,并为顺利进入职场做好准备,最终目标是促进学生的人格完善和生涯乃至人生幸福。然而,当下高校的"大学生职业生涯规划""大学生生涯指导"和"大学生就业指导"等大学生生涯教育课程却偏离了这一价值原则。由于价值取向的偏离,不少高校课程目标定位也出现一定程度的偏颇。这表现在课程实践中的实用主义和"功利化"倾向,单纯以就业率、薪资等硬性指标为生涯追求,而忽视职业素养和内在生涯幸福的引导。而且把大学生的职业生涯教育等同于毕业生的就业指导,即使是具体的就业指导,也只注重职业的外在经济价值,而忽视职场适应性和职场竞争力等人才素质的培育。

2. 学生主体性不够

当前大学生对职业生涯规划课程的认识存在一定偏差。一方面,他们不能认识到职业生涯规划课程与其他课程在课程定位和培养目标上的区别,因此以"第三者"或"旁观者"的身份参与职业生涯规划课程的学习,没有充分发挥个人主体性和能动性,去主动把握个人的职业生涯。

3. 课程内容过时,思想性欠缺

当前职业生涯规划课程教材跟不上时代发展,对于当下学生的新特征和社会、职场的新变化及对学生素质等各方面提出的新要求不能保持应有的敏感度。同时,生涯教育的课程内容重在帮学生胜任职场和适应职场,而较少关注学生的思想和人文素养教育。

4. 教学方法和手段陈旧

当下的职业生涯规划课堂仍然以传统的讲授式教学为主,学生的主体参与度较低。虽然有实践教学环节,比如职业生涯规划大赛、职业生涯人物访谈、模拟面试、素质拓展训练等比例逐渐增加,但总体而言,教学方法和手段有待改进。

(三) 坚持职业生涯规划的美德取向有助于大学生生涯幸福

积极心理学之父塞利格曼在其代表作《持续的幸福》中认为,我们应一改传统心理学注重的"如何减轻人们的痛苦",而专注于如何培养人们的幸福感,并让幸福感持续下去。他提出,实现幸福人生应具有 5 个元素(PERMA),即要有积极的情绪(positive emotion)、要投入(engagement)、要有良好的人际关系(relationships)、做的事要有意义和目的(meaning and purpose)、要有成就感(accomplishment)。据此,我们可以认为,人们职业生涯的终极追求是生涯幸福。要实现个人生涯幸福,大学生同样要具备上述 5 个元素。

我们所追求的幸福生涯,是快乐情绪、人生意义和优势三者的结合(MPS 工作法)。比如,我觉得有意义的事情包括解决难题、写作、帮助孩子成长、参与政治活动以及音乐等;让我快乐的事情有航海、烹饪、阅读、音乐,还有和孩子在一起;具有幽默感、热情、与孩子沟通的能力以及处理问题的能力则是我天生的优势。由此可见,和孩子在一起活动可以带给我快乐和意义。再考虑到我的个性和生活习惯,比如说,我做事有计划,喜欢规律地工作,喜欢有比较长的休息时间。那么,三者结合,什么样的工作能最好地发挥我的热情、幽默和对阅读的热情及解决问题的能力呢? 综合考虑,我发现做一个老师可能是最好的选择。MPS 工作法不一定能帮助我们找到薪水最高的工作,却可以帮我们获得幸福的工作。在职业生涯规划课程的实施过程中,注重对大学生美德优势的认知与培养,辅以快乐情绪的养成和对人生意义的探寻,可以不断提升学生的生涯幸福感。

三、美德取向的大学生职业生涯规划课程展望

美德取向的大学生职业生涯教育课程体系重构需要从学生、教师、教学内容、教学方法和手段等多角度切入,通过唤醒幸福和美德培育等手段,以美德养成和生涯幸福为终极目标,并以此助推大学生思想政治教育工作。

(一) 完善学生认知

美德取向的大学生职业生涯规划课程将更为注重学生的全面发展。

第一,重构学生的期待。根据生涯混沌理论,学生应该认识到,职业世界具有复杂性、变化性、偶然性和非线性等特征。我们应该运用收敛视角,关注生涯发展中相对稳定和有秩序的方面,以期为学生提供一些共性的可供借鉴的职业生涯发展建议。同时,还要运用发散视角,关注对变化的、偶然发生的机会的应对。要让学生活在当下,享受当下,寻找当下生活的意义。同时要接受不确定性,不要急着对自己的生活和生涯发展下结论,因为个体的生活或生涯轨迹可能会因为一件小事而发生翻天覆地的变化,要善于在纷繁复杂的世界中探寻新的职业可能性。

第二,颠覆原有课程体系,纠正学生原有认知。美德取向的大学生职业生涯规划课程要打破传统意义上的生涯觉醒、自我认知、外部世界认知、生涯决策、生涯管理的由因到果的"五步走"战略,坚持由果推因,以终为始,首先引导学生思考:我想拥有的幸福生涯是什么样子的? 为此我需要怎么规划? 我与现实社会的差距在哪里? 我需要具备哪些美德来适应这个瞬息万变的社会,来成就我的生涯幸福?

(二) 提高师资队伍的专业性

师资队伍建设是教学正常进行的主体保证。当前,许多高校大学生职业生涯规划

课程任课教师的专业化水平整体不高,他们大多是学校就业指导服务机构的工作人员、党政人员和辅导员,没有接受过专业教育和培训,有不少是"半路出家",较为缺乏相应的专业知识和技能,而仅凭经验对学生进行生涯、规划等方面的指导。根据教育部规定,在校大学生的人数与就业指导专职队伍的人数比应为500∶1,但目前多数高校尚未达到这个要求。因此,教师成为制约大学生职业生涯规划课程教学开展的主要因素。

从长远来看,美德取向的大学生职业生涯规划课程师资队伍的建设,应坚持专职和兼职结合,不仅要有一线的专职教师,还应当有一些社会或企业人士在课余时间为学生提供生涯教育和就业辅导。首先,要引进专业生涯规划指导教师。其次,要组织从事心理咨询、职业生涯规划、就业指导的人员参加相关的专业培训。一方面走出校园,走近企业,接触社会,了解市场需求;另一方面采取集中培训等方式,提高他们的专业理论水平。最后,要聘请社会上的生涯研究专家与人力资源管理专员等担任兼职或客座教授,为学生举办职业辅导讲座,提供最前沿的生涯规划理念,最及时的、学生最需要的职业咨询与服务。

(三)加强教学内容的思想性和时代性

美国高校要求大学生对于任何一门专业课都要经过理性思考并回答"课程领域的历史和传统是什么""课程涉及的社会和经济问题是什么""课程要面对哪些伦理和道德问题",这是值得我们借鉴的。大学生职业生涯规划课程教学内容要突出思想性和时代性,除了引导学生掌握生涯规划的具体技术、工具和方法之外,更重要的是在课程中融入思想教育,关注伦理和道德问题。通过生涯规划,要让学生了解自己的美德优势或不足,与职场所需的优势资本相比对,从而有意识地发扬优势、弥补弱势,使发展美德、弘扬美德成为学生职业生涯的目标所在。

具体而言,在开篇第　章,用"我的幸福:生涯唤醒与承诺"取代原来的"我的成功",引导同学们了解到底何为生涯规划、生涯规划的重要性何在、生涯规划的目的是什么,进而树立生涯幸福意识,并引发学生思考"我想要的幸福生涯模样"。第二章盘点自我阶段,由原来的重在盘点个人所拥有的资源和人脉等社会资本转为重点发掘个人的美德和突出优势,并通过个人突出优势的练习,有意识培养并放大个人优势,使其成为个人的职场核心竞争力。第三章洞悉职场,在原有的了解宏观环境、行业环境和产业环境的基础上,着重于具体组织因素分析。还应结合当前社会的经济的发展形势,通过职场典型案例、生涯人物楷模、就业形势与职场环境分析,使教学内容的选择体现时代性,增加课程的吸引力,同时努力发掘生涯楷模优秀事迹蕴含的美德因素。第四章的生涯方向和路径的设计、学涯计划的制定、个人规划的实施和管理等都要以培育和发扬个人美德的核心内容。

（四）改善教学方法和手段

教学方法和手段是影响职业生涯规划教育能否取得良好效果的关键一环。

第一，在重视美德优势的职业生涯规划课程教学实践中，应采用灵活性和学生参与性较强的主体参与式教学方法。应该积极探索互动式、情景式、体验式教学，采用案例教学、情景仿真、问题引导、团队合作等方法，调动学生的积极性，使学生接受类职场情境的熏陶，从而在不知不觉中增强个人感悟，锤炼个人美德。

第二，要从当下学生的问题、困惑出发，采用主体探究式教学模式。积极探索研讨式、开放式教学，适当弱化理论而强化行动，同时针对不同学生特点采用不同的教学方式和策略，采用普及教育与个体咨询相结合，以及分层次教学等方法，不断总结经验，寻找最合理有效的教学方式，探寻进一步完善教学工作的动力和途径。

第三，采用主体发展型教学模式。通过在专门的职业规划课程之外，将职业规划教育思想和弘扬美德思想融入各科专业教育之中，使职业规划课程与各门课程一起致力于大学生美德优势的认知和发展。同时，还要建立一套有效的检测学习体系，通过游戏评估、测评验证、实习考评等手段对学生进行发展性评价，对课程效果不断跟踪、评估、反馈，从个体发展的角度考评职业生涯规划课程的实效性。

【参考文献】

［１］本-沙哈尔.幸福的方法［Ｍ］.汪冰,刘骏杰,译.北京：中信出版社,2013.

［２］彼彻姆.哲学的伦理学［Ｍ］.雷克勤,译.北京：中国社会科学出版社,1990.

［３］高艳,王瑞敏,林欣.基于生涯混沌理论的大学生职业生涯规划课程设计［Ｊ］.高教探索,2017(12).

［４］何红娟."思政课程"到"课程思政"发展的内在逻辑及建构策略［Ｊ］.思想政治教育研究,2017,33(5).

［５］李志强.走进生活的道德教育——杜威道德教育思想研究［Ｍ］.北京：中国社会科学出版社,2009.

［６］刘桂萍.高职院校"社交礼仪"教学中课程思政的定位研究［Ｊ］.浙江工商职业技术学院学报,2018,17(2).

［７］吕耀怀.美德的共通性与美德伦理学的独特性及其对道德教育的启示［Ｊ］.湖湘论坛,2017,30(4).

［８］麦金太尔.追寻美德［Ｍ］.宋继杰,译.南京：译林出版社,2003.

［９］塞利格曼.持续的幸福［Ｍ］.赵昱鲲,译.杭州：浙江人民出版社,2012.

［10］肖群忠.美德诠释与美德伦理学研究［Ｊ］.广西民族大学学报(哲学社会科学版),2006(5).

［11］张文.大学生职业生涯教育课程体系改革与创新［Ｊ］.大学教育科学,2017(1).

［12］赵悦平.职业生涯规划课程建设与大学生人文素质培养究［Ｊ］.继续教育研究,2012(5).

【作者简介】

赵玉莲,上海杉达学院教育学院,讲师。

积极心理学视角下的艺术类高校
心理危机干预探究

皮凤英

近些年,大学生自杀、自伤、伤人、杀人等恶性事件时有发生。寻根究源,这与大学生这一群体的心理特性有密切关系。大学生生活经历单一、看待问题不够理性,容易片面看待问题、情绪起伏波动大、经常存在自我意识的矛盾状态,容易出现人际关系冲突、家庭问题等。并且,随着当今社会的发展,节奏快、压力大、竞争烈的生活状态,容易使大学生出现心理问题,甚至心理危机。在出现心理问题时,如果没有采取合适的有效的教育和应对办法,大学生容易出现极端的行为,最终,不仅影响社会大环境的稳定,还会给大学生本人的身心发展带来危害,给大学生家庭带来深深的遗憾,甚至是无法挽回的灾难。对于大学生中存在的心理危机状况,国家非常重视。2005年教育部颁布了《关于进一步加强和改进大学生心理健康教育的意见》,强调要加强大学生的心理健康教育和提升大学心理咨询的水平,建立健全大学生心理危机干预工作的体系,明确提出要努力构建和完善大学生心理危机的预警机制,要特别注意防止自杀或伤害他人的恶性事件发生,要做到心理危机及早发现、及时预防、有效干预、持续追踪。

本文立足于民办艺术类高校大学生群体,运用积极心理学的理念来研究危机预警和干预工作。

一、大学生心理危机干预概述

(一) 心理危机干预理论

现代危机干预的鼻祖卡普兰(Caplan)认为,当一个人面临困难情景,他先前的处理危机的方式和惯常的支持系统不足以应对眼前的处境,即他必须面对的困难情境超过了他的能力时,这个人就会产生暂时的心理困扰(psychological distress),这种暂时性的心理失衡状态就是心理危机。林德曼(Lindemann)和卡普兰将心理危机干预定义为帮助危机个体如何用更好的方式来解决危机事件。心理学的观点认为,危机干预是运用专业的技术手段,调动危机个体的自愈能力恢复心理平衡。

(二) 大学生心理危机干预理论

大学生心理危机干预主要是针对大学生这一特定群体。大学阶段是大学生心理发展水平迅速走向成熟的过渡阶段,一方面大学生心理上具有由于迅速走向成熟的积极面,另一方面又存在由于未真正完全成熟而产生的某些消极面。这就构成了当代大学生心理素质的复杂性、丰富性、多样性和矛盾性。生活学习的改变、学习压力过大、情感受挫、人际关系冲突、家庭经济困难或者遭受重大事件都容易诱发大学生的心理危机状态,因而大学生心理危机干预工作尤为重要。

(三) 艺术类高校学生心理危机来源

艺术类高校学生是大学生群体中的一个特殊人群,因为学习经历的不同、所学专业的不同,形成了鲜明的心理特点。艺术类高校的学生自我表现意识和独立意识强,但是抗挫折能力较差,存在焦虑情绪;情感和想象力丰富,但是情绪波动大,缺乏理性思考;人际关系敏感,容易存在人际冲突;强调个性化,缺乏集体观念和合作意识;热爱专业,专业成绩好,但是缺乏脚踏实地的学习态度,文化基础薄弱;社交范围狭窄,环境影响单一;容易片面地看待问题;还存在轻微强迫症状。由于存在这些心理特点,如果在实际的心理健康教育工作中不能有效解决艺术类高校学生的心理问题,比较容易出现心理危机。根据民办艺术类高校学生的新生普测,存在心理问题的学生比例由 2017 年的 14.51％上升到 2018 年的 23.15％,到 2019 年的 30.86％,可见艺术类高校大学生的心理问题呈现显著的上升趋势。在实际的危机干预工作中,总结下来,艺术类高校学生心理危机的诱因为:① 情感方面,失恋或者情感的纠葛事件;② 人际方面,宿舍人际冲突事件;③ 重大生活事件影响,重要考试失败、考试作弊、违反校纪校规、社团竞选失败等;④ 家庭方面,家庭经济问题、家庭人际冲突;⑤ 身体疾病或者精神疾病(如抑郁症、双向情感障碍等)。在此状况下,做好心理健康教育工作,做好艺术类高校学生的心理危机预警和心理危机干预工作意义重大,也十分迫切。

二、高校心理危机干预工作的现状

当前,各个层面都非常重视高校学生的心理危机干预工作。学生作为家庭的成员,如果出现心理危机情况,对于一个家庭,将是致命打击;在校的大学生,如果出现心理危机,对学校及周边同学会带来恶劣影响,也可能会引起周边同学的心理危机。为此,各高校基本建立了校一级的心理健康教育中心、院一级的心理健康教育工作站,学校也建立了相应的危机干预工作机制,但仍然存在一些不足。

（一）高校心理危机干预工作从传统的心理学理念出发,更多把注意力放在心理问题方面,偏重消极倾向

实际上,高校学生患有严重心理问题或者精神疾病的人数并不多,普遍是发展性和适应性问题而引发的心理困惑或者心理问题,严格意义上讲不算精神疾病。但是由于社会和周围环境带来的压力,以及媒体的宣传,学生出现了各种危机情况,且其中存在着一种消极的认知和心理暗示,容易导致学生过多地关注心理问题和精神疾病,而忽视人的积极方面。

（二）高校心理危机干预没有系统性的工作机制,在实际处理心理危机事件时,仍然存在消极被动和疲于应对的问题

系统地来看,高校学生心理危机的干预过程可划分为预防教育、早期预警、危机干预、持续跟踪 4 个阶段。不同阶段的干预工作重心是不同的。但是目前高校的心理危机干预工作重心和关注点放在了危机干预阶段,而忽视了其他阶段的预防性和发展性功能。

在没有出现任何心理危机的时候,对大学生进行心理健康教育,让他们关注自身心理健康,可以起到预防的作用。在实际工作中,要通过心理普测、心理咨询,识别可能存在心理危机的情况,及时采取预警,并进行主动防范。如果出现了心理危机,那么要立即进行危机干预,阻止当事人自杀或者伤人,保证学生的生命安全,帮助当事人走出危机,并使其逐渐恢复平静。心理危机处理之后,要持续对当事人进行追踪,关心帮助其恢复心理健康,提升心理资本,并对危机进行再解读,正确理解"危"和"机",从中寻找资源,促使学生充分挖掘自身潜能并成长。

（三）高校心理危机的预防意识比较薄弱

虽然高校建立了心理危机干预的工作机制,但心理危机干预的工作理念仍比较滞后。危机干预的一般目标为:防止出现自杀行为、及时处危机事件、最大限度地降低恶劣影响。这样的目标是单一的、表面的、治标不治本的,不利于学生健康人格的培养。

高校心理危机干预偏重表层的工作,疲于"灭火"的工作状态,不仅让高校承担巨大的工作压力,也不利于提升学生的心理健康水平。实际工作中可以看见,学生在出现心理困扰和心理危机时,极少积极主动向学校的心理咨询中心或者心理健康教育中心求助,往往陷入自身的"死胡同",无法解决问题。所以,很多心理危机事件无法提前被发现,等到发生紧急的心理危机状况时,损失往往无法挽回。采用这种消极被动、守株待兔的干预,即便学校竭尽全力、尽职尽责地处理和善后,也是治标不治本,无事于补,留给学生、家庭和社会的恶性影响可想而知。鉴于此,高校的心理危机干预工作亟须转变

理念,要从"被动灭火式""追赶式"干预转变为"主动出击式""系统预警式""持续追踪式"的系统干预工作模式,从根本上提升学生的心理健康水平,形成心理危机的"免疫力"。要建立系统性、预防性的心理危机干预体系。

三、积极心理学的理念

积极心理学(positive psychology)是在消极心理学的基础上发展起来的,致力于研究人的发展潜力和美德等积极品质的一门科学,主张心理学以人实际的、潜在的具有建设性的力量,美德和机能等为出发点,用一种积极的方式来对人的心理现象做出新的解读,认为人类自身存在着可以抵御精神疾病的力量,个体的积极心理品质本身就有预防和治疗心理问题的作用。积极心理学不仅扭转了传统心理学过于关注人类的心理问题和精神疾病等负性心理局面,也给当代心理健康教育提供了新的视角,给予当代高校心理危机干预的研究和工作机制提供了新的启示。

积极心理学内涵主要包括以下3个方面。

第一,主观层面倡导构建个体的积极体验,让个体对生活充满勇气和力量,帮助个体建立持久的个人发展资源,促进个体美德的发展。积极心理学主张用一种积极的心态对人的许多心理现象(包括心理问题)做出新的解读,从而激发人自身内在的积极力量和优秀品质,并利用这些积极力量和优秀品质来帮助有问题的人、普通人或具有一定天赋的人最大限度地挖掘自己的潜力并获得良好的生活。

第二,个体层面重视形成个体的积极人格。积极人格是指个体持续一贯地对事件做出积极解释的风格。积极人格的形成与发展是个体主动接受外在社会活动的影响,并将其内化为稳定的心理活动的建构过程。积极心理学认为人人都有积极的心理潜能,都有自我向上的成长能力。因此当出现心理危机时,每当事人都是自我心理危机的处理者,是自我发展的决策人。这就意味着,在心理危机干预过程中,要尊重大学生自我发展的主体性,使他们成为自我心理健康的维护者,通过自助顺利度过危机,促进个人发展。大学生是危机干预的主体,是战胜危机的力量源泉。

第三,集体层面强调建设积极的组织系统,强调在积极的组织系统里通过积极的制度、积极的教育,通过家庭、学校、社会等组织系统来实现个体积极人格的培养。

四、积极心理学的理念在艺术类高校心理危机干预工作中的启示

从系统性的角度出发,在积极性心理学视角下,结合艺术类高校学生的心理特点,艺术类高校在心理危机预警与干预工作中,可以得到以下启示。

(一) 心理危机干预过程的第一个环节——预防教育: 加强心理健康教育

预防教育重在通过心理健康教育,达到预防的效果。

开展心理健康教育：① 面向全体学生，开设内容丰富、适合艺术类高校学生的心理健康课程；② 在开展个体心理咨询或团体心理辅导时，用艺术类高校学生容易接受且能发挥效果的心理咨询方式，如表达性艺术治疗的相关技巧；③ 定期举办一些心理健康教育讲座、心理活动，如用微视频、绘画作品、雕塑作品、音乐舞蹈作品等来表达心理健康教育的内容；④ 以积极心理学的理论为指导，创建以艺术为特色的校园心理文化环境。

在艺术类高校里开展心理健康教育，要密切结合学生的专业特色，创新心理健康教育的形式和载体，这样不仅能够让心理健康教育丰富多彩，且能够让艺术类高校的学生获得浸润式和体验式的心理健康教育，事实证明，非常有效。

（二）心理危机干预过程的第二个环节——早期预警：在发现了可能存在心理危机的情况下，根据积极心理学的理念进行咨询和辅导，从根本上提升学生的心理健康水平

早期预警侧重根据日常工作收集到的信息和心理普测、心理健康教育的相关信息，尽可能及时地发现和识别潜在的心理危机状况，以便主动采取防范措施，将心理危机的爆发扼杀在萌芽期，尽可能减少心理危机带来的危害。

有研究指出，心理危机者的认知评价体系常常是歪曲的，如存在认知的绝对化、灾难化、过度概括等。歪曲的认知模式，在评价事件的时候，容易负性消极，最终导致自我意识的否认、无意义感、丧失希望、产生绝望等心理反应。否认、丧失、绝望、无意义和无价值感是其情绪方面的主要特征。从积极心理学的视角出发，要在心理咨询中注重增强学生的积极情绪体验，提升心理弹性，增加心理资本。积极心理学关注的方面包括培养勇气和爱、训练人际关系沟通技能、发掘人的天赋、憧憬未来、培养洞察力、才能和智慧等积极心理品质。要促进人们建立积极的价值观和乐观的解释风格，关注提升人的充盈和快乐、希望与乐观、幸福感与满意度等主观体验。积极心理学在提升主观幸福感和积极心理品质培养方面有很多丰富简单易行的方法、技巧和活动，如冥想放松法、每天快乐三件事、感恩日记、读书疗法等，通过这些技巧，结合艺术类高校学生的专业特色，开展相应的心理咨询和团体心理辅导，可以使学生形成积极的力量和人格特质，从而形成抵御心理危机的"免疫力"。

（三）心理危机干预过程的第三个环节——危机干预：系统效能发挥整体作用

危机干预是指在心理危机正在发生时，调动危机干预的组织系统，运用及时有效的干预措施，以防止学生自杀或者伤害他人为目标，保证其生命安全，帮助其恢复平静，走出危机。

上海杉达学院心理危机干预工作主体主要有三个层次。第一层次是学校心理危机工作领导小组,包括学校分管领导、校保卫处、校医务室、校心理健康教育中心。第二层次是学院心理健康教育工作组,包括各院(系)党总支书记、学院辅导员、具备心理咨询师资质的辅导员。第三层次是学生层面的组织,包括心理协会成员、班级心理委员、宿舍心理预报员等。此三个层次构成了系统的心理危机干预工作组织。

如果出现了心理危机状况,首先要保证学生的生命安全,当事人的辅导员必须第一时间到达现场,请班级心理委员或者宿舍心理预报员或者班级干部协助,时刻保证当事人身边有人陪伴,同时上报学院和学校相关领导并联系家长,将情况详细告知家长,请家长到校,配合各方面进行危机干预。学生平静下来后,依旧不能放松警惕,需要时刻有人陪伴,以免再次发生危机。

(四) 心理危机干预过程的第四个环节——持续跟踪:指向未来,提升学生的幸福感

持续跟踪是指心理危机发生之后,当事人心态平稳以后,引导当事人对危机进行回顾和反思,从危机中吸取经验,获得成长,从根本上提升心理健康水平。

在危机过后,当事人需要积极的社会支持。积极的社会支持包含两个方面:内在支持和外在支持。

内在支持是个体自身蕴含的心理能量的支持。要通过积极的体验,使个体产生或者体验到更多更强烈的积极情绪体验;通过积极的生涯教育,使个体认识到自己的优势资源,形成积极的人格特质,进一步明确人生目标,提升竞争力,面向未来幸福生活;通过生命教育,使个体更加珍惜生命,积极创造生命的价值。促使个体对"危机"重新解读,寻找到隐藏其中的"机",从而提升整体的心理健康水平。

外在支持系统包括朋辈心理支持、家庭心理支持、学校心理支持、社会心理支持。学校可以通过团体心理辅导,开展朋辈互助,加强与家长的联系,共同关注学生的心理发展状况,同时给予家长一定的心理健康教育,使家庭支持成为学生最坚强的后盾。社会环境对学生良好的心理品质和乐观积极向上的人生态度的形成具有价值引领作用,要鼓励学生多参与公益活动,进行志愿服务,从实践中体验爱与责任,在体验中收获感恩与幸福。

艺术类高校的学生存在着鲜明的个性,在心理危机干预工作中,应该立足学生的个性,结合专业特色,在积极心理学理念的指导下,培养学生的积极情绪体验,发掘学生的积极人格品质,从本质上消除学生的心理危机。要通过家庭、学校、社会共同的努力,做好处理学生心理危机的 4 个环节的工作,加强心理健康教育,做好心理危机预警、心理危机干预、后期追踪,使学生面向未来,创造积极幸福的人生。

【参考文献】

［1］CHAFOULEAS S M，BRAY M A. Introducing positive psychology：finding a place within school psychology［J］. Psychology in the schools，2004，41(1).

［2］苗元江,余嘉元.积极心理学：理念与行动［J］.南京师大学报(社会科学版),2003(2).

［3］任俊.积极心理学［M］.上海：上海教育出版社,2006.

［4］宋凤宁,黎玉兰,罗锂.大学生心理危机干预生态体系建构［J］.高教论坛,2011(9).

［5］张倩,郑涌.美国积极心理学介评［J］.心理学探新,2003(3).

［6］张亚君.基于社会支持理论的高校心理危机干预系统的构建［D］.中南民族大学,2009.

［7］章成斌.大学生心理危机干预的实践和探索［J］.高等工程教育研究,2004(4).

［8］郑祥专.地方高校大学生积极人格发展研究［J］.中国特殊教育,2009(6).

【作者简介】

皮凤英,上海杉达学院艺术与传媒学院党总支书记,讲师。

基于中华传统美德的大学生
职业生涯教育研究

张华

习近平总书记的一系列论述将中华优秀传统文化列入了国家发展的重要范畴,中华传统美德传承迎来前所未有的机遇。作为习近平总书记教育思想的重要构成部分,中华传统美德传承惠及后世子孙和增进人类福祉,既是百年大计,也是当务之急。2017年,中央办公厅、国务院办公厅印发《关于实施中华优秀传统文化传承发展工程的意见》,明确提出要将中国传统美德融入各项教育之中,使其成为大学生职业生涯教育的重要遵循。大学生职业生涯教育的目的是让学生根据自己的性格特点、兴趣爱好、专业能力等因素,通过各方面的分析,提前对自己未来发展制定相应的规划。而当代中国的高校课堂缺乏传统美德教育,忽视了对学生道德品质的培养,影响学生自我职业发展道路。因此,基于中国传统美德下的高校职业生涯教育,势必成为重要的研究课题,以为其应用价值的挖掘提供支撑。

一、中华传统美德的基本内涵

中华传统美德由传统道德的发展与演变而来,当然,传统道德中既有精华也有糟粕,而传统美德则属于去芜存精,是优秀传统文化价值的集中体现。要深刻理解与把握中华传统美德的内涵,必然需要首先认识美德的指向。何谓美德? 其表现为道德理念及道德行为的融合,即人们长期遵循一以贯之的优良道德品质及高尚道德行为。从现代教育的角度看,无论是道德还是美德,都属于重要的教育范畴,依托教育的功能实现精神品质的传递,以此作为立德树人的关键基础。简而言之,中华传统美德是一种中华民族的精神集聚、气节流露、风貌展现、情感融合及礼仪传承。因此,伴随文化自信理念的提出和深化,传统美德日益成为构建和谐社会、促进公民素质跃升的重要依赖。对于大学生职业生涯规划教育而言,传统美德更具有重要的跨时代特征,将使职业生涯教育更具张力与活力,依托不断的融合与创新,推动大学生职业生涯教育全面深入发展。

二、中华传统美德在大学生职业生涯教育中的价值

我们要深入挖掘中华传统美德,树立正确的指导思想,将中华传统美德的教化作用

与大学生职业生涯教育课程相结合，让学生树立正确的就业观和择业观。中华传统美德主要包含三个方面——修身、齐家、治国，基于这三个方面对大学生进行职业生涯教育是十分有价值的。

1. 提升道德修养和完善人格

职业生涯教育是学校思政内容纵深发展的过程，在职业生涯教育中融合传统美德理念，可以丰富校园德育的路径。同时，在传统美德的精神渗透与引领下，大学生能够了解传统美德的内涵，认清未来发展趋势及努力方向，夯实道德修养及人格基础，全面提升自身素质。中华传统美德注重个人发展，有的要求人们自强不息，有的要求人们保持诚信，有的要求人们律己修身，只有身修己正，才能近可齐家，远可治国。中华传统美德有助于完善学生的人格和道德品质，让学生在职业生涯道路上走得更远。

《中庸》中的"慎独"思想，教育学生即使在没有人监督的情况下也要对自己严格，保持自律。顾炎武的"礼义廉耻"也告诫学生在职业发展上要廉洁公正。中华传统美德中的"修身"方面，可以让学生培养高雅的情趣，为以后的职业发展创造更多的机会，在以后的职场道路上修身律己、谦虚谨慎、勤政廉政。

荀子曰："锲而舍之，朽木不折，锲而不舍，金石可镂。"基于传统美德理念的大学生职业生涯教育所迸发出的教育价值至关重要，对传统美德的认知与感悟，可以产生重要的"教化"作用，让学生从教育中体验到传统美德的文化熏陶，使大学生的职业素养及道德修养获得质的飞跃，帮助其形成崇高理想、高尚道德及优良品质，提升大学生的整体素质，最终形成国家职业人才的培育优势。

2. 提高民族荣誉和国家归属感，树立正确的职业观

中华传统美德中的"治国"，是指为人处世之道，而为人处世不仅仅包括学习和生活，还包括职场，职业美德对于学生职业生涯发展具有重要意义。其中，最重要的是爱国意识。大学生在树立择业观的时候，所做的一切选择都应该以国家利益和民族利益为根本，在此基础上选择适合自己的就业方向。

当代大学生应该明白，即使在如今的和平年代，也是先有国才会有家，只有国家安定，我们的生活、工作才能安定。而这些都告诉了我们在进行择业选择时要树立爱国主义精神、弘扬民族精神。将大学生职业生涯教育与中华传统美德相结合，有利于让大学生永远保持对祖国的热忱，培养无私奉献、为人民服务的精神，让学生明白职业无高低，任何一种职业只要是以国家利益为本，都能够实现自我价值。

3. 形成当前社会主义核心价值观，让自我规划符合社会需要

无论社会潮流如何演变，经过五千年历史文明沉淀下来的中华传统美德永远不会变，或许体现形式在发生变化，但核心内涵永远不会变。因此，了解中华传统美德就是了解当代社会主义核心价值观。

从中华传统美德的内涵及特质看,其持续的传承、发展与创新,是对社会主义核心价值观高度概括和凝练,传承中华传统美德可以促进社会主义核心价值观的构建与充实。"天行健,君子以自强不息;地势坤,君子以厚德载物。"在大学生职业生涯教育之中,传统美德将具备更加特殊的含义,其带来的影响可以从两方面进行概括。一方面,中华传统美德被视为涵养社会主义核心价值观的源泉,为当代大学生职业生涯教育提供了至关重要的理论依据;另一方面,社会主义核心价值观的实践价值,能够为大学生职业生涯教育形成重要导向,其价值观培育与引导优势,能够助力大学生取得良好的社会发展,在职业生涯中始终保持正确的价值取向。

"毒奶粉事件"、"毒胶囊事件"、医药公司道德缺失等都是对传统美德的蔑视,只有诚信经营、货真价实的企业才能获得长足的发展。因此,在大学生职业生涯教育上融入中国传统美德教育至关重要,人生的每一个选择、行为都可能对一个企业、民族、国家产生或小或大的影响。在职业生涯中发扬中华传统美德,抓住机遇、自强不息,对每一位大学生而言都是有必要的。

4. 应对多元价值观冲击

我国进入发展快车道以来,社会道德及公民价值观迎来了巨大挑战。中华传统美德作为一种重要的精神追求,是对传统文化最直接的诠释与彰显,但在现代多元价值观的影响下,传统美德的光芒被逐步掩盖,甚至受到了不良价值观的冲击。大学生是国家未来发展的生力军,也是构建文明社会、和谐社会的核心力量,中华传统美德在大学生职业生涯教育中的融入,将为大学生的社会发展提供更广阔的路径,并有效抵御多元价值观的冲击。因而,高校作为大学生教育的主体,更是现代文化的集散地,面对各种外部价值观所带来的影响,必须通过对中国传统美德精神力量的挖掘,全面夯实职业生涯教育基础,端正当代大学生的价值认知,从而帮助大学生在职业生涯中认清自我,树立正确的人生观、世界观和价值观,并助力大学生人格品质的培养,避免在职业生涯中迷失自我、误入歧途。

三、当前基于中国传统美德的大学生职业生涯教育面临的困境

许多的高校在强调培养学生才能的时候,忽略了培养学生道德品质,越来越多的学生只注重获取实用性的专业知识而忽视了道德。因此,基于中华传统美德进行大学生职业生涯教育仍面临着以下一些困境。

1. 传统美德的内涵认识不到位

传统美德在职业生涯教育中具有极大的挖掘价值,也与大学生的"职业"和"生涯"密切相关。受传统职业生涯教育思维的影响,很多人仅仅关注职业,而忽视了"生涯"教育,导致传统美德所蕴含的价值无法得到真正发挥。他们更忽视了职业生涯教育中要贯穿德育,忽视了传统美德在学生未来生命旅程中的作用,这种应急性的教育必然使得

职业生涯教育发展受限。职业生涯教育是过程性的教育,不能重结果、轻过程、轻未来。事实上,中华传统美德是需要累积的,职业生涯教育也需要长期坚持。此外,职业生涯教育也被不少高校等同于就业指导,在概念理解上存在错误。在具体的实践中应当坚持传统美德的融入,既丰富职业生涯教育的内容,又对学生进行就业指导。二者好似中药和西药:西药有及时的作用,中药则需要长时间的积累;西药通过外力与内部的细菌进行战斗,而中药则是靠调理内里实现自我调节。综合考虑,"中药"的益处更长远,对个体的发展更有利。

2. 高校传统美德培育氛围淡薄

高校是如今实现职业生涯教育的主体,同时也是传统美德培育的主阵地。然而,当前高校普遍传统美德培育氛围淡薄,对于职业生涯教育的课程设置并没有太多关注传统美德的培育,而是旨在让学生毕业能够找到工作,把职业技术培养作为最终目标,而不是让学生能够在未来职业生涯中获得长远的发展。现在许多高校都是根据学生每学期期末考试成绩进行评价,只要学生能够在考试中及格就可以获得相应学分,即使学生从来没有认真听过老师讲课,只要在期末考试前根据老师勾画的重点,熬夜突击几天,就可以及格。因此,学生大学期间往往浑浑噩噩。有人说,学校教育,就是在学生离开学校后,在学生骨子里留下一些东西。传统美德正是一种精神形态,适应了学生未来职业生涯发展的需求,因为从中可以学到受用终身的知识。但是,由于学校对传统美德培育不重视,学生对传统美德的态度模棱两可,对此学校也没有相关的措施加以规范和改进。职业生涯教育的另一个重要方面,就在于学生可以回归生活实践来检验自己适合怎样的工作,以更加准确地认识自己,而当前高校为学生提供的机会还有待增加。

3. 忽视了以人为本的社会主义核心价值观

伴随着信息技术的快速发展,学生了解社会的途径更加多样化,他们在互联网上感受人类文明优秀成果的同时,也遭受着各种思想文化对其价值观的冲击。一味听信一些西方国家肆意鼓吹的意识形态和文明理念、过度沉迷于网络中的虚拟世界,都会腐蚀学生的思想观念,影响学生做出错误的判断,让学生出现人格扭曲、民族意识淡化的现象,严重偏离社会主义核心价值观,这对于学生的就业规划、职业发展是极其不利的。

国外职业生涯专家先后提出了职业发展阶段理论、工作适应理论和职业锚理论,在理论研究上已经形成了特有的体系,丰富的理论指导下的职业生涯教育实践活动也极为多彩。无论是理论还是实践,都需要以人为本,真正依靠职业者的力量实现改变。传统美德作为我国特有的文化内涵,对于人的内在影响是极其深远的,既能够端正价值观,又能够为职业做出全面指导。但就目前看来,我国职业生涯教育仍然主要遵循国外理论,而对于本土化的传统美德资源挖掘不够,无法建立起有效的教育体系,使传统美德所能够发挥的指导作用十分有限。由此可见,中国传统美德在大学生职业生涯教育中的作用,仍然尚待加强。

四、基于中华传统美德进行大学生职业生涯教育的优化措施

基于中华传统美德进行大学生职业生涯教育,关键在于让学生感受到中华传统美德的博大精深。让学生在多种形式中体会到中华传统美德的内涵,并将这种美德融入到自我职业生涯规划中,才是最为有效的教育方式。

1. 在阅读经典著作中体会美德完善人格

教师应带领学生多读书、读好书,让学生将经典中的高尚品德内化为自身的人文素养,并将书中的高尚品德与自我行为作对比,通过反省自身,养成良好的个人习惯,在日常生活中注意自己言行举止的影响。教师应当在此过程中树立以德育人的教学观念,让学生在阅读经典中为未来的职业发展培养良好的行为习惯和人文素养。

例如,教师可以举办"朗读经典"活动,让学生分享朗读感悟,在潜移默化中将中华传统美德融入自身行为,让学生在《大禹谟》中感受"满招损,谦受益"传递的谦逊品德,体会中华民族的礼仪精神;在职场上面对金钱和权力时,能够拿得起放得下,不虚荣;从"和德"中体会待人接物应该讲究"和气",与人交往时应该和睦,在价值取向上应该和谐;从《论语》中学会三省吾身、防微杜渐。"礼""谦""和"都是中华传统美德,对学生个人品性的形成有重要的影响。

2. 在民族美德教育中提高自我认知

中华传统美德对于个人提高自我认知有很大帮助。中华传统美德教育能让学生找到传统美德中遗留下来的精华,修养自身的德行,改善自身的言谈举止,并在此过程中了解自我、认识自我,明确自身存在的价值,在潜移默化中形成良好的品德,从而更容易获得用人单位的青睐。

例如,"人贵有自知之明""知人者智,自知者明"都让我们明白每个人都要了解自己,明白自身的优劣所在。而只有了解自己真正喜欢什么、想要什么、想要做什么,才能让学生培养自己的兴趣爱好,树立自己的远大理想。在经过深入的自我分析与定位之后,可以取长补短,进而对自我价值与能力进行评估,通过各种方式培养自身道德素养与专业技能,让自己以后的职业发展有更多的选择,在人才市场上形成多维度竞争,做自己喜欢的工作。

3. 在美德历史讲座中让学生树立不同的择业观

在中国文化发展史上,有许多新生职业,同时也有许多令人称赞的职业美德,都可以给学生职业生涯提供借鉴。那些敢于打破传统观念、敢于创新的人,即使在最恶劣的环境下,也会走自己想走的道路,选自己想要选择的方向;那些拥有赞誉的人,在职业道路上走得更远。将职业生涯教育与中国传统美德相结合,能让学生在继承和弘扬传统

美德的同时,也能够为自己的人生选择多一份创新和挑战。

例如,在民族危机日益加重的情况下,实业家张謇没有拘泥于传统,而是敢于打破规则,不向帝国主义屈服,选择了"实业救国"的道路。他利用通州地理条件,就地取材,利用与政权的关系,得到政府的支持,想尽一切办法,四处集资,最终创办了属于中国人自己的纱厂——大生纱厂。在他的悉心经营、不懈努力之下,大生纱厂成为国内华资纱厂中唯一成功的工厂。当纱厂开到一定规模之后,张謇没有继续谋利,而是选择拿赚到的钱兴办新式教育,让当时的中国借鉴国外教育体系,建立起一个较为完整的教育网。张謇不畏艰难的非凡胆识和勇于开拓的爱国热情给当代大学生在职业选择上提供了借鉴,促使当代大学生敢于将自己的智慧变现为价值,实现自己的理想。

4. 在社会实践活动中认识社会发展现状

当前大学生对职业生涯规划存在迷茫,而这种迷茫和恐惧来源于对未知社会的不了解,同时大学生往往眼高手低,希望毕业后成为社会精英。这都是出于对社会现实状况的不了解,以及受当前社会急功近利风气的影响。在社会实践活动中带领学生了解中华传统美德,让学生脚踏实地办实事、不断进取不服输,为以后的职业生涯做好思想准备。

例如,教师可以组织学生参观民族文化基地,"红色精神"博物馆参观,让学生感受到各个时期中华传统美德对人类社会发展的重要作用。同时,教师也可以组织学生到利用传统美德进行管理的成功企业中参观学习,让学生了解真实的社会环境。让学生在中华传统美德教育中影响自身的价值判断和思想观念,认清社会现实,提高自身的职业生涯规划的可实践性。

总之,中华传统美德对学生的职业生涯教育的影响是巨大的,它为当代大学生提供了精神营养。教师应该探索多种教学模式,实现中华传统美德教育与职业生涯教育相融合,让学生在学习传统美德过程中提高自我认知能力,确立职业规划的方向,提高在就业市场上的核心竞争力,为毕业后的发展做好准备,通过多种途径实现人生价值。

【参考文献】

[1] 陈晓业.浅议中华优秀传统文化对高职大学生职业生涯规划的作用[J].亚太教育,2015(14).

[2] 郭敖鸿.基于学风建设的大学生职业生涯规划教育研究[J].中国成人教育,2015(22).

[3] 胡际春.弘扬张謇创业精神推动南通民营经济转型升级的思考[J].江海纵横,2015(1).

[4] 金国雄,于娜娜.大学生学业规划教育与职业生涯教育模式的探索[J].中国高等教育,2008(18)

[5] 刘金升.基于职业生涯规划教育的大学生就业指导研究[J].林区教学,2010(11).

[6] 吴荣政.中国传统文化与修身、齐家、治国[J].中国文化研究,2001(4).

[7] 肖映辉,郑容容.仁义礼智信与中国传统美德[J].大观周刊,2012(47).

［8］周云婷.浅析中华传统文化在高职学生就业指导中的作用[J].南通职业大学学报,2011,25(4).

【作者简介】

张华,上海外国语大学贤达经济人文学院外语学院辅导员。

第三编
职业生涯教育思政化的探索与拓展

基于 PBL 的"职业生涯规划"线上线下
混合式教学改革探索

高红霞　何妍蓉

"职业生涯规划"课程是教育部明文要求开设的通识课程,旨在赋予学生持续发展的能力,尤其是就业竞争力。信息技术的高度发展、学生对网络知识的偏爱、多媒体的广泛应用等因素,使得传统的线下单一的教学模式受到了挑战,而单纯的线上课程也存在这样或者那样的不足。因此,作者所在的职业生涯教研室教学团队在上海市"民创"项目支撑下,进行了 3 年多的课程思政导向的线上线下混合教学改革探索。针对教学中普遍存在的知识传授为主、价值塑造不足、学习驱动不够等问题,融合"基于产出的教育"(outcome based education,OBE)、"带着问题的学习"(problem-based learning,PBL)、"朋辈慕课学习"(peer MOOC learning)、"支架教学"(scaffolding instruction)等教育教学法,建立了完整的线上线下混合式课程思政教学体系。实现了教育部三位一体的教学要求,也对标了金课的两性一度,并取得了明显的改革成效。本文聚焦基于 PBL 的混合式教学改革,从混合式教学改革背景、混合式教学方案设计等方面展开论述。

一、问题的提出:"职业生涯规划"混合式教学改革背景

我国高等教育的根本任务在于"立德树人",课程恰恰是这种人才培养标准的具体化、操作化和目标化。当前大学教育体系中存在普遍意义的短板和瓶颈,反映在开设课程的低层次、教学方法的陈旧。为改变这种局面,教育部高教司提出了"两性一度"的"金课"标准,即课程教育的"高阶性、创新性、挑战度"。所谓"高阶性"就是知识能力素质的有机融合,是要培养学生解决复杂问题的综合能力和高级思维。所谓"创新性"指的是课程内容要反映前沿性和时代性,教学形式呈现先进性和互动性,学习结果具有探究性和个性化。所谓"挑战度"就是要求课程有一定难度,鼓励教师要挑战自我,要跟上社会的需求,要掌握新技术和知识,并将之积极应用在人才培养上。对"两性一度"指导下如何实现"金课"有着明确的 5 个教学战术,即高质量线下教学、线上教学、线下线上混合式教学、虚拟仿真教学以及社会实践教学。"职业生涯规划"课程思政与混合式教学模式改革与上述要求相匹配,但对于民办高校的教学双方来说,按国家的这一标准实

施确实存在着一定的难度。为了更好地设计课程的教学模式,有必要对目前所面临的问题进行因素分析,在此基础上提出行之有效的模式。首先对采用传统教学法经常遇到的教学问题和学生的素质问题展开探讨。

(一) 传统教学法所遇的教学问题与学生的素质问题

传统的教学法往往导致着一些严重的教学问题,比如学生学习驱动力不足、自觉学习的主观能动性不高,表现为在课堂上低头率较高,在课堂外更是自由散漫。当学生的表现不尽如人意时,人们往往误会当代大学生的整体素质下降。其实不然,随着社会的进步,特别是物质精神等方面的跃进、教育条件的改善,大学生的整体素质还是上升的,大数据证明了这一事实(见图1)。

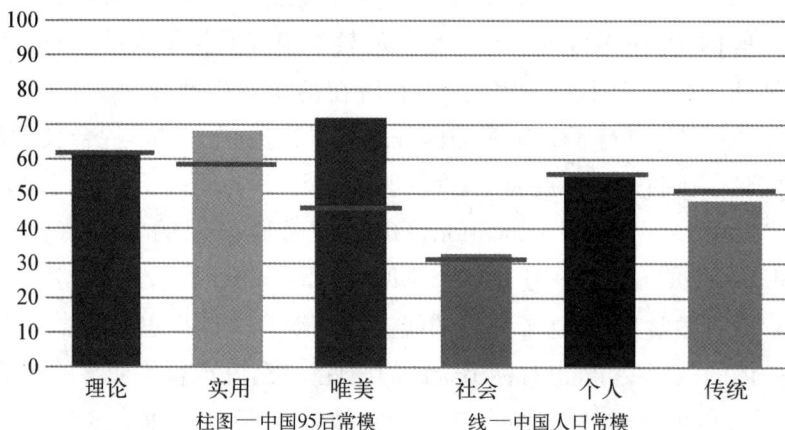

注:常模是一种因素比较的标准量,即某一标准化因数样本的平均数和标准差。

图 1 我国 95 后与整体国民激励因子的常模比较

(资料来源: TTI China 数据库,截至 2020 年 4 月。)

TTI China 公布的大数据分析表明,95 后新生代的 3 个激励因子(即诱导个人去努力的各种个人行为因素)——唯美因素、实用因素和社会因素普遍比整体国民高,理论因素、个人因素和整体国民一样,只有传统因素相对低一些。根据 TTI China 的进一步解释,高于社会大众的第一激励因子"唯美导向",主要在乎感官的享受、良好体验感,因而提升课程的"颜值"对于目前的课程教学改革是必要的。"实用导向"是 95 后第二个高于大众人群的激励因子,这表明 95 后在乎投资回报率、实际解决方案、提升激励的即时反馈、教学内容的可行性,这点对于课程教改提供了非常重要的启发。第三个高于大众人群的激励因子"社会导向"表明 95 后在乎无私助人,这启示我们要在课程教学中鼓励运用朋辈互助的学习方法,这也是混合式教学改革第三方面的追求。根据上述"两性一度"金课标准和 95 后 3 个超常激励因子的大数据依据,可以确立"职业生涯规划"混合式教学的基本改革思路。

(二)"职业生涯规划"混合式教学改革的基本思路

这个思路有 3 个核心。

第一,着眼于内驱力,实现课程思政与混合式教学相结合的改革措施,以课程思政的价值塑造激发与"社会导向"相一致的内驱力,实现立德树人、赋魂赋能一炮双响。

第二,提升混合式教学表现的颜值,即根据"唯美导向",通过在线课程制作和课程形象识别等方式提升课程的可视性,以激励学生的内驱力,最大程度改善学生的学习体验。

第三,实施混合式教学行动教学方案,即推出线上课程,允许学生自学,基于"实用导向"的行动教学法,提供更多的务实的生涯体验活动,同时用"幸福花"进行时激励的外部驱动方式来不断推动学生的职业生涯的正向追求。

二、"职业生涯规划"混合式教学方案设计

(一)"职业生涯规划"混合式教学目标

根据以上所述的"职业生涯规划"混合式教学的基本改革思路,首先必要确立"职业生涯规划"课程中混合式教学的目标。

2020 年 5 月底,教育部出台的《高等学校课程思政建设指导纲要》中明确提出:"落实立德树人根本任务,课程必须将价值塑造、知识传授和能力培养三者融为一体。"为此,本项目的课程设计中,主选 OBE,把这一理念贯穿到上述人才培养目标的落实中。

在 OBE 的理念下,人们提出了一个"洋葱模型"(见图 2),在这个理念模型中,核心

图 2　OBE 视域下的"洋葱模型"

是学生的幸福增值,外面的个层分分围绕其"葱芯"展开。这可以解释为以学生为中心进行利益相关人的需求分析,采取最大公约数策略,确立本课程的教学呼应,同时聚焦新时代社会主要发展的需求和矛盾,运用"美德拉近幸福、优势获得幸福"的机理,以实现课程三位一体的教学总目标——促进学生的幸福增值。具体分解为:

① 价值塑造目标(为何):唤醒家国情怀,传承美德优势,缓解新时代社会主要矛盾,解决社会的需求,达到社会发展和个人生涯成就的协同;

② 知识传授目标(什么):应用生涯管理知识和信息,创作幸福生涯规划书;

③ 能力培养目标(如何):提升幸福力,具体包含"三基三高","三基"指的是三项基础能力——执行力、自控力和协作力;"三高"指的是三项高阶能力——前瞻力、创造力、和领导力。

(二)"职业生涯规划"混合式教学设计流程

基于上述的教学理念的混合式教学方案设计流程可以用图3来表示。

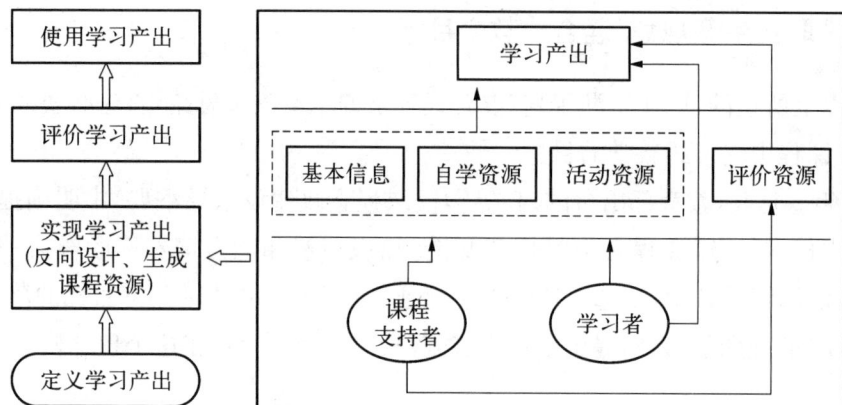

图3 基于 OBE 理念的混合式教学方案设计流程图

(资料来源:柏晶,谢幼如,李伟,等."互联网+"时代基于 OBE 理念的在线开放课程资源结构模型研究[J].中国电化教育,2017(1).)

流程左侧是整个教学培养的管理和决策体系,这个体系包括学习产出的定义、运作和管理、评估,以及最终教学成果(学生就业和对社会的贡献)。这些管理系统是由学校各个部门、院系、教务处、党政机构和社团、就业办、创新创业办,以及校友会等机构所组成,在整个教学过程中起到一个非常重要的作用。

在上述设计过程中有三大要素:学习成果产出、教学资源投入、教学主体(主要是学习者与教学支持者)。这三个要素构建成三个层面,具体如表1所示。

表1 实现学习产出的混合式教学资源层级表

层 级	要 素	资 源
第一层 (基础层)	学习者	上海民办高校联盟的所有学生
	教学支持者	骨干教师、教务处、在线课程中心、上海民办高校联盟各高校
第二层 (中间层)	信息资源	课程信息、课程公告、课程大纲、教学进度表、课程思政与行动教学方案
	自学资源	在线视频、在线课后测试、在线课程学习论坛、在线资料库、校本教材
	活动资源	三件好事、生涯人物、私董会、职业生涯社团、生涯规划大赛、最佳雇主
	评价资源	虚拟仿真、行动教学方案
第三层 (成果层)	学习产出	① 职业生涯规划书：通过描述幸福生涯愿景获得内驱力，通过澄清美德与优势找到获得幸福的路径，通过自我认知、职场认知、设计自我、规划自我、计划自我、管理自我、实现自我逐章完成规划，实现每章进步一点点 ② 21天三件好事：通过计划——实施——反思系统化打卡，逐步提升三基三高能力，实现每天进步一点点 ③ 成长私董会：采用朋辈学习法，通过团队每周的运作与复盘，逐步提升"三基三高"能力，实现每周进步一点点

三、基于 PBL 的"职业生涯规划"混合式教学方案的实现

在完成上述教学设计和流程之后，必须考虑该方案的实施，即确保教学方案的可实现性，具体体现在混合式教学法的落实。这门课程主要采用了基于问题的学习方法，也就是倡导带着问题来学习。另外还要注意落实教学的安排以及时间的分配。

(一) 基于 PBL 的"职业生涯规划"混合式教学思路

PBL 是指让学生通过不一定有正确答案的真实性问题而获取知识，是由理解和解决问题的活动构成的一种教学方式。这个概念最早是由美国神经病学教授霍华德·巴罗(Howard Barrows)在1969年提出的。最初它只是应用于医学教学中，提倡以医学院的学生为主体，以小组讨论为形式，在辅导教师的参与下，围绕某一专题或具体病例的诊治等问题进行研究和学习。目前，这一教学方式已经广泛运用于各门课程的教学。

就"职业生涯规划"混合式教学而言，积累职业生涯方面的基础知识首先要预习，很多情况下这完全可以通过在线教育综合平台完成，从而教师可以充分利用 MOOC 教学的优势，根据学生的在线访问时间、学习轨迹以及课堂参与度等对学情进行跟踪管理，实现进行教学效果预估。预习节省了课堂讲授所占用的时间，从而线下课堂可主要用

于讨论问题和应用实践,实现"一分知识、二分讨论、三分实践"的混合式教学安排,大大提升教学成效。总之,基于 PBL 的混合式教学借助了 MOOC 优质教学资源平台,将不同的学习方式植入不同授课时段中,充分发挥 PBL 教学模式对学生创新和实践能力的培养作用,最终形成一种有特色的融合性教学方式。

(二)"职业生涯规划"混合式教学设计

根据戴尔学习成效金字塔的启示,要提高教学成效,就应该让传统的"讲授教学法"让位于"讨论教学法"和"行动教学法",让传统的埋头读书的知识学习转移为线上为主的知识自学,课堂的语言主讲方式让位于行动教学。为此"职业生涯规划"进行了"一分知识、两分讨论、七分实践"的教学框架安排,以在线课程学习为主的"一分知识"为先导,以"两分讨论"的"三问三答"①作为桥梁,融合线上与线下教学,以行动教学将知识落实于应用。"职业生涯规划"混合式教学的分章具体安排如表 2 所示。

表 2 "职业生涯规划"混合式教学的总体教学安排

在线为主: 一分知识+二分讨论 (三问三答)	线上线下结合: 七分实践	线下为主:七分实践	
章视频+章测试+ 章讨论	职业生涯规划书撰写	课上行动学习	
第一章"我的幸福"	我的幸福愿景	成长私董会建设	21 天三件好事打卡
第二章"盘点自我"	我的自我分析	美德优势交换	21 天三件好事打卡
第三章"洞悉职场"	我的世界分析	专业职业地图	寻访我的生涯楷模
第四章"设计自我"	我的职涯设计	我的 SWOT 分析	我的社会学习经验
第五章"规划自我"	我的生涯规划	生涯角色知多少	十年生涯幻游
第六章"计划自我"	我的学涯计划	致敬我的大学四年	致敬我的学长学姐
第七章"管理自我"	我的规划调整	打破框框砸核桃	参加双创训练计划
第八章"实现自我"	我的结课感言	设计学涯成就故事	参加幸福生涯大赛

一分知识(线上为主,线下为辅):MOOC(智慧树)在线视频、章测试、课程资料,辅以配套教材(线下纸质版也可线上电子版);以"三问三答"作为该部分学习效果的检验,

---

① "三问三答"改造于复旦大学心理学系张学新教授的"对分课堂"教学法,指对所学内容"亮闪闪、考考你、帮帮我"的问答,正好涵盖了课程的重点、心得与难点。

同时连接线上(BBS)和"两分讨论"(可线下或者 SPOC)。

　　两分讨论(线上为主,线下为辅):师生在线 BBS 讨论、成长私董会小组讨论(SPOC或者线下课堂)、课堂讨论(SPOC 或者线下课堂),同时作为线下课堂或 SPOC 教学的前测。

　　七分实践(课上课下并举):课堂行动教学(30%)+课后生涯规划书撰写(40%)+课外实践活动(加分项,如社团、训练、调研、比赛等)。

(三)"职业生涯规划"混合式教学的课例安排

　　混合式教学是一种以学生为中心的教学方式,为了增强多种教学资源多主体之间的协调配合,需要比传统教学更加精细的备课。以"职业生涯规划"第一章为例,其混合式教学安排如表 3 所示。

表 3　基于 PBL 的 721 混合式教学设计:以第一章我的幸福为例

教学框架	时间配置		
	课前 MOOC(智慧树)	课中 课堂+班级群+类 SPOC	课后 MOOC+类 SPOC+ 宿舍+私董会群
一分 知识	内容:视频+章测试+电子教材 评价:个人 4 朵幸福花	算算我的幸福花: 奖励我哪一个幸福元素?	课外补充:黄天中《职业生涯规划:体验式教学》
二分 讨论	内容:BBS 三问三答 评价:个人 2～5 朵幸福花	内容:规划书第一部分亮考帮 评价:个人 1～2 朵幸福花	课外补充:继续三问三答和规划书第一部分亮考帮
七分 实践	内容:规划书第一部分我的幸福电子稿 评价:个人 2 朵幸福花	内容:成长私董会建设 评价:团队 1～3 朵幸福花	内容:21 天三件好事打卡 评价:个人 7 天 7 朵幸福花

　　"职业生涯规划"混合式教学方案是一种以线上课程预习为先导,以课堂行动学习为主体的教学模式。这一教学模式对于学习内驱力不足、学习能力不强的民办高校学生和教师来说,都是一个巨大的挑战。因此,这一教学改革必须有以下两大教改策略来支撑:支架教学策略和 CIS 课程形象识别体系。

　　"职业生涯规划"混合式教学改革已经进行到了第四轮,从原先的冷拼盘逐步优化,期待早日达到水乳交融的境界。应当说,课程与思政的有机融合度已经基本达标,相比之下线上与线下的混合教学的融合程度还有待继续提升。比如,在线教学部分的一分知识和两分讨论的预习,进入状态需要两周的时间,七分实践操作质量在成长私董会团队和教学班级间差异较大,需要深入研究以提升效率和质量。期待在不远的将来,通过建设"云智涯"大学生职业生涯发展线上虚拟仿真平台,能够构建更加完整的在线职业生涯辅导体系,以实现更佳的线上线下教学混合效果。

【参考文献】

[1] 高红霞,何妍蓉.一朵"幸福花"蕴涵的学习增值探索——"立德树人"视域下职业生涯课程思政教学改革[J].生涯发展教育研究,2019(4).

[2] 中华人民共和国教育部.高等学校课程思政建设指导纲要[EB/OL].(2020-6-03)http://www.moe.gov.cn/srcsite/A08/s7056/202006/t20200603_462437.html.

[3] 孙易,梁丹.基于 MOOC 的多元混合教学模式研究[J].教育现代化,2019,6(87).

[4] 吴曼.支架式教学模式原则浅谈[J].长春教育学院学报,2010,26(4).

【作者简介】

高红霞,上海杉达学院创新与创业学院职业生涯教研室主任,副教授。研究方向为职业生涯教育。

何妍蓉,上海杉达学院国际医学技术学院党总支副书记,讲师。研究方向为职业生涯教育。

大学生职业生涯课程的混合式教学设计研究
——以上海杉达学院为例

刘婷婷

随着信息技术的高速发展和教育信息化的不断深入,用"技术支持学习"已成为国内外教育发展和课程整合的主要趋势。这也推动着高校在线课程的不断发展,在线课程学习已成为学生自主学习的重要方式,以及大学生获取知识和培养能力的一种新途径。本文研究的是如何以混合式在线课程为主要手段设计大学生职业生涯课程。

一、混合式在线课程

21世纪初,"混合学习"的概念诞生。2006年,美国印第安纳大学柯蒂斯·邦克教授在他的《混合学习手册:全球化视野、本地化设计》(*Handbook of Blended Learning: Global Perspectives, Local Designs*)一书中确定了"混合学习"的内涵。他提出:"'混合学习'是教学领域的一个专有概念,因此我们认为把'混合学习'界定在'面对面教学与在线学习的结合'(a combination of face-to-face instruction with online learning)这样的一个范围内是恰当的。"坚持"混合学习"这个设计理念是为了能够使面授学习与在线学习的优势充分相结合。在线学习能够实现学习空间与时间的无限拓展,适应不同学生的学习要求,而面授学习可以弥补在线学习直接交互的缺陷,提高学习效率。

混合式在线课程作为在线教育的重要组成部分,使教学模式由"完全面授"和"完全在线"向"在线课程＋面授指导"转变。与面授指导和完全在线课程相比,混合式在线课程能够更有效地优化学生的学习效果。

在线课程以学生为学习主体,大多数情况下学生完成在线课程的视频观看和在线测试就可完成学习任务,教师在过程中仅发挥指导和引导的较小作用;而混合式在线课程既坚持了学习者的主体地位,同时又加大了教师对学习者的面授指导力度,教师在过程中发挥"教练"的重要作用。在线课程较面授课程相对"自由化",由学生自定进度。在线学习平台提供的学习资源及学习活动,学生只需在截止日期前完成即可;而混合式在线学习课程由教师控制整体学习进度,学生需要按照教师的要求在一定时间范围内进行自主学习。在线课程主要是让学生通过网络平台进行人机交互学习,注重对学习资源和学生学习的过程管理;而混合式在线课程在要求学生进行人机交互学习的基础上,更强调通过建立团队的交流、互动,完成学习任务,注重对学习资源、人机交互、学习活动的设计与管理。

二、大学生职业生涯课程设置

职业生涯教育指学校开展的有关职业生涯的教学活动,主要目的是帮助学生了解自我,进行相应的知识和技能训练,培养社会意识、获得职业决策、管理职业生涯等能力。

英国 2017 年发布的《职业生涯战略》提出要从几个主要方面为人们提供帮助:了解自己的选择和不同的达成路径,规划自己的职业路线和步骤;对可能还不存在的,自己还不了解的新机会,或是还不能实现的想法保持兴趣和好奇心;充分了解并利用自己具备的知识和技能,并知道如何将它们运用到个人工作当中;不管自己的年龄、能力和背景如何,在工作中要让自己拥有获得感,并且要坚持、要进步;通过做自己擅长和喜欢的工作,在整个职业生涯中增加个人劳动所得,并获得满足感。

现在我国高校普遍的大学生职业生涯课程是在心理学、教育学、社会学、管理学等相关理论指导下设置的实践性极强的课程。它以社会认知生涯理论为基本框架,整合职业类型、职业发展阶段、职业锚、胜任力、社会化、创造力等相关理论或者模型,关注大学生自我发展现状,联系职场、学校、家庭和社会的实际,涵盖理论、活动、程序、方法、案例等多方面内容,是一门新型的应用性课程。大学生职业生涯课程从自我探索、职业探索、职业素养、就业指导和职业生涯行动等方面,帮助学生获得解决职业生涯困惑的思维方法,学会如何澄清自己的内心需求、如何在十字路口做出正确选择,为收获理想的职业生涯做好准备。

该课程在大学生成长过程中发挥着衔接中学和大学、大学和职场、大学专业课程和素质课程、第一课堂和第二课堂的桥梁纽带作用,其任务是灵活运用讲授、启发、互动、感悟、测量、调研等教学手段,阐明或展示职业生涯发展的原理、规程、方法和策略。

三、上海杉达学院大学生职业生涯课程设置特点

上海杉达学院职业生涯教学团队适应职业生涯课程在低年级"早播种、早唤醒、早创造"的教学规律,从 2013 年开始以必修课形式推广至全校。教学团队设置了两个小班,进行小班化教学,学生上课频率为每周一次或者每两周一次。教学团队由资深教授带领长期在学生工作一线的辅导员组成,采取集体备课、共享教案、分工制作教学课件等团队协作方式授课。

(一) 课堂教学内容设置有特色

上海杉达学院职业生涯课程具有很有效的唤醒环节,对于每个知识模块都能提供必要的唤醒,来帮助激发学生内在的学习动力,提高学生对课程的认同和参与感,如课

堂半职场化、组长领导制、学长学姐案例分享等。课程教学理论基于匹配取向、发展取向、社会取向和积极取向 4 个方面,课程内容分为认知板块、规划板块和实践板块 3 个方面,帮助学生在充分认知的基础上,在一定环境条件下,有意识地对职业生涯开展规划、开发、调控和实现,实现有效的职业生涯管理。

(二) 注重体验式教学

上海杉达学院职业生涯课程以 2 个小班的课堂教学为主,课程初期将学生划分为几个 8～10 人小组,以职业兴趣岛的测试结果来组建团队,选举组长,确定小组名称、口号和分工,课程全程以小组团队形式就座、回答问题、讨论、展示课堂成果等。每节课程设置学生体验环节,课上有小组展示、现场测试分享、小组讨论等形式,课后有小组访谈职业生涯人物、制作小组宣传课件、双创项目建设等,学生在课上课下能够发挥个人和小组的主动性。

(三) 使用自身编撰的教材

教材由教学团队一线老师共同编撰,教材内的实例大多出自本校的学生,具有很强的感染力。教材的设置除了课程核心内容,还设置了"我的生涯加油站",为学生提供了牛涯阅读、生涯实践、生涯技能、生涯视频和生涯书目,丰富的资源为学生自主学习提供多角度的知识支撑。

笔者对上海杉达学院 2018 级正在上职业生涯课程的学生进行了问卷调研。调查显示,89％的学生认为职业生涯课程对于自我规划是有帮助的。82％的学生能够接受以观看视频的方式来学习该课程,而对于观看视频的时长,74％的学生希望控制在 10 分钟以内。在调查表中我们还可以看到 60.53％的学生希望观看时间放在课堂上,15.79％的学生希望放在晚自习,23.68％的学生希望能够自主选择观看时间。在希望观看视频时能够增加的互动环节里,43.86％的学生选择了学生提问,25.44％选择了教师提问。学生还希望在课程中能够增加小组讨论(59.65％)、主题演讲(25.44％)、案例交流(47.37％)、各类职规能力测试(58.77％)等,可以看出学生对于课堂的开放性、参与性有着很大的需求。

四、混合式在线课程在大学生职业生涯课程上的开发与实践

学生完成知识构建并获取技能主要通过混合式在线课程分配特定学习任务。这种教学方式是将学习任务作为学习线索,对学习任务实施"预设—任务与案例分析—实施并指导—完成并总结"等教学环节的教学模式。大学生职业生涯课程适合混合式在线课程设计,因为该门课程更注重体验式的互动,贯穿"将课堂还给学生"的理念,将知识点凝缩在微课中,将任务布置在课堂内完成,既保留了在线课程可自主选择学习时间、

可重复观看的优势,又能充分发挥学生的自主能动性,将课堂时间变成学生以任务驱动方式来消化、理解知识点,建构学习与实践相融合的知识应用过程。

(一) 设计微课 10 分钟＋课堂 35 分钟的基本模式

教学单元的时间设置,既要达成教学目标,又要维持学习者的注意力。学生面对网络环境和课堂环境,注意水平是有所不同的。这是单纯的在线课程碰到的最大的障碍。学生在网络上面对的不仅仅只是一个学习窗口,多个窗口弹出的学习模式使得他们随时面临多种选择。频繁的注意分散和转移将直接影响学习效率,尤其是较为陌生或困难的科目。另外,由于网络学习的自主性,面对环境周边的诱惑干扰,学生注意力的维持会受到很大的影响。因此,网络课程普遍采用了微课视频教学单元。微课具有时长适量、存储空间较小、学习过程循序渐进的特点。为了便于学生在移动设备上学习,大多数学习视频占用的贮存空间较小(一般几十兆),时长在 10 分钟左右,一般不超过 20分钟。为形成多维学习刺激,在教学内容上微课力求多手段、多角度、多形式地呈现;在教学进度上采取"小步子"原则,一两个知识点通过一个微课视频来讲解,一个章节通过一组微课视频来分析,多个章节就会通过多组微课视频呈现出一个较为完整的知识体系。

在课堂环境下,"他人在场"的群体效应有利于学习氛围的营造与持续,特别是可以通过团队建设、小组分享、大组游戏等方式形成教学互动和交流,这些都构成围绕学习内容的良性刺激。教师在课堂中可以根据各专业各阶段学生的"当下"情境,通过调节讲课内容、改变语音语调或是直接提示提醒等方式在相当程度上把控学生的注意力。因此,学校课堂的环境刺激要远远高于网络课堂,学习者可以获得较长的注意集中时间,保证学习内容的系统性完整性。40～60 分钟是被经验证明和普遍认可的课堂教学时长。

因此,对于大学生职业生涯课程,我们设计了"微课 10 分钟＋课堂 35 分钟"的基本模式。将每堂课的知识点全部融入微课视频中,每个知识模块以清晰的知识地图呈现知识结点之间的逻辑关系和资源的分布情况。设计出两个层次的学习任务,分别支持面向知识点的学习和综合问题解决能力的培养:在课堂上设置面向知识点的小任务,有利于学生及时检查学习进度,进行自我诊断;综合型任务则属于拓展性任务,有利于学生拓展和提高。综合设计后的团体辅导的方式运用在大学生职业生涯课堂上,将会提高生涯理论的应用效果。

微课还可以建立针对性强的生涯人物库。在大学阶段,学生往往以观察学习为主,他们有很强的领悟力,会将他人的成功经历作为自己学习的动力并进行模仿,进而明确自己的职业方向。如果各个高校能够基于本校完善各专业生涯人物访谈库,就能为学生树立可信可仿的职业榜样。特别是就上海杉达学院这个层次的本科院校而言,学生在职业选择中会因不是名校毕业,竞争对手层次较高而感到底气不足。所以过于高大上的榜样并不能带给他们深刻的触动,而身边的榜样却可以激发他们的信心,成为他们的动力,促进学生生涯规划和积极行动。

(二) 设计情境体验式学习活动

知识是在特定情境中建构的。体验学习的真实过程,才能促进有效学习。因此,我们应将学生置于具体的学习情境中,引导学生开展社会化交互活动,并基于课程目标、知识体系设计一系列完整的拟真学习活动或任务。活动或任务应包括案例或游戏导学,以激发学习者的兴趣;应重点关注具有一定开放性的任务(如价值观拍卖、职业生涯人物访谈等),以推进学生知识意义的建构与应用。同时,基于资源供给及技术支持服务,构建虚拟活动情境(如兴趣岛岛主竞选、模拟公司、双创项目申报等),推动学习者融入情境;基于社会交互服务(如家庭树、职业树的建构),进行合理分组,推动学习小组的信息交流、成员流动、资源共享。并且,学生可从在线课程中得到一定的归属感。在线学习过程中,教师及助教团队会全过程参与,教师的情感支持与认可极易被学生捕捉、反馈。同时,为了切实提升学生的在线情境体验及实践操作能力,大学生职业生涯课程设计了认识职场幸福、盘点自我、洞悉职场、设计自我、规划自我、计划自我、管理自我和实现自我等八大实践模块,并根据每章节的知识点,设置情景式游戏、小组讨论、小组展示,如价值观拍卖、美德优势交换、生涯彩虹图展示、创新创业项目孵化、无领导小组面试等。

(三) 课内讨论——教学组织的关键

课内讨论是将自主学习中个性化的认知与他人进行交流或就某个知识点、技能点的疑惑求教于他人,以便加速形成"内化吸收"的过程。营造情感认同、平和关爱、积极体验的课堂互动氛围是开展课内讨论的前提,也是课内讨论顺利进行的保障。在课程设计中要坚持运用各种探索性活动,创造机会让学生开口说自己的经历、自己的思考,让体验真正回归到学生本身。学生思想较为单纯,并且处事较为感性,老师应想方设法形成师生间亲切、自然的关系,通过亲近学生,拉近师生距离,促进情感认同。课内讨论不仅是为了学习的交流与分享,还能使讨论者的思想进行碰撞。所以老师要鼓励学生敢于发表意见,敞开心扉积极讨论,从中体验讨论的乐趣和与他人分享的快乐。

(四) 教师的角色转变

混合式在线课程的实施使得教师与学生形成一个学习共同体,由学生与教师共同完成学习任务。课堂不再是教师一个人的舞台。在持续的混合式在线课程的课堂实践中,教师提供学习资源、学习方法与学习任务的同时,还能够积累大量由学生而生发的教学案例等，为后续的课程教学提供新的学习资源。而教师的角色从专家型的授课教师转型成为以引导、挖掘学生自身的能量的"教练"。当教师在课堂逐步帮助学生建立清晰的自我概念、发现自己优势部分的时候，学生才能开启有效的行动，梳理职业生涯目标，去实现个人的价值。

【参考文献】

［1］刘斌.基于在线课程的混合式教学设计与实践探索［J］.中国教育信息化，2016(11).

［2］潘懋元，罗丹.高校教师发展简论［J］.中国大学教学，2007(1).

［3］王莉，高秋霞.地方院校大学生在线课程学习性投入现状及对策研究［J］.甘肃科技纵横，2017(2).

［4］谢银迪.英国：发布中学职业生涯教育指南［EB/OL］. http://www.jyb.cn/zgjsb/201805/t20180502_1058565.html，2018-05-02.

［5］张子瑾，王建明.混合式在线课程学习活动设计研究［J］.软件导刊·教育技术，2017,16(6).

【作者简介】

刘婷婷，上海杉达学院创新与创业学院职业生涯教研室，助理研究员。

体验式教学在高校职业生涯
规划教育中的应用研究

祝伟华

一、问题提出

为更好地提高大学生就业核心竞争力,2007 年,教育部下发了《大学生职业发展与就业指导课程教学要求》,明确提出将大学生职业发展与就业指导课列入教学计划。自2008 年起,各地高校纷纷将职业生涯规划与就业指导作为一门公共课引入课堂。与国外相比,我国职业发展教育起步相对较晚。早在 1999 年,墨西哥有了世界上第一家儿童职业体验主题公园,职业体验机构也成为继迪士尼之后孩子们的另一个乐园。1999年 12 月,日本中央教育审议会在《改善初等、中等教育与高等教育的衔接》咨询报告中,坚持"学校教育与职业生活的衔接",首次提出了"职业体验教育",并制定了《为年轻人自立、挑战的行动计划》,要求学校大力推进职业体验教育,开展 5 天以上的"体验启动周"活动。美国的"职业日"、日本的"体验周"值得我们借鉴。我国于 2007 年引入青少年职业体验,并在杭州、上海、北京、长沙、哈尔滨、昆明等地相继开办了 13 家职业体验馆。

职业体验模式的实质就是体验教育和体验学习。相对而言,我国职业生涯规划教育还处在起步阶段,较多停留在职业规划与就业指导的知识灌输层面上,尚未真正形成理论与实践相结合的职业发展教育工作体系。尽管一些学校也在积极探索职业指导的实践性内容,如安排就业实习、暑期社会实践等,但更多的是专业实践和社会活动,而不是职业生涯教育,还有一些职业体验流于形式,没有达到预期的目的。如何将体验式教学引入到职业发展教育中来,在帮助学生掌握职业规划知识和就业方法的同时,通过职业体验,唤醒学生职业生涯意识、提高职业素养、增强职业适应力,是一个值得关注和探讨的重要课题。

二、体验式教学的概念阐述

体验式教学是指在教学过程中,根据学生的认知特点和规律,通过创造实际的或重复经历的情境和机会,呈现或再现、还原教学内容,使学生在亲历的过程中理解并建构知识、发展能力,产生情感、生成意义。它是学习者亲身介入实践活动,通过认知、体验和感悟,在实践过程中获得新的知识、技能和态度的方法,即一个学习者从直接经验中构建知识、技能和价值的过程。

体验式教学源于体验式学习。1984 年,美国社会心理学家、教育家大卫·库伯在《体验学习:让体验成为学习和发展的源泉》一书中提出了颇具影响的体验学习圈理论。这一理论把体验和学习紧密联系起来,引导学生通过实践,并获得体验,实现人类经验和个体经验的整合,知识经生命化、个体化而真正变成个人的内在行为规范。从具体实践来看,体验式教学是一种引导学生通过"具体职业体验"来感知、领悟、理解职业,内化为职业素养、外化为职业行为的教学方法。特别需要指出的是,本文所指的体验并不等同于一般的以检验知识与能力运用为目的的专业实践活动,也不是一般意义上的社会生产活动,它不以创造财富为目的,而是以感知职业形态、探索职业技能、了解职业文化、澄清职业价值等为目的的探究式职业教育教学活动。

三、体验式教学的应用价值

研究证实,一个成年人通过阅读的信息可学习到 10%,通过听到的信息可学习到 15%,而体验过的知识却能学习到 80%。体验性教学以其互动性、开放性与职业生涯规划教育所要达到的预期成效不谋而合,在职业生涯规划教育中开展体验式教学具有积极的意义。

(一) 体验式教学合乎职业生涯规划课程教学的内在规律

职业生涯规划课是一门指导性、实践性、针对性较强的课程,不仅仅要求学生掌握生涯基本理论,更要引导学生通过内部探索(个体特质)和外部探索(职场环境),准确评估个人内在特质与职业发展要求的适配性,进而确立职业目标、采取职业行动。职业生涯规划大师舒伯根据年龄将个体的生涯发展阶段划分为成长期、探索期、建立期、维持期与衰退期 5 个阶段。每个阶段都有一定的特征和面临的职业发展任务。学生正处于成长期和职业探索期,他们开始关注自我的职业发展,急需在职场世界中探寻自己的职业发展方向。体验式教学通过创设不同的职业情境,开展多元的体验活动,引导学生通过亲身经历感受外部世界,通过"体验"和"内省"来促进自我教育和自我完善,最终实现主体与客体的有机统一。

(二) 体验式教学有利于发挥学生的主体性

职业生涯规划从引入国内到被引入高校进行课程讲授,经历了一个漫长的过程,由于师资队伍、科研水平等方面的局限,授课方式普遍采用传统的讲授法,通过教师课堂讲解、理论考试或开设系列专题讲座等模式,将职业生涯规划的内容和方法传递给学生,调查访问、情景模拟等方式很少被采用。这种以说教、灌输为主的传统式教学在一定程度上忽略了学生的主体性。体验式教学更加注重在实践性,要求在真实的职业情境中开展,重视教学的平等对话,尊重学生的直接经验,鼓励学生对内部世界与外部世界进行自我解读、自主探究、自行评估,使学生在良好的情感和愉悦的心境中实现快乐学习。较传统教学而言,体验式教学更能触及学生的情绪和意志领域,自主地获取知识、表露感情、形成认知,并在此基础上完成对职业知识的理解和职业价值的建构。

(三) 体验式教学有利于提升学生的职业品质和职业适应力

从当前生涯教学的实际来看,职业生涯的理论框架基本来源于西方,主要包括觉知与承诺(生涯规划意识启蒙)、自我认知(兴趣、性格、能力、价值观等)、职场认知(职业环境、职业形态等)、职业决策、行动计划、评估与调整等,有的还增加了就业指导的内容,包括就业形势分析、就业流程、就业技巧以及就业创业政策等。根据舒伯的生涯发展阶段理论,个体要在不同的生涯阶段扮演不同的生涯角色,同一阶段也可能同时扮演多种生涯角色,个体在生涯角色扮演与角色平衡中建构了自身的生涯,而职业生涯贯穿了整个生涯。体验式教学可以帮助学生在具体的职业情境中感受职业道德、职业态度、职业素质等,按职业需要扮演生涯角色,进而内化为自身的职业要求和职业规范。通过职业体验,学生可以将理论知识与职业实践进行对接,在完成自身素质与职业要求差距评估的基础上,有针对性地完善自身的知识结构、能力结构、素质结构,自觉养成与目标职业相适应的职业道德行为规范,增强职业的适应力。

四、体验式教学的路径方法

体验式教学是鼓励学生在具体的实践中感知职业,提升职业发展能力,参与程度不同,其收获的职业体验也同。从职业生涯规划理论的角度看,系统的职业生涯规划法包括了自我认知、职业认知、职业决策、行动与计划、评估与调整等环节,根据职业体验的参与程度和课程教学的内在规律,笔者认为,职业生涯规划教育中体验式教学主要有职业感知、行业调研、人物访谈、工作影子、岗位体验5种类型。

(一) 职业感知

职业感知是通过榜样人物的现身说法、亲身示范而获得职业认知的一种间接体验形式。与信息检索等方式相比,职业感知具有更直观、互动性更强等特点。

根据职业生涯规划课程教学大纲,低年级职业教育的目标以唤醒自我意识、职业意识和生涯意识为主。专业认知与职业规划有着紧密的联系,专业认知程度越高,专业学习和职业发展的关联度就越大。笔者认为,应当把专业认知与专业就业前景分析结合起来,让低年级学生初步了解目标专业或所学专业的特点、学习的重点以及相对应的职业领域,增强学生的专业认同感和自豪感。因此,在开展自我探索、团队活动的基础上,可通过"走出去、引进来"的方式,开展"企业直通车""校友论坛""名家沙龙""学长计划""成长报告"等主题活动,通过参观考察、生涯报告、座谈交流等形式,发挥校友、行业人物的榜样示范,帮助学生树立远大志向、科学规划生涯。

(二)行业调研

行业调研是学生结合自己的专业特点,就与所学专业相关的(或个人兴趣指向的)某一行业的发展历程、社会评价、人才储备、未来趋势等开展实证调查。在第一阶段教学的基础上,学生基本适应了大学的学习和生活,实践教学的环节有所增加,社会参与也从盲目的尝试转向有目的地参与,在求知欲望的牵引下,尝试开展一些行业调研,开始探寻自己的职业发展方向。

行业调研既可以安排在寒暑假,也可以利用周末时间开展。调研的对象一般是与所学专业相关的行业或是学生自己特别感兴趣的行业。调研的内容以本行业在经济社会发展中的地位、发展历程、现状以及前景、人才需求情况、用人标准等为主。调研过程中,学生既可以通过报纸、杂志、电视、网络等媒介,也可以通过问卷调查、实地考察等方法收集资料,把"听、看、思、写"结合起来,对目标行业进行客观分析,撰写行业调查报告,并在此基础上开展有效的交流活动,使对职业的认识由感性上升到理性,为自己的职业生涯规划奠定坚实基础。

(三)人物访谈

人物访谈是对目标职业的在职人士进行个别访问,重点了解目标职业的社会环境、基本状况、社会需要、职业形态、职业内容、入职要求、发展通道、未来前景等。浙江师范大学要求在校二年级学生利用暑假时间,结合自我探索和已掌握的职业知识,列出未来可能从事的几个职业,寻找自己感兴趣职业的3~5位职场人士进行访谈(学校提供了访谈参考提纲),形成3 000字以上的访谈报告,取得了较好效果。人物访谈的对象一般为目标职业人力资源部门主要负责人、从事目标职业的在岗人员或者刚入职的应届毕业生。这一做法旨在引导学生通过访谈,结合自身专业、个性、兴趣、特长等内部探索,查找自身在知识、能力等方面存在的不足与差距,进而明确学业发展中的具体目标,做出一份更加科学、合理、有效的大学学业生涯规划。需要指出的是,人物访谈不同于行业调研,其目标更明确,指向性更强,内容更深入,访谈对象的成长经历对调查者的影响更加直接。一次成功的职业生涯人物访谈,就是一次有效的职业生涯指导。

(四)工作影子

工作影子(job shadow)是指观察人在实际工作中观察目标职业人从事工作与生活

的一种职业实践活动,其实质是一种非参与式观察,一般连续观察不少于 24 小时。因为观察人像影子一样跟随着被观察人,故被称形象地称为工作影子。

工作影子在国外由来已久,是让见习者跟随一名在职员工,通过观察员工的工作,直观地了解目标职业的工作内容与生活形态,进而对目标职业有更直观、全面的认知。早在 2006 年,北京地区就开展过"JA 职业见习日"(job shadow day)活动,其实质就是工作影子。据了解,"职业见习日"活动始于 1996 年,在全球获得了巨大成功,每年参与该活动的各国学生达到数百万人,参与该活动的工作机构达数十万家。欧美等发达国家十分重视职业教育,从幼儿园到中学再到大学,都会组织学生利用课余时间开展职业体验。比如在美国,"JA 职业见习日"活动于每年 2 月份开始,一直持续到年底,中学生能有很多机会接触到不同的职业,美国前总统老布什和前国务卿鲍威尔都曾在活动日接待过见习的中学生。2018 年,香港特区政府曾推出过"与司局长同行"计划,让中四、五生成为政府司局长的一天"工作影子",近距离认识政府运作,了解主要官员的日常工作,亦有异曲同工之妙。

工作影子是一种另类的职业体验,它可以让学生近距离地观察目标职业的工作内容、工作方式、工作强度以及对生活的影响,以此来判断该职业是否自己喜欢的、适合的、擅长的。学生可以选择不同的职业进行观察,也可以选择同一个职业的不同职员进行观察。被观察人既可以是学校的校友,也可以是家庭成员,还可以是学校老师推荐的行业人士。

(五) 岗位体验

岗位体验是职业体验式教学中参与程度最高的一种类型,是指在目标岗位上通过角色扮演,对既有的知识、技能、情感和价值观进行评估、反馈,进而根据实际进行修正的社会化过程。职业生涯规划实践教学中的岗位体验与一般意义上的见习、实习有所不同,岗位体验除了将所学的理论知识运用到实际工作中,在实践中学习新技术,提高专业技能之外,更重要的是要了解职业文化、养成职业态度、澄清职业价值,在此基础上获得职业满意度和生活幸福感。

职业满意度考察的是个体对职业的情感体验,包括职业兴趣、动机、认同、能力、福利以及控制感等,它是个体特征与职业特征的吻合程度。还有一个不容忽视的是个体对工作生活质量的追求。工作生活质量反映个体的需求在职业中得到满足的程度,涉及个体与职业环境的关系、自主性、价值观、自我实现、应付方式等多种因素。当职业满意度和工作生活质量越高,个体的职业目标和方向越明确;反之,个体的职业认同度就越低,需要对既有的生涯规划作出调整或修正。岗位体验结束后,既可以进一步坚定从事目标职业的信心与决策,也可能对原有职业目标作出重新评估和调整。

五、体验式教学的实施保障

(一) 遵循一个循序渐进的基本原则

职业生涯规划教育要针对不同年级学生的学习、心理与生活特点,设计相应的教学目标、教学内容。职业感知、行业调研、人物访谈、工作影子、岗位体验5种体验方式各有不同,由易到难、由浅入深,是一个循序渐进的过程。从教学组织内在规律来看,职业感知最简单,操作起来比较容易,如果在完成自我认知和专业认知之后再开展效果更佳,可以引导学生"知己""知彼",进而实现"人职匹配"。由简单到复杂安排职业体验活动,符合学生学习的内在规律,也有利于学生树立职业规划的信心,反之,学生容易受挫,行动力减弱,可能无法实现预期初衷。

(二) 培养一支专兼结合的师资队伍

体验式教学的主体是学生,但离不开教师的指导,教师在学生体验过程中起着主导的作用,建立一支素质高、业务精、能力强的师资队伍十分重要。目前,国内职业生涯的专业性师资比较短缺,大部分都是通过后期培训来实现。因此,学校要建立生涯指导师资队伍的培训机制,加大教师进修力度,同时考虑相近学科教师的转型,建立一支专兼结合的职业指导师、生涯规划师队伍。积极建立并完善职业生涯规划教育的专门机构(教研室、研究所、工作室)等,定期组织教师开展集体备课和教研活动,因地制宜地建开发与课程相关的校本化的职业活动资源库。在日本,学校设有相关的人才资源库,学校可以根据需要从中选择人才,邀来给学生介绍社会职业特征或指导学生开展活动。当下,可以尝试校友资源转化为教育资源,聘请校友担任学生的职业成长导师。有研究者认为:"校友的成长道路,可以帮助和引导学生树立正确的就业观;校友的职业发展经历,是大学生进行职业生涯规划的示范;校友成功的创业经历,拓展了大学生就业的视野;校友参与母校的人才培养,增强了毕业生的就业竞争力。"[①]

(三) 建立一批职业体验的教学基地

体验式教学不同于一般的课堂教学,是一项以实践为主要内容的教学方式,学校需要为学生创业一个良好的体验环境。建立一批职业体验基地(区),安排学生进行集中的职业体验,对于提高教学效果起着很重要的作用。学校可以在原有的见习或实习地基地基础上,与地方产业园区建立校地合作关系,定期吸收在校学生进行职业体验,引导学生走进园区、走进企业、走进厂房,了解行业发展状况、企业文化和用人标准。早在2013

---

① 陈焕章.从日本的职业体验课程看职业活动的开发[J].现代教学,2005(4).

年,上海市就启动了市属高校学生职业(生涯)发展教育校外实践基地建议工作,并出台了专门的管理办法,此后每年都会设立一批职业教育校外实践基地。绍兴职业技术学院自2006年开始在杭州滨江、宁波北仑、绍兴柯桥三地产业密集区创建了3个职业体验与就业服务中心,集实训、顶岗实习、就业推荐和就业基地建设、教师与企业技术人员互动等功能于一体,先后已有3届毕业生共计5 800余人分批参加职业体验,收到了良好效果。

(四) 完善一项实践导向的评价机制

体验式教学是一个集知识吸收、技能培养、情感体验与价值确立于一体的统一过程,体验的内容、环境、教师(组织者)、学生(参与者)、效果是构成体验式教学的5个基本要素,建立健全教学评价机制是推进体验式教学有序开展的重要保证。体验式教学的时间安排是否妥当、内容设置是否合理、对象特点是否明晰、过程组织是否到位、效果是否达到预期,都需要进行评估。学校和教师要转变以教师为中心的传统讲授式教学方法,注重实践导向,有效结合学生专业和年龄特点,尽可能引导学生在具体的情境中参与体验、反思分享,充分发挥学生学习的自觉性和主体性。职业生涯规划教研室要定期对体验式教学的实际成效进行评价,及时发现问题,适时反馈调整,确保达到预期成效。

【参考文献】

[1] 丰硕.体验式教学在职业生涯规划教育中的应用浅析[J].成人教育,2010,27(4).
[2] 高晓波.校外实践基地[J].成才与就业,2015(10).
[3] 贾冰媚.试论职业体验在高校职业指导工作中的开展[J].山西广播电视大学学报,2009(6).
[4] 李丰.儿童的职业体验与生涯辅导[J].人民教育,2010(17).
[5] 李赫然.高考前当一次"工作影子"[N].中国青年报,2006-8-24.
[6] 廖志丹."体验式教学"在高校职业生涯规划课中的应用探索[C].福建省高校思想政治教育研究会2009年年会优秀论文专辑,2010.
[7] 刘建云.建立职业体验中心创新实践教学体系——以绍兴职业技术学院为例[J].绍兴文理学院学报,2010(7).
[8] 陆浩.职业规划教育应从孩子抓起——由儿童职业体验馆亮相世博会所想[J].中国大学生就业,2010(9).
[9] 马小红.体验式教学模式在职业生涯规划教育教学中的运用[J],中国成人教育,2015(4).
[10] 麦考密克,伊尔根.工业与组织心理学[M].卢盛忠,译.科学出版社,1991.
[11] 日本中学生的职业体验教育[J].职教论坛,2008(3).
[12] 颜亮.生涯发展阶段理论视角下的医学本科生就业教育理论与实践探究[J].教育与职业,2013(15).
[13] 岳瑞凤.大学生职业体验行为示范式教学探索——以"低年级大学生求职体验"案例教学为例[J].教育探索,2010 (5).

【作者简介】

祝伟华,浙江师范大学法政学院党委副书记,全球职业规划师、生涯规划师、青少年生涯辅导师,助理研究员。研究方向为生涯规划与就业指导。

论叙事研究在大学生创新创业教育中的应用

皮凤英

一、问题的提出

叙事研究是近年来教育研究中广受欢迎的一种研究方法,是一种教育行动研究的具体方法。一般情况下,教育叙事研究中,研究者通过收集与研究主题相关的情节、故事,对蕴含的经验加以提炼、归纳,对研究假设进行论证,阐释教育现象背后的教育思想,是研究者表达教育思想的重要方式,广泛运用于教育领域中的质性研究过程。

随着社会经济的发展和时代的进步,创新创业教育成为高等教育活动的重要内容,培养大学生的创新创业意识、提高大学生的创新创业能力、培养符合社会需求的创新创业型人才是创新创业教育的重要目标。伴随着国家对创新创业教育给予的重大战略关注,近几年创新创业教育研究层出不穷,相关的研究论文呈现"井喷之势"。

创新创业教育的根本目的在于培养大学生的创新思维与能力,理应重视收集与研究创业者的创业故事与创业素材,分析和归纳创新创业活动中的个体创新创业案例及其实践价值。但是对我国已有的创新创业教育研究文献整理发现,研究者们主要关注创新创业教育的现状和问题,创新创业教育体系与人才培养,创新创业教育与专业教育融合,创新创业教育的模式、实践、路径与策略等研究主题,或者主要集中于创新创业教育体系研究、创新创业教育课程体系研究、创新创业教育模式与路径研究、创新创业教育基本理论研究、创新创业实践研究,很少涉及叙事方法和对创业者创业故事及其素材价值。因此,本文将讨论叙事研究在大学生创新创业教育中的应用问题。

二、教育叙事研究及其价值

叙事研究兴起于20世纪70年代的北美国家,被认为是从事实践性研究的最好方法。20世纪80年代,康纳利(Connelly)与克兰迪宁(Clandinin)首次在教育研究杂志上使用"叙事探究"术语,他们认为教师应观察日常的教育生活,真实生动讲述教育故事,借此反思内隐的教育经验和想法,形成教师个体独特的实践知识,加快专业成长步伐。作为一种质性研究方法,教育叙事虽与文学、历史叙事有着不可隔绝的联系,但有其独特的内涵指向。

（一）教育叙事研究的含义和主要特点

教育叙事研究就是研究者以叙事、讲故事的方式开展的研究，通过分析、反思这些教育故事，从而进一步阐释和揭示背后的教育思想和教育理念。主要有以下特点。

1. 叙事研究是一种质性研究方法

区别于教育实验法、教育统计法、教育调查法、教育测量法等量化研究方法，叙事研究是一种质性研究方法。借用这种研究方法，教师讲述富有价值的教育事件和具有意义的教学活动，进而描述与揭示出内含的价值和意义。这个过程中，看似日常、平凡、普通、单调、重复的活动被赋予独特的教育体验和思想韵味，变成了教师的教育教学经验，变成了支撑教师职业发展和理念提升的价值链条。

2. 教育叙事研究是对教学的反思

教育叙事研究不是教师单纯讲故事，而是教育故事经由他人评述、总结出带有共识的教育经验。因此，教育叙事是一种以相关理论为指导，归集教学资料，述说教育故事，对其中的经验进行"加工"，以揭示内隐于故事背后的信念和意义，生成教育理论的研究方法，是以反思为导向的行动研究方法。

3. 教育叙事是真实的事件

教育叙事研究中的故事是教育教学实践场景中曾经发生过的真实事件，不是教师的主观想象和自我杜撰。不同于文学叙事，教育叙事不可虚构教育事件，并且还要研究者遵循作为研究方式所必然具有的规范、程序和要求，只能通过真实的教育故事探寻到教育活动发生、发展的本真内在逻辑，才能使经验与意义形成关联，获得对故事本质的诠释。

（二）教育叙事研究的价值

传统的教育叙事研究的形式主要包括个人总结、教学日记、书信、个人自传、访谈等。随着自媒体的广泛应用，博客、微信、公众号等新媒体成为叙事研究的新载体，不少教师将教学中的重要事件以博客的形式记录，或者以微信的形式分享，并引起更多关注。

教育叙事研究的一般过程包括确定问题、选择对象、进入现场、观察访谈、资料整理和撰写报告等基本环节。在这个完整的过程中，教育叙事成功地激发了教师从事教育活动的热衷态度，教师不再是机械的知识传递者，可以借由叙事述说教育感受、获得教育灵感，进而增加教育过程的意义与价值；而且它搭建了教师进入团体合作的正确方式，教师不再是独行的潜行者和奋斗者，可以借由叙事研究获得集体智慧和协作观点，进而增加教育发现的喜悦和成就。更为重要的，教育叙事研究增加了研究者进入教育世界、观察教育活动、思考教育意义的独特方式，不再局限于量化方法的抽象世界，为研究者还原了一个真实完整的教育世界。

三、大学生创新创业教育研究中的叙事方法

我国创新创业教育始于 20 世纪末。1998 年,清华大学举办创业计划大赛,开启了大学生创新创业教育的新局面。2002 年,我国正式启动高校开展创业教育试点。截至目前,创新创业教育已经成为我国大学教育的重要内容,培养和提升学生的创新创业思维与能力成为高等教育质量的重要目标。创新创业教育是一种基于创业情境和创业实践的教育,与叙事研究的方法和规范有内在的一致性。

(一)创新创业教育研究呼唤叙事研究

在党和国家的重视下,我国高校的"创新创业教育"快速发展。各种类型的高校都正在以丰富的"创新创业教育"实践探索和丰富人才核心能力培养模式。尤其是 2014 年"大众创新、万众创业"成为国家战略以来,大学生创新创业教育已经成为应用型人才培养质量和水平的关键因素。因此,近些年关于大学生创新创业教育的研究层出不穷,相关的研究成果如雨后春笋。洪柳专门就 2001—2017 年高校创新创业教育研究的主题进行归纳,发现研究者们主要关注创新创业教育的现状和问题,创新创业教育体系与人才培养,创新创业教育与专业教育融合,创新创业教育的模式、实践、路径与策略等多元化的研究主题。与此同时却存在许多问题,如高校普遍重视专业教育、就业教育却忽视创新创业教育的本质内涵,尤其是缺乏与大学生创业实践的密切联系等问题比较突出。

究其根本,创新创业研究出现的问题很大程度上源于创新创业教育研究面临的研究方法的"短板"。目前,高校创新创业教育研究在方法论上几乎全部把"创新创业活动""创新创业教育"作为"客观存在的客体"去研究,总是力图寻找一种客观存在的"一般原埋""固定模式",或者"有效途径""支撑体系",停留在概念化、模式化的话语体系中。然而,在笔者看来,创新创业活动或者创新创业教育很大程度上是由个体在社会活动过程中实现、形成和建构的活动,表现为强烈和厚重的情境化、个体化的创造性品质。因此创新创业活动及其研究方法必须重视创业者在创业活动中的故事、素材和案例,必须在研究的话语体系和方法途径上有根本的转向。

近些年来,国际上关于创新创业活动的研究方式已经出现了重大转变,"叙事"和"讲故事"等频繁出现在主流创业学期刊的文章中,关于创业研究"语言学转向"(linguistic turn)已经出现。创业学的两本重要期刊 *Journal of Business Venturing* 和 *Entrepreneurship Theory and Practice* 分别为这一主题刊登过专刊,致力于创业叙事理论与方法研究的学术刊物也开始出现。反观国内学术界,不仅缺乏对"叙事"的创业研究的关注,而且难以看到用叙事方法进行创业活动的研究。国际上关于叙事取向的

创业研究为概念化的创业活动研究提供了一种新视角，我们也迫切需要创新创业教育研究的叙事方法转向，以提高创新创业教育的实效性。

（二）创新创业教育研究中的叙事方法

与其他学科的教育活动相比，创新创业教育旨在培养学生的创新创业意识，提高学生的创新创业能力，是富有实践性的综合性教育活动。它既需要倚重逻辑-科学的"范式性认知"，也需要通过故事来认识的"叙事性认知"。前者可以帮助研究者探寻确立创新创业活动的基本要素、发生过程等概念，后者可以帮助研究者探寻确立创新创业活动的个案价值和个体灵感。因此，创新创业教育研究中的叙事方法是不可缺少的。

考虑到创新创业教育活动主要以创业竞赛、课程教学形式开展，叙事研究可以在创新创业教育研究中起到重要作用。关键的一点是，叙事研究不是探求创新创业教育应该怎么做的一般理论和方法，而是通过一个或多个创业故事和创业案例，让学生体验创业过程中的冲动、灵感、坚韧、不屈等感性体验，让教师反思总结创新创业教育重视个体案例的重要价值。

已有研究文献表明，创业故事是创新创业叙事研究的基础素材，创业故事的叙事形式却是多样的，诸如创业者的自传、传记、个人叙事、叙事访谈、生活故事、现场笔记、研究访谈等。这就带来一个关键问题，创新创业教育研究的叙事方法如何对待这些多样的创业素材。那么，应如何看待和处理这些类型纷杂的叙事素材呢？克兰迪宁和康纳利提出一个概念：把多种叙事素材的有机结合视为一个"现场文本"，创新创业的叙事研究过程就是研究者和参与者保持协商，围绕建立现场文本，解构和重构现场文本，形成最终研究文本的过程。叙事研究者正是借助于这些现场文本，可以尝试去把握个体创业生活现象中的本质及其经验的意识构成，并把握创新创业活动中的个体故事的深层意义。

从当前趋势看，叙事研究已经在创新创业教育活动中被视为一种极有前途的研究方法。与量化的实证研究相比，创新创业叙事研究带有许多新颖的特点，包括聚焦个体经验的探究、强调事件、情境与过程的深描和追求分析性的理论构建等。这些特点与一般教育的叙事研究表现具有高度一致性，使得创新创业叙事从个体创业故事和经验经由深刻描述（thick description）最终达至创新创业理论的构建。必须要指出的是，其结果在形式上与实证研究相似，但是创新创业教育叙事方法所构建的理论的本质在于"试图将创业者过去和当前的很多行动和事件组合为一个前后连贯的有关系的整体"，这才是创业活动最引人关注的地方。

四、创新创业叙事研究要注意的问题

创业叙事研究改变了实证主义仅把语言当作研究工具的传统，转而关注创业过程

中语言叙事本身及其使用,变革性地为创业研究提供了新的理论视角与研究方法。然而,必须指出来的是,尽管创业叙事研究已经取得了较为重要的进展,但依然存在较多的不完善之处,这为后续研究提供了发展方向与空间。

第一,未来的创新创业叙事研究应当平衡叙事文本与创业情境关注度,真正研究创新创业叙事文本,关注创新创业叙事的本质特征及其前因后果,借助已有的创新创业研究成果与相关的语言学理论,使文本分析与所关注的创新创业问题紧密、有机结合,这是利用跨学科视角实现创新创业叙事研究理论突破、构建新理论的有效路径。

第二,创新创业叙事分析有效提升创新创业的研究空间,但是现有研究乃至未来一段时间内的研究可能不能充分发掘其潜力,主要的原因在于对创新创业研究的叙事语言分析不能深入,且与语言分析技术结合不够,主观性较强,会导致研究结果与研究结论的普适性受到质疑,反过来影响叙事方法的独立性。

第三,就中国情境下的创新创业叙事而言,必须在引鉴已有国外研究经验的基础上,从起始就开始关注理论视角、研究方法及研究主题上的完善,更重要的是,必须充分考虑中国语言文化体系、制度环境及创业情境的特殊性。

【参考文献】

［1］鲍道宏.教育叙事研究:批判与反思[J].教育理论与实践,2007,27(5).

［2］杜晶晶,王晶晶,陈忠卫.叙事取向的创业研究:创业研究的另一种视角[J].外国经济与管理,2018,40(9).

［3］洪柳.基于核心期刊和 CSSCI 数据库文献计量的创新创业教育研究综述[J].民族教育研究,2018,29(4).

［4］蔺艳娥.我国创新创业教育研究热点的共词可视化分析[J].教育评论,2017(11).

［5］刘良华.什么是教育叙事[J].广东教育,2004(3).

［6］马永斌,柏喆.大学创新创业教育的实践模式研究与探索[J].清华大学教育研究,2015(6).

［7］孙智慧,孙泽文.论教育叙事研究的内涵、结构及环节[J].教育评论,2018(2).

［8］王辉.创业叙事研究:内涵、特征与方法——与实证研究的比较[J].上海对外经贸大学学报,2015,22(1).

［9］杨光.教师反思的好形式——教育叙事研究[J].科学教育研究,2007(7).

【作者简介】

皮凤英,上海杉达学院艺术与传媒学院党总支书记,讲师。

高校就业指导中团体助力辅导方式的构想

王洁

一、团体辅导助力就业指导的趋势性判断

20世纪初,弗兰克·帕森斯在美国波士顿设立职业局,在职业指导过程中,他提出了职业设计的三要素模式:清楚地了解自己(性向、能力、兴趣、自身局限和其他特质等);各种职业必备的条件及所需的知识,在不同工作岗位上所占有的优势、劣势和威胁、机会等;上述两者的平衡。特性与因素理论的核心是人与职业的匹配,其前提是每个人都有一系列特性,并且可以客观而有效地进行测量。为了取得成功,不同职业需要配备不同特性的人员。他认为选择一种职业是一个相当易行的过程,而且人职匹配是可行的,个人特性与工作要求之间契合度越高,职业成功的可能性就越大。

到了20世纪中旬,舒伯提出"生涯"一词。舒伯把职业生涯的发展看成是一个持续渐进的过程,一直伴随个人的一生。"自我概念"是舒伯理论中的核心概念,指个人对自己的兴趣、能力、价值观及人格特征等方面的认知,舒伯认为人的职业生涯发展经历成长阶段(14~15岁)、探索阶段(15~24岁)、建立阶段(25~44岁)、维持阶段(45~64岁)和衰退阶段(65岁以上)这样5个阶段,并且认为是循环再循环的过程,年龄分界没有那么严格,但是一定是做好了成熟的准备才能进入下一个阶段。舒伯认为一个人的职业生涯发展与个人在发展历程各个阶段中所扮演的各种角色(如孩童、学生、休闲者、公民、工作者、持家者、父亲、母亲、夫妻、退休者等)有关,人在某一阶段对某角色投入时间和经历越多,越容易导致这一角色的成功,同时也可能导致另一角色的失败。

无论是帕森斯还是舒伯,他们都在强调职业的成功和生涯的成功,人职匹配或者做好充足的生涯规划都是为了现阶段和下一个阶段的成功或者成熟。而到了21世纪,舒伯的徒弟萨维科斯站在了后现代生活的基础上提出了生涯建构理论和生活设计的概念,他认为每个人的生命都应该属于自己,生涯之路没有一条既定的路线,应该在自己经历的过往和历史中探寻一条属于个体的道路,通过过往的回忆、当下的感受和未来的期望构建和描述自己的人生主题,由自己来赋予自己人生的意义。

萨维科斯在《生涯咨询》一书中有经典的五问:① 我的角色榜样是谁? 这个提问帮助我们认知自我概念。② 我最喜欢的杂志是什么? 从这个问题可以了解我们的职业

兴趣、偏爱的工作环境是什么。③ 我最喜欢的书是什么？从中我们可以分析属于自己的生命脚本，自我与环境之间的联结。④ 我最喜欢的座右铭是什么？这可以帮助自己给出建议。⑤ 我的早期回忆是什么？这个问题帮助我们了解私人的执念和对于生活的信念。在三位大师尤其是萨维科斯的生活设计理论中能够看到，就业指导当下和未来的趋势是为每个人独特的生涯设计来服务，学生们已经不仅仅满足于被告知每个阶段我该做什么，该达成什么样的目标，因为每个人的过往历史不同，每个人的需求也不尽相同，我们的教研团队应该帮助学生引导和设计属于他们的人生，而团体辅导是很好的工具之一。个体咨询固然私人化和精准，但是并不节约时间，团体辅导可以将几个或者几十个有过相同经历，面临类似问题的人聚集在一起，相互鼓励，相互信任，相互解决问题所在，在团体辅导师的带领下提高问题解决的效率，还能让学生通过同伴这面镜子清晰发现自己，帮助他们在未来道路上更加充满勇气和信心。

二、团体辅导在高校开展的意义

目前的生涯规划课程已经平稳地在上海杉达学院基础年级开展，一届又一届的学生从中受益。在这门课程的发展过程中，笔者认为还有一些改变和提升的空间，当然这份方案有待探讨和进一步整理，是否适合在我校学生中开展有待商榷，笔者只是提出一种改善的可能性。

笔者认为，目前生涯规划课程主要存在两方面的不足之处。

第一，就业指导形式过于单一。生涯规划和就业指导的教育和咨询需要多方面的知识储备和历练锻炼，如企业管理学、人力资源学、心理学等，还需要用到许多专业的测评工具和分析方法。在这方面的指导欠缺专业人才，会让学生觉得课程过于表面而没有办法解决他们实际面临的问题。我们就需要结合教师队伍、企业人力资源专家、就业咨询专家等一起解决。从根本上解决形式单一的问题需要理念和形式的转变，将教育转向服务，并且是配套的、私人定制式的精准化服务。一次团体辅导不会面向所有年级或者所有专业的学生，而是先了解需求，将有共同需求的人聚在一起，在共同需求的基础上提供精准化服务。一方面，这是私人定制式的，学生会珍惜此次被辅导的机会；另一方面，有针对性地提供服务能保证每一次辅导的质量，不是教学生做什么，而是让学生意识到自己在被服务，并且在被服务的过程中解决或减轻其当下面临的问题。

第二，生涯课堂在对象和场地上具有局限性。除了授课和日常的面对面咨询，整个就业教育不够个性化、系统化、多元化和全程化。学生仅仅在课堂上获取该课程的知识内容和技能，但是这不代表解决了他面临的实际性问题，有些学生甚至不会在课堂上、在老师和班级同学面前说出自己的问题。个体咨询和团体辅导能打破这种局限性，从单纯的教育向系统的服务转变，能做到跨年级、跨专业和针对共同问题打造的私人定制辅导。

针对以上两种不足之处,笔者认为团体辅导的介入可以使生涯规划课程打破常规,变得更灵活和更直观。当然它不可能以每一节课的形式存在,但是可以尝试让每个班级学生自愿报名8个主题中的一个或若干个,以工作坊的形式在校园开展,作为生涯规划课的延伸。那么在方案实施之前,我们有必要先了解什么是团体辅导,它将起到什么作用,如何发挥它的实效性等,在这些方面本文将做简单的介绍。

团体辅导与生涯规划课程相结合主要有三方面的意义。

第一,能够帮助在校生,而不仅仅是大四学生树立"职业规划"和"生涯咨询"的常态化概念。比如笔者在日常工作中了解到一名大四学生在毕业时因为一两分之差而不能成功落户,这个学生很优秀,但是他内向、不善于表达,没有机会和勇气参加比赛,如果他在大一能有意识,大二、大三能通过若干次机会锻炼,大四就能有经验、有勇气、有自信获得这些相关证书,帮助他顺利落户(落户只是一个结果,但是在这个过程中学生成长了,他成了受益者)。这是希望通过咨询和团体辅导的形式帮助学生解决实际问题和建立欠缺的意识。

第二,学校有一支专业化的教师团队。这个工作是在教研室全体老师的鼓励和支持下开展的,团体辅导只是教研室研究的一个方向,每个老师应该有自己的擅长领域,取长补短,最大化地让学生成为受益者。我们也能在这个过程中进一步完善知识,让这支队伍能更加专业化,团体辅导教案能在每一次的练习中不断改进完善。

第三,将工作室的内容转化成科研成果,在科研过程中反馈每一次的团体辅导练习。1个学期8个主题16次团体辅导练习能在实际操作过程中不断改善,将理论和实践融合,结束16次团体辅导练习之后能有一个完整的记录,包含了上海杉达学院学生的独特性,将之归档整理跟踪分析,逐步形成论文研究内容。

团体辅导是在团体情景下进行的一种心理辅导形式,它是以团体为对象,运用适当的辅导策略与方法,通过团体成员间的互动,促使个体在交往中通过观察、学习、体验,认识自我、探讨自我、接纳自我,调整和改善与他人的关系,学习新的态度与行为方式,激发个体潜能,增强适应能力的助人过程。

团体辅导在大学这个环境中是比较容易开展起来的,主要原因有两点。

第一,团体辅导非常契合大学生团体的需求。大学生中的一个个团体是自然而然存在的,并且每个人都处在相似的身心发展阶段,有共同的需要面对的课题和成长上的困扰,在他们的成长过程中也更关注同伴对自己的评价,更容易接受来自同龄人的建议。

第二,对于大学生,团体辅导可以发挥更多作用。比如,培养与他人相处与合作的能力,加深自我了解,增强自信心,开发潜能,加强团体的归属感、凝聚力与团结,帮助个体成员间相互支撑、协助解决问题等。

这两方面又恰恰是生涯规划课程的意义所在。

三、团体辅导的 SWOT 分析

表 1　团体辅导的 SWOT 分析

S： ① 大学生都是以团体存在（班级、宿舍、党支部、社团、比赛等），容易在这些不同的场合开展团辅； ② 团辅的氛围轻松、和谐、温暖、没有批评指责、更加包容，练习者容易被接纳； ③ 团辅的咨询和辅导形式更加多样化、新颖化，容易受到大学生的欢迎； ④ 团辅相对个案咨询效率更高、受益面更广，大学生容易在同龄中得到共感、认知和学习	W： ① 相比较个案咨询，团辅不能深入探讨个人深层次的问题； ② 团辅中的练习者个体存在差异性，领导者很难照顾周全； ③ 个别特别敏感的成员容易在团辅中受伤； ④ 团辅过程中如果练习者不严格遵循保密原则，其他练习者的信息容易泄露
O： ① 学生愿意去尝试新鲜的东西，丰富自己的课余生活； ② 大学生中"团体"存在于校园的角角落落； ③ 大学生受到的困扰多种多样，但是一定能找到面临同样困扰的团体； ④ 大学生更加关注同龄人对自己的评价，也更容易从同龄人中获取经验教训和建议	T： ① 团辅对于领导者有较高的要求，目前我们的师资力量不够强大； ② 有学生可能参与过社会上已有的团体辅导工作坊，会对学校的团体辅导有更高的期待； ③ 适合大学生的团体辅导主题有很多，但是对于每次主题的确认需要花时间调查

四、团体辅导需要具备的条件

（一）适合的场地

团体辅导过程中所有参与者要集中注意力，在不受干扰的环境下进行。场地应该具备舒适性、功能性、保密性、互动性和非干扰性。

（二）专业的领导者

领导者包含领导者核心、指挥、激励、决策等要素，在团辅过程中要运用倾听、专注、复述、共情、催化、联结、阻止等技术。团辅方案设计要达到以下的要求：团体辅导方案设计是运用团体动力学及团体辅导的专业知识，有系统地将一连串的团体活动或练习，根据目标加以设计、组织、规划，以便领导者带领成员在团体内活动，达成团体辅导目标。

（三）积极主动的练习者

参加团辅的练习者最好是主动积极自愿的，这样能更加敞开心扉，探索自我、认知自我。

（四）一定资金的投入

场地布置，每一次团体辅导宣传，现场所需要的纸、笔、白板、录音录像设备，领导者的培训学习，校外专家辅导等都会产生一定的费用。

五、团体辅导可以实施的方案

团体辅导可以实施的方案如表2所示。

表2　团体辅导可以实施的方案

方案介绍	方案一：团体辅导大部分由校外专家承担	方案二：团体辅导多由本校咨询师和辅导员承担	方案三：团体辅导以本校咨询师为主，校外专家为辅，共同进行
优点	① 领导者更加专业； ② 团体辅导的效用更加广泛和明显； ③ 更快速加大团体辅导的影响力，让师生受益	① 节省开支； ② 培养一支本校专业化的团体辅导师资力量； ③ 能研发适合本校师生的团体辅导练习。	① 能培养一支专业的团辅师资； ② 适当得到专家辅导的培训与支持； ③ 有更合理的预算开支； ④ 团辅的设计方案能结合本校师生； ⑤ 长此以往，团辅能常态化、专业化、助人的效益辐射更广
缺点	① 费用大； ② 本校咨询师的锻炼实践机会降低； ③ 无法结合本校师生的特点	① 本校目前专业的团体辅导师资力量薄弱； ② 团辅的效用需要循序渐进； ③ 在师生中的团辅影响力打造需要一个过程	① 本校咨询师要花精力和时间一起研发团辅设计方案； ② 本校咨询师要不断实践、操练； ③ 开始阶段团辅的效用与投入不成正比

六、团体辅导的具体开展

结合本校的实际情况，选择方案三为宜，以主题辅导和微信公众号相结合的方式开展团体辅导。主题辅导按以下步骤进行。

① 了解需求。此次的主题是普遍存在的问题还是少数人需要面对的；了解团体中的成员特点，是否存在抗拒小组辅导的言论或者行为。

② 方案设计。

③ 团辅宣传。采用海报、班级群等形式宣传；场地按照此次主题进行布置；准备好团辅练习中的道具。

④ 主题辅导（如压力管理），一个学期8个主题，每次主题紧扣职业生涯规划的章节内容：发现、认知和接纳独特的自我——精准化服务盲目认知自我者；时间管理之生命的冲击——精准化服务大学生意识到时间的珍贵；让我们沟通吧——精准化服

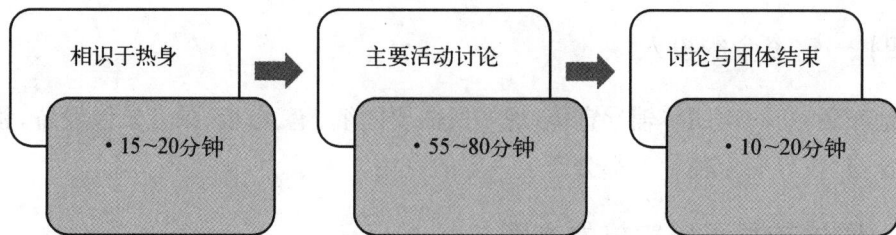

图 1 团体辅导进行的模式(以 1.5—2 小时/次为例)

务沟通障碍者;面对职场压力,我们应该如何应对——精准化服务职场焦虑者;亲密关系如何正面影响职场——精准化服务恋爱与学业、职场之间的平衡;人力资本和社会资本在职场中的重要性——精准化服务职场资源整合;如何快速提升自己的职场价值——精准化服务职场晋升路径;职场礼仪和面试技巧——精准化服务初入职场者。

⑤ 整理归档。跟踪团辅学生的进展情况;为科研做准备材料。

表 2 压力管理团体辅导过程设计

阶段	目标	活动	材料	时间
热身	评估自身的压力程度;彼此熟悉	光谱测量(压力程度:负面影响;抗压信心)	场地 移动话题 一人一把椅子	20 分钟
源头探秘	澄清自身压力的来源	纸笔练习:压力圈图	练习用纸	40 分钟
调动资源	增强自我压力管理的信心,并强化支持系统	绘画:突破困境 我的百宝箱	练习用纸	40 分钟
减压锦囊	交流和找寻压力管理的有效方法	脑力激荡:减压有方	海报纸每组一张 彩色水笔每组一套	30 分钟
结束	提高抗压和应对人挫折的能力	减压 26 式 手语《从头再来》	无	15~20 分钟

线下成立团体辅导工作坊,主题涵盖每次团辅的宣传、进展和收尾,记录每次的团辅内容,也会在工作坊中介绍生涯规划和团体辅导的相关新闻、知识和有趣的事宜。

这个方案也一定存在很多不足之处,目前只是笔者的一个设想,如果具体开展需要多方面的条件支持。如果老师们都能达成共识,克服困难,先尝试实施一个学期,在此基础上修正改善,也许团体辅导可以成为生涯规划课程教学的一个新选择,师生都能从中获益,这是本研究的初衷。

【参考文献】

［1］樊富珉.结构式团体辅导与咨询应用实例［M］.北京：高等教育出版社,2007.

［2］金树人.生涯咨询与辅导［M］.北京：高等教育出版社,2007.

［3］萨维科斯.生涯咨询［M］.郑世彦,马明伟,郭本禹,译.重庆：重庆大学出版社,2015.

［4］王愧银.大学生生涯咨询辅导研究［D］.华中师范大学,2013.

【作者简介】

王洁,上海杉达学院学生处副处长,助理研究员。

用"生涯课堂预双创"引领
高校创新创业教育的研究

周士心

一、高校毕业生创新创业能力、职业能力、就业竞争力培养的重要性

（一）高校毕业生创新创业能力、职业能力、就业竞争力培养的意义

十八届三中全会通过的《中共中央关于全面深化改革若干重大问题的决定》中关于深化教育领域综合改革,指出要增强学生社会责任感、创新精神、实践能力。深化高等学校创新创业教育改革,是国家实施创新驱动发展战略、促进经济提质增效升级的迫切需要,是推进高等教育综合改革、促进高校毕业生更高质量创业就业的重要举措。人社部《关于做好 2018 年全国高校毕业生就业创业工作的通知》中提到:"动员高级职业指导师等专业力量进校园……提升毕业生的职业素养和就业竞争力。""各地要抓住打造'双创'升级版的有利契机,集中优质资源支持高校毕业生创业创新。强化能力素质培养……"提高高校毕业生的创新创业能力、职业能力、就业竞争力已成为高校职业生涯教育和双创教育的重心和核心目标。

（二）高校毕业生创新创业能力、职业能力、就业竞争力培养的现状

2007 年,教育部办公厅印发《大学生职业发展与就业指导课程教学要求》,明确表示:"从 2008 年起提倡所有普通高校开设职业发展与就业指导课程,并作为公共课纳入教学计划,贯穿学生从入学到毕业的整个培养过程。"目前,各地各高校采取有力措施,深化高校创新创业教育改革,初步形成了一批典型经验和制度成果。其中,黑龙江高校普遍开设创业基础课,85％的高校开设了创新创业必修课。清华大学面向全校开设了旨在培养创新思维方法、首创精神及企业家精神的创新创业通识课程。上海交通大学成立创业学院,各学院与创业学院打通培养计划和课程平台,便于学生修读创业教育相关课程。武汉理工大学所有实验室面向本科生全面开放。各高校各显神通,培养人才,挖掘项目,专业带双创,以学科建设促发展。

（三）大一学生创新创业能力、职业能力、就业竞争力培养的现状

提升毕业生职业素养、就业竞争力、创新创业就业能力,绝非一蹴而就,是要不断学

习、实践、积累。在提高大一学生双创能力、职业能力的教育上，大部分高校普遍采用的是职业生涯规划课程为主、双创知识普及为辅的方式。

以上海杉达学院为例，学生在大一期间必须完成职业生涯规划必修课学习，课程内容包括创新创业基础理论，同时，双创学院在全校各年级中积极开展双创训练项目，学校非常重视，学生积极性也很高。但在多年的教学经验中，笔者发现，由于大一学生缺乏实际社会经验和成熟的职业意识，对职场了解基本依赖网络，仅靠课堂上的测试和自我分析很难深入找准自身职业定位。而且大一专业课较少，学生对于专业就业的了解和专业前沿技术的接触相对匮乏，职业规划往往停留在"想"，缺乏实践验证，有效的职业生涯规划也往往止步于课程结束之时。对于创新创业，大一学生有热情、欠理性。他们有很多想法，但对于创新创业，这些刚进大学校门的学生们总觉得这个名词离自己很远，对于该做什么、能做什么没概念，缺乏双创能力，较少有项目能落地。

二、开展大一学生"生涯课堂预双创"的内容与意义

针对这些现状，笔者拟通过在职业生涯规划课堂中开展"生涯课堂预双创"的教学活动，结合当前社会发展形势，将职业生涯规划意识的培养、创新创业意识的建立、技能教育、职业分析教育、职业素质教育、职业能力教育、就业指导前移等融入大一学生的职业生涯教育。通过实践，从大一开始培养学生创新意识，开展创业教育，引领大学生及时转变就业观念，让创新创业在大一学生的择业就业观中生根发芽。通过"生涯课堂预双创"让大一学生去实践，去感受职场，真正达到职业规划课让学生学有所得、学有所想，进行充分而准确的职业定位，树立正确的职业意识。

(一) 在"思考问题"中增强唤醒大一学生创业和就业意识

将职业生涯课程教学与指导学生开展预双创项目结合，任课老师在课堂初始，根据职业兴趣测试，组建双创项目团队，要求每个团队在一个学期的职业生涯规划课程中，完成一份与专业相关的创新创业项目计划书。团队成员的不可选择性、团队中职业角色的初期选择、团队建设的过程、团队意识的养成，都可以让学生模拟真实职场，感受职场氛围。整个学期的教学，都是依托双创计划书的调整和项目的完善来开展的，学生在此期间需要思考以下几个问题：创新创业到底是什么？我们为什么选择这个项目？我们的项目中我担任什么角色？我表现得怎么样？为了项目的开展我给自己制定了怎样的计划？项目进度和成果和我之前调研是否一致？为什么？通过对这些问题的回答，学生可以主动地把职业规划课程中职业性格、职场分析、职场胜任力、职业路径设计等各章节内容有机串联。教师以此引导学生把个人、社会、环境等影响因素加以整合分析，在"实战状态"中更加动态地了解自己职业兴趣的形成、职业选择的过程、取得成果或失败的原因。在对双创项目进行调整完善的同时，也让职业生涯规划课和创新创业

知识能真正影响到大一学生,唤醒他们对于就业、创业的思考。

(二) 在"解决问题"的过程和反思中提升大一学生的就业和创新创业能力

本次研究在课程开始及结束时,各进行一次职业能力问卷调查。第一次问卷调查的目的在于掌握大一学生对于未来职业的期许并通过选项对通用职业能力做基本了解,从真诚的工作态度到和谐的人际关系,从优秀的学习能力到计划管理自我的能力等。

刚开始设计双创项目的大一学生,可能会存在不会写计划书、没有创业基础、只是空想没有调研、不了解团队成员、不了解市场现状、不了解相关政策、进度安排不科学、双创过程中受挫后缺乏调整机制等问题。针对这些问题,在课堂中,任课老师会指导学生进行项目书撰写、团队建设,对共性问题展开头脑风暴,分享优秀项目经验。在课后,校外导师会分析项目的可行性,给予调整建议、指导市场调研并进行中期检查。在一个学期的学习过程中,学生不断发现问题或被发现问题,然后不断解决问题,这就是提高就业和双创能力最直接的途径。

而课程结束之后的第二次问卷调查,目的在于让学生看到自己的改变和提高,或是反思自己的不足之处,有针对性地进行后续学习。

(三) 利用地方优势、"校企合作"搭建大一学生双创实践低成本平台

高校的科研和双创能力是所在地区政府重视的。上海杉达学院利用学校现有的政府机关、乡镇社区中心、特色旅游项目、旅游酒店行业、会计师事务所、律师事务所、创业园区、科创中心、银行、报社、中小学等 52 个校企共建单位、校外实践基地资源,开展校企合作项目。发挥校企、校地良好的合作关系与对双创的共同热情,利用校外技术、人力资源,建立了一支与专业对口的双创校外导师队伍。校外导师将通过线上团队指导、计划书一对一沟通、讲座、项目中期打分等形式,为大一学生提供专业的指导和宝贵的行业经验,并在充分了解行业发展趋势的前提下,鼓励学生积极投入行业的技术研发,让双创的种子开花结果,达到地方政府、学校、学生三赢的效果。

三、开展大一学生"生涯课堂预双创"的创新意义

要结合应用型本科院校人才培养模式,将专业职业教育融入职业生涯教育中,将教育环境与职业环境对接,在大一学生的职业意识养成阶段,引导学生主动提高双创能力,提供低成本双创实践平台,促进应用型本科生职业生涯的良好发展。

要结合当前社会发展形势,将职业生涯规划意识的培养、双创意识的建立、职业素质教育、职业能力教育等融入职业生涯规划教育,结合大一学生学习特点和专业特色,让每个学生在"生涯预双创"课程中得到体验和全方位指导,让职业生涯课程更具有现实性、针对性和现实性,使应用型本科大一学生通过"生涯预双创"教育终身受益。

四、结语

　　"生涯课堂预双创"引领高校一年级创新创业教育的研究重点在"预"字,从零开始引导学生,在实践中引导学生。"生涯课堂预双创"引领的创新创业教育,让双创理念植根于大一学生的择业就业观,解决了任课教师和大一大学生对劳动市场了解不够,学生对课程理论性学习敷衍、对自身分析停留在表层、无创业意识、无创业能力、无低成本平台等问题,利用地方校企合作优势充实双创指导力量并扩大其内涵和外延,让职业生涯规划教学和创新创业教育的目标真正落地并有所成效。双创课训练创业方法,专业课提供创业机会,创业比赛提供创业练兵,创业基地提供创业孵化。让"预双创"转化为真正的双创项目,开展双创训练计划,帮助创业同学系统性梳理商业模式、战略发展规划,并协助对接产业资源,提升大学生创业工作的成功率。

【参考文献】

[1] 国务院办公厅.关于深化高等学校创新创业教育改革的实施意见[Z].2015-05-04.
[2] 郝宝强.浅析大学生创业素质现状及其培养路径[J].人力资源管理,2016(8).
[3] 李远方.创新创业教育成高校教育改革重点[N].中国商报,2017-12-13.

【作者简介】

周士心,上海杉达学院职业生涯教研室副主任,讲师。

中外合作办学模式下的大学生
职业生涯规划教育实践研究

——以上海杉达学院中外合作办学模式为例

陈敏云　韩斌全

近年来,随着就业形势的不断变化,各大高校和学生越来越认识到职业生涯规划教育的重要性。中外合作办学是教育国际化背景下的产物,目的是通过借鉴国外先进的教育理念和经验,提高人才培养水平,其最终目标是培养具有国际化视野的人才,增强人才培养的国际竞争力。根据许彤的调研数据,民办高校中外合作项目内的学生往往分数层次相对较低,生源质量总体不高,学习生活习惯、思想认识等都有一定的特点,一定程度上制约了中外合作办学的办学质量和良性发展。所以,必须准确分析学生特点,精心谋划学生生涯发展教育策略,采取行之有效的方法,引领学生健康发展,服务学生的成长、成人、成才、成功。

一、大学生职业生涯规划教育以思想政治教育为引领,是新时代人才培养的迫切需要

美国职业生涯大师舒伯系统地提出了有关生涯发展的观点,根据他的观点,生涯是一种连续不断、循序渐进且不可逆转的过程,根据年龄可划分为成长、探索、建立、维持和衰退5个阶段,个人的兴趣、价值观、需求、对父母的认同、社会资源的利用、技能、学历,以及其所处社会情况等都会影响一个人的生涯选择。大学生目前正处于探索阶段,其对自我能力及角色、职业都在不断的认知和探索过程中,可塑性很大。

生涯发展教育实质上是大学生未来职业理想的确立、职业目标的定位、职业分析过程和职业训练实践的全面展开,职业生涯规划教育将直接影响着大学生的成长成才和理想就业。高校以立德树人为根本任务,这是大学的立身之本,是高等学校人才培养的出发点和落脚点,思想政治教育是核心与灵魂,其对大学生的职业生涯设计具有定向、指导、激励和引领作用。对于大学生群体来说,职业生涯规划有着更具体、更重要的内涵,特别是中外合作办学的大学生处于思想大活跃、观念大碰撞、文化大交融的教育教学环境,要打造新时代大学生思想政治教育新平台,使新时代先进的思想和理念切实转化为大学生的理想信念、价值理念、道德观念和行为实践。要创新大学生职业生涯教

育。新时代面临着"互联网＋大数据"、人工智能、5G 等带来的网络化生活方式,00 后逐渐成为在校大学生的主体。中外合作办学的国际化教育模式,面临中西方文化的碰撞与冲击,需要以思想政治教育引领大学生生涯规划教育,帮助学生逐步形成正确的人生观、世界观、价值观和职业观,是实现"立德树人"根本目标的需要。立德方可树人,育人重在育心。思想政治教育是大学生职业生涯规划教育的指向标,生涯规划教育则是大学生思想政治教育的有效载体,是新时代人才培养的迫切需要。

二、上海杉达学院中外合作办学模式的学生特点和相关情况

2002 年 2 月,经市教委批准,上海杉达学院与美国瑞德大学合作举办"国际经济与贸易"专业中美合作班,该中外合作办学项目采取"2.5＋1.5"培养模式,至今已经持续合作 18 年了。根据实际情况,我们发现中外合作项目的学生存在一定的特点:① 与非中外合作同专业学生相比,招生分数整体偏低,学习基础相对薄弱,学习能力和习惯较差,兴趣不浓,且两极分化情况严重,生源结构给以英语为主要教学语言的中外合作课程学习设置了比较大的障碍,学生科目补考情况不少。② 学生家境普遍较好,衣食无忧,通常带有由良好家庭背景给他们的盲目自信,虽然个性鲜明,但部分学生对人生并无明确规划,价值观模糊,自我约束力较差。小部分学生受到社会不良风气影响较大,外籍教师带来的西方思维方式、价值观等,让他们处于多元化的价值取向冲击之中。相对其他学生群体,他们对社会的认识和人生价值的理解多元化趋势明显。③ 大部分学生视野比较开阔,在某方面有强烈兴趣或者特长,有较强的表现欲望,社会活动能力强,更能在各种学生活动中找到展示自我、张扬个性的舞台。④ 自我意识比较强,受挫力弱,攀比心理突出,小部分学生由于家长的溺爱,责任意识、规则观念缺乏,自私自利情况严重,过分追求个人的权利和利益等情况。

上海杉达学院全面贯彻党的教育方针,坚持社会主义办学方向,落实立德树人根本任务,将社会主义核心价值观融入中外合作办学全过程,每年开展中外合作项目的年审评估,为了全面提高人才培养质量和办学水平,秉持"应用型、国际化、高水平"的人才培养目标,在中外合作办学过程中积极探索有效途径。该项目积极发挥职业生涯规划教育的有效性,倡导从"服务学生"到"引导学生发展",从"追求职业成功"到"追求幸福生涯",创新大学生生涯规划与指导课的授课内容和形式,在大一就开设 32 课时的职业生涯规划课程。职业生涯规划要与大学生的就业创业指导紧密结合。由于中外合作办学的学生的特点以及特殊办学情况,我们应全面、客观地掌握外部因素,为大学生们的职业生涯规划提供多种多样的信息资源,包括国内外政治环境、全球经济发展趋势、职业特点、岗位要求等,从而帮助学生们有针对性地提高个人职业素养,为将来的就业做好充足的准备。上海杉达学院结合中美合作班的实际情况开展职业生涯咨询个体和团体辅导、职业生涯规划大赛,提供职业生涯实习体验,充分发挥思想政治教育在中外合作

办学大学生职业生涯规划教育中的指导、激励和引领作用;运用课堂教学载体,通过案例教学讨论,积极引导学生正确处理国家、集体和个人之间的关系,把个人的发展前途和国家的命运联系在一起,把个人的职业理想同服务社会统一起来,科学规划大学生涯,尤其做好出国留学安排,完善个人职业发展蓝图。经过多年的实践情况,中外合作项目的学生经过中外共同的培养,毕业生就业率在 98% 以上,大部分毕业生的职业发展情况良好,受到了用人单位和毕业生们的一致认可和肯定。

2020 年,由于疫情,在美国学习的学生都是在云端保持学习、沟通和交流,网络课堂成了主渠道,学生们的爱国之心油然而生,老师们引导学生要顺应当下形式发展要求积极调整个人的职业目标和期望,做出严谨有条理的职业生涯规划,才能拓展自己生命的宽度和长度,诠释生命的意义和价值。这不仅升华了思想政治教育的育人功能,还是解决大学生高质量就业的有效途径。

三、课程思政化的大学生职业生涯规划教育实践探索

加强和改进大学生思想政治教育,上好思想政治理论课,培育信仰坚定的时代新人,是新时代高校思想政治教育的一个重要课题。习近平总书记一直强调要引导学生扣好人生第一粒扣子。上海杉达学院领导高度重视人才培养,把大学生职业生涯规划课程纳入教学计划中成为必修课。在课程思政推进过程中,大学生职业生涯规划课作为思想政治教育的有效载体和平台,蕴含着丰富的教育资源,思想政治教育是加强党的领导、做好教育工作的根本保证,必须贯穿学校教育管理的全过程。职业生涯教研室团队以大学生职业生涯规划教育为切入点,实现生涯发展教育与高校学生思想政治教育的有机融合,创新载体,丰富内容和形式,引领大学生形成正确的人生观、价值观和择业观,培养社会责任感,有利于提高思想政治工作的实效性,实现大学生的全面发展。在中外合作办学模式下,还需要把爱国主义教育和法治诚信教育作为重要目标开展教学活动,培养大学生的民族自尊心和自律、自强的意识,对大学生进行全程化职业生涯规划教育,对学生思想政治教育进行实践研究有着非常重要的意义。

(一)更新生涯教育理念,创新课程思政体系

把社会主义核心价值观贯穿于大学生职业生涯规划教育教学的全过程是职业生涯教师团队的一个共识。社会主义核心价值观是以促进人的全面发展为终极目标,以实现国家、社会和个人在根本价值目标上的融合统一为首要。其倡导的价值理念和昭示的前进方向,对大学生铸牢理想之魂、坚守价值追求、激发奋进之力有着重要的指导意义。在大学生职业生涯规划教育中,要把立德树人贯穿始终,用习近平新时代中国特色社会主义思想铸魂育人,培育和弘扬社会主义核心价值观,引领学生树立正确的职业观,把个人的职业理想与伟大"中国梦"的实现融为一体,把职业生涯的可持续发展与中

华民族的伟大复兴结合起来,构建以理想信念为支撑的职业生涯规划教育体系。在推进大学生职业生涯课程思政化建设过程中,教学团队把原先追求职业成功调整为幸福生涯理念,同时推动24优势和美德元素进教材、进课堂、进头脑,并从积极心理学的视角下去推动新时代大学生的生涯规划教育。中外合作办学要解决好"培养什么人,怎样培养人、为谁培养人"的根本问题,必须立足于国际化办学模式,以社会主义核心价值观为创新思想和理论基点,以社会主义核心价值观润泽和引领大学生的职业生涯规划,更好地发现中外合作办学模式下学生的优势和美德。

(二) 丰富教育教学内容和教学形式,打造新时代大学生思政教育新平台

上海杉达学院开展"情景式课堂教学模式"、混合式教学,通过团队私董会模式,依托"幸福花"工具,让职业生涯规划课逐渐成为学生受欢迎的幸福生涯课。为中外合作办学模式下的学生群体提供形式多样的教育教学活动,通过各种交流、服务活动,如选拔学生参与国外高校学生访问交流团、上海世博会等国际性大活动的志愿服务等,让学生在交流中进一步拓宽视野,展示学习成果,加深对异域文化和习俗的了解和理解,增强学习动力,获得一定的进步。在专题报告、团体辅导、个体咨询的基础上,以课堂教学为平台,以互联网为依托,同时进行线上、线下混合式教学、开放预约式的咨询和一对一个性指导,对学生进行学习生涯设计指导、学习能力与方法指导、创新创业训练指导等服务,建立理论与实践相结合的生涯规划教育体系,使大学生思想政治教育的目标回归大学生的全面发展,从而实现思想政治教育和生涯规划教育的相互融合渗透,在教育教学中引领大学生健康成长,追求幸福生涯。

(三) 以新时代教育思想和生涯发展理念为指导,创新大学生思想政治教育的模式与载体

上海杉达学院以大学生职业生涯规划教育为切入点,以"立德树人"为目标,从"课程建设、理论研究、咨询服务、跟踪实践"出发,整合力量,资源共享,着眼于学生未来的发展,培养大学生的创新创业意识,把"实践育人"教育理念落实到人才培养的全过程,开辟思想政治教育的新途径、新平台。秉持"幸福生涯"理念,打磨职业生涯规划课成为上海市级精品课,将"幸福花"渗透到课堂教学:从我的幸福愿景开始,自我分析、环境分析、职涯设计、生涯规划、评估调整实施成长引领,注重能力提升,学会目标管理、情绪管理、时间管理、学习管理和生命管理,引导学生利用"幸福花"工具,更好地把握现在,筑梦未来,追求幸福生涯。利用信息化平台,要充分发挥党团组织的引领作用,发挥学生党员和优秀学生干部在学生中的模范带头作用。根据学生多元化的发展需求,开展职业测评、个体咨询、创业教育、模拟面试演练、企业家讲坛、留学升学指导等多样化的职业指导教育活动,效果显著,学生反响良好,学生职业发展呈现出国留学、国内升学、

自主创业、本专业就业、按兴趣选择职业等多元化取向,这与他们个性特点明显、社会资源丰富有相当大的关系。

(四) 打造一支专业化的生涯师资队伍

我们可以看到,大学生在择业期间所表现出来的问题仅仅用现行的就业指导模式是很难解决的,有实效的就业指导应渗透在教育和社会化的过程中,并且需要相关的理论背景支持。更重要的是,就业问题不仅仅是一个社会问题,也是一个关乎人的发展的根本问题。大学生职业生涯规划教育作为思想政治教育的有效载体和有力抓手,通过对大学生思想、观念、人格和价值的重新塑造,更好地实现立德树人的教育总任务。通过打造一支职业化、专业化、专家型的生涯师资队伍,立足中外合作办学特点,创新思想政治教育课的授课内容和形式,配合运用信息化的教学手段,可以把职业生涯规划教育与大学生思想政治教育有效融合,让思想政治教育课落地生根、更接地气,为学生开展高质量职业生涯规划与就业指导活动,激发成长的自主性,增强学习内驱力,最终达到促进学生全面发展的教育目标,实现价值引领、知识传授、能力培养的有机统一,提升高校思想政治教育的针对性和实效性,达到共同的教育目的。

中外合作办学涉及国内外课程对接、并且英语学习任务重、总体课时数大的实际情况,在未来的工作推进过程中,需要进一步思考和实践探索。大学生职业生涯规划教育是一项系统工程,是高等教育的有机组成,也是提高中外合作办学质量的基础性工作。我们还需要进一步加强与国际交流处、留学服务中介机构、人力资源中介机构合作,充分利用现有的社会资源做好大学生职业生涯教育工作,适时开展学生的职业测评工作,做好中外合作项目学生的个人职业生涯发展档案,为职业生涯教育提供参考依据,更需要学院全员参与、家校互动、全程跟踪、内外联动的机制。培养符合新时代需要的具有国际视野的高素质人才,需要不断更新职业生涯教育理念和手段,积极探索和构建符合国情和学生特点的中外合作办学职业生涯规划育人途径,关注学生生涯发展,以人为本,服务于学生的成长成才,促进中外合作办学的健康持续发展。

【参考文献】

[1] 曹建斌.高职院校中外合作办学学生管理工作育人实践研究——基于"生涯发展"的视角[J].黑龙江教育(高教研究与评估),2013(11).

[2] 陈福宗,梁淑艳,郑静.基于中外合作办学视阈下大学生职业生涯教育的创新思考——以中外合作办学机构——鲁东大学蔚山船舶与海洋学院为例[J].中国多媒体与网络教学学报(上旬刊),2020(1).

[3] 陈雅婷,中外合作办学背景下的大学生职业生涯规划[J].佳木斯职业学院学报,2017(10).

[4] 苏文平.职业生涯规划与就业创业指导[M].北京: 中国人民大学出版社,2016.

[5] 吴坚.大学生职业生涯规划辅导体系及其激励机制[J].教育与职业,2014(17).

［6］许彤.大学生职业生涯规划教育调研报告——以河南科技大学中外合作办学模式为例［J］.学理论，
　　2012(17).

［7］杨光坤.新时代大学生思政教育的三项使命［J］.思想政治工作研究,2018(9).

【作者简介】

陈敏云,工商管理硕士,上海杉达学院工程学院党总支书记,助理研究员。研究方向为大学生职业生涯教育、思想政治教育。

韩斌全,教育学硕士,上海杉达学院胜祥商学院党总支副书记,助教。研究方向为思想政治教育。

大学生职业探索的目标、策略及培养路径

闫咏

一、引言

随着高校毕业生人数逐年增长,大学生就业问题日益凸显。党的十九大报告指出,"就业是最大的民生,要坚持就业优先战略和积极就业政策,实现更高质量和更充分就业"。

随着全球化和信息化发展,激烈的市场竞争加剧了组织外部环境的不确定性,稳定、安全的传统雇佣关系正在被短期化、高度灵活的雇佣方式取代,出现了"岗位弱化"或"无岗位工作",产生了无边界职业生涯和多样性职业生涯等非传统职业,这些非传统职业形态的创新,对工作岗位个性化的要求越来越强,组织更愿意挑选灵活性和适应能力强的员工。

二、以提升生涯适应力为目标开展职业探索,符合社会发展需要

后现代生涯理论认为,适应力比规划力更重要,以"适应"取代"规划","生涯适应力"(career adaptability)成为新的重要概念。生涯适应力是生涯建构理论的最关键因素,指个体在应对各种工作任务及角色转变中进行自我调整的准备状态或社会心理资源,体现了个体在生涯发展过程中面对外部挑战所具备的核心能力。萨维科斯提出生涯关注、生涯控制、生涯好奇和生涯自信是生涯适应力的 4 个维度,对应"我有未来吗""谁拥有我的未来""未来我想要做什么"和"我能做到吗"4 个生涯发展问题的解释。有研究发现,生涯适应力能够正向预测职业满意度和晋升机会,对工作压力的应对,以及大学生的就业质量等。

生涯适应力受到各种环境因素的影响,也与个体职业探索水平密切相关。职业探索的研究起源于职业发展理论,是人类探索活动的一种,是一个复杂的历程,是个体在探索动机推动下,对于自我和职业发展相关的环境进行探索,形成一定技能,获得相应的认识和情感反馈的过程,其最终目的是为了自我的发展和整合。

舒伯非常强调职业探索在职业发展中的重要地位,认为在职业决策前必须有探

索。有研究发现,职业探索对个体生涯发展有着重要的影响,有利于个体明确未来发展目标,从而做出更多积极主动的行为(如生涯好奇和生涯关注)。有过职业探索的个体在工作后,体验到更高的工作满意度、工作效能感和职业成就感,职业探索是否充分,也直接决定职业成熟和职业适应。职业探索过程是减少选择项的过程,是个体认识自我、认识社会的过程,是大学生社会化的一个必然的路径,因此职业探索对于生涯适应力具有十分关键的作用。施国春等对职业探索的研究集中于现状、影响因素的研究,未对职业探索培养的维度及路径进行细致的研究。为了更好地引导学生有效应对职业环境剧烈变化带来的挑战,适应流动的社会和不固定的组织,研究大学生职业探索对提升大学生的生涯适应力,成功就业和高质量就业有重要影响。

三、大学生职业探索途径设计策略

马克思主义认识论强调,认识是一个复杂的过程,这一过程既需要认识的主体性,又需要认识的客观性,是一个"实践、认识、再实践、再认识"的由浅入深、由片面到全面的发展过程:人的认识是从感性到理性的辩证过程,它不是片面信息的累积,而是不断思考和反复推敲比较,由浅入深的过程,具有多次反复性和无限发展的特点。职业探索是一种认知活动,也是一种应对行为,在职业探索过程中,探索过程、学习过程就是从实践到认识的过程,转化过程、行动过程是再实践、再认识的过程。职业探索不仅是获得职业目标的过程,还明确了自我发展方向,完善了自我。学生是职业探索的主体,大学生学会探索自己的职业目标至关重要,我们基于探索、学习、转化、行动 4 个维度,整合课堂、校园和社会三个空间,以建构的视角开展价值引领,以开放的视角建设校园文化,以发展的视角完善课程体系,以延伸的视角拓展实践。

(一) 四个维度

1. 探索维度:提供机会与支持,广泛探索

探索维度旨在提供机会与支持,帮助学生通过各种方式打开探索之旅的机会。大学生生涯发展的主题是"探索",这意味着在大学阶段,学生要以开放的态度,勇于尝试,参加各种社会实践,扩展与外部世界联系的多种途径;发展多种可能性,增加自我发展的"多焦点性",丰富经验。

2. 学习维度:创造机会,拓展学习

职业探索为个体提供学习的机会,是一个探索自我、提升自我、探索环境以及把握自我和环境之间关系、不断丰富观念和认识世界的过程,这个过程是动态的学习过程,通过探索使得个体对于自我及自我与环境的关系有新的认识。在大学阶段,学生要主动学习,不断掌握及体验各种不同的角色,学会学习,提升自我。

3. 转化维度：激发潜能，积极转化

生涯建构理论强调让学生在接触情景化信息的过程中建构个人意义，加强自我的分化与整合，发现生命意义的丰富性，将"潜能"转化为"现实"，形成一个更加和谐发展的自我。大学生应如何做？

4. 行动维度：知行融合，提升生涯适应力

大学生的职业探索是在知与行的互动过程中产生的，包括个体的探索、反思、调整、行动过程，大学生积极投入各种职业探索活动就是个体生涯发展和成长的过程，生涯行动践行促使个体检验、修正生涯发展理念，在生涯发展"知"与"行"的交替中螺旋式上升，提升生涯适应力，最终实现个体成长，这也是高校生涯教育提高实效性的着眼点。大学生应如何做？

(二) 三个空间

空间上要利用课堂（classroom）、校园（campus）、社区/社会（community）三类（3C）学习空间特征，从第一课堂到校园活动，到与社区/社会互动，使得知识不断由理论转化为实践，由学校扩散到社会，由内而外构建大学生职业探索的教育途径。

课堂职业探索聚焦于校内课堂；校园职业探索包括第一课堂外，在校园范围内开展的各类职业探索活动、沙龙、训练营、讲座等社团活动；社区/社会职业探索延伸到校园周边社区及国内外更广阔的社会空间，补充大学资源的短板（见图1）。

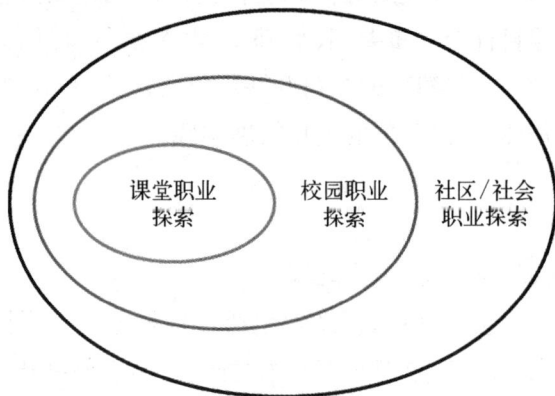

图1　课堂、校园、社区/社会等三个空间中的职业探索示意图

四、大学生职业探索的培养路径

基于以上讨论，依托四维3C的设计策略，以提升生涯适应力4方面为目标，通过价值引领、校园文化、课程教学、实践活动等开展职业探索。大学生职业探索培养路径见图2。

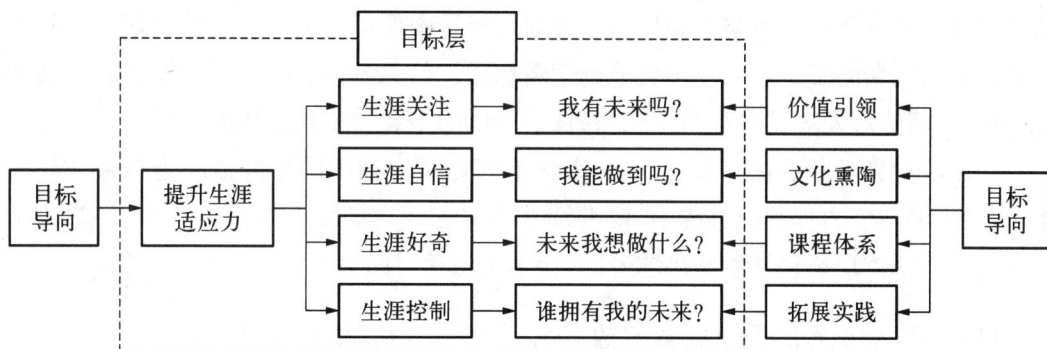

图2　大学生职业探索培养路径图

（一）价值引领是职业探索有效开展的前提，以建构的视角开展价值引领

没有价值体系的教育是没有灵魂的教育，我国《教育法》明确规定："教育必须为社会主义现代化建设服务，必须与生产劳动相结合，培养德智体等方面全面发展的社会主义事业的建设者和接班人"。因此在职业探索过程中，用社会主义核心价值体系作为主体导向，大力加强理想信念教育，将个人的职业理想与社会主义和谐社会的建设和发展紧密结合，将个人目标建立在符合社会需求和经济发展规律基础上，积极引导和鼓励学生自觉将个人职业理想与社会共同理想结合起来，把个人发展与国家民族命运结合起来，树立正确的价值观。

萨维科斯的生涯建构理论重视个人的主观生涯，认为个体建构自我时，关键并不是"事实是什么"，而是"个体认为是什么"，从建构的角度引发学生思考"职业对你的意义是什么""我有未来吗"，回应生涯关注维度，帮助学生建构正确的职业观和生涯观，帮助个体确立未来。

（二）校园文化建设是职业探索有效开展的枢纽，以开放的视角建设校园文化

以良好的文化氛围做支撑回应生涯自信维度"我能做到吗"的生涯发展问题。职业探索旨在开放的时代背景中帮助个体构建完美的未来并克服困难，因此文化建设非常重要。以开放的视角建设校园文化，一是要创新校园环境，开展丰富多彩的校园文化活动，形成宽松、民主、自由、开放、进取的环境氛围，注重成功典型案例的培育和宣传，树立角色楷模，加强正向引导；二是要扎根中国，推进中华优秀传统文化的创造性转化，要秉承文化观念进步原则，将中国传统文化中蕴含的自强不息、奋发向上、吃苦耐劳的精神和用于承担风险、开拓奋斗的文化融入职业探索的基本内核，培养自尊和自信。

（三）课程体系是职业探索有效开展的基础，以发展的视角完善职业探索体系

课程体系建设回应了生涯控制维度"谁拥有我的未来"的问题，可以有效提升个体

的决策水平和自我管理策略等。目前生涯规划指导中使用较多的霍兰德的职业兴趣匹配理论和戴维斯的工作世界理论更强调逻辑和理性的思考,权衡各种选项,作利益最大化的选择,将生涯发展的过程简单化,忽视了个体的主观体验和独特性。

在职业世界不断变化的大背景下,大学生就业能力当中的生涯适应力越来越受到重视,在生涯适应力提升的过程中,要继续丰富完善现有的职业探索教育体系,学习中的所有环节都体现尊重学生的兴趣爱好,让学生做学习的主人。

(四)实践体系是职业探索有效开展的核心,以延伸的视角拓展实践

充分利用校内外资源,尤其是校友资源,训练大学生的信息获取技能,并为大学生提供职业信息,使实践教育与理论教学无缝对接,回应了生涯好奇维度"未来我想要做什么",加速个体对可能自我和职业的探索。校友是学校发展的重要资源,校友对在校生具有重要话语权。在校学生通过积极参加活动的组织与运作,与校友、职业人、名企高管之间建立联系,进而对职业探索产生较为深刻的认识。

五、开展职业探索的有效工具

(一)生涯人物访谈

通过与校友访谈获取关于行业、职业和单位"内部"信息,了解该职业岗位的实际工作情况,获取相关职业领域岗位工作内容、薪资待遇、工作需要的能力素质等信息。通过生涯人物访谈获取两方面信息:① 职业咨询,包括工作性质、人物和内容,工作环境和工作地点,所需教育、训练或经验,所需个人资格、技能,收入或薪资范围、福利等。② 生涯经验,包括个人教育或训练背景,投入该职业的决策过程,生涯发展历程,工作心得(乐趣和困难),对工作的看法,获得成功的条件,未来的规划,对后者的建议等。

(二)岗位说明书

利用校友、基地等多种渠道和网络咨询收集职业信息,制作岗位说明书,允许信息的模糊和不确定,并注意信息的更新。岗位说明书有以下作用。

一是梳理行业信息。根据《国民经济行业分类》选择一个行业相关行业,了解行业信息,关注行业领军企业,关注财务世界 500 强、财富中国 500 强,尤其是行业版的领军企业排名。

二是整理职业信息。根据《中华人民共和国职业分类大典》中职业分类结构具体了解职业信息,选择相关单位,关注单位网站,尤其是校园招聘模块,了解职位性质、职位描述等信息。关注单位的组织架构、核心岗位和发展路径。

三是对收集到的岗位说明书进行分析整理,排列筛选分别得出各专业毕业生选择

最多的岗位。对这些岗位进行搜索和重点调查，寻找学生要应聘岗位所具备的特质和能力。通过查找不同性质的企业（国企、民企、外企业），寻找用人单位对于这些岗位的招聘要求及岗位职责，包括岗位职责、任职者要求、基本技能、职业素养、晋升、薪资绩效。

（三）本土化学职地图

在建立职业资料库的基础上进行分类汇总，以岗位为中心，绘制从入职需求、知识能力储备、课程实践依托为主线的岗位胜任力拓扑地图。

（四）职业探索微课视频

拍摄制作职业探索微课视频，在职业生涯类课程中分享，提升学生对职业的认知度。分为三个阶段实施：前期确定采访对象，约定采访时间；同时组建学生采访团队，利用假期时间进行集中走访拍摄。中期进行采访资料汇总分类，对拍摄视频剪辑，并根据内容进行重新排列，同时配合语句加上表情包等元素，增加视频的亲和感、互动感，拉近与学生之间的距离。后期通过课堂、公众号等平台途径，发布视频，并存档归类建设职业探索视频职业资料库。

（五）VR 职业体验

VR 职业体验有文字、声音、视频三个维度，其沉浸感让内容"活"起来，VR 具备360°全景画面，可以接收到的信息更多，感受职场环境，更容易带入到情景当中；VR 设备内置陀螺仪、GPS 等模块，配备体感控制器和手柄遥控器等，通过多方位的扫描精准感应身体每一个部位的动作，同步到场景当中，身临其境的感受更进一步。VR 职业体验可以节省成本，针对一些涉密性工作岗位，优越性更突出。

【参考文献】

［1］BLUSTEIN D L. The role of career exploration in the decision making of college students［J］. Journal of college student development, 1989, 30.

［2］FELDMAN D C, & NG T W H. Careers: mobility, embeddedness, and success［J］. Journal of management, 2007, 33(3).

［3］FLUM H, BLUSTEIN D L. Reinvigorating the study od vocational exploration: a framework for research［J］. Journal of vocational behavior, 2000(56).

［4］HOLLAND J L. Making vocational choices: a theory of vocational personalities and work environments［M］. 3rd ed. NJ: Prentice-Hall, 1985.

［5］HOU C N, LEUNG S A, LI X X, et al. Career adaptability scale-China form: Construction and initial validation［J］. Journal of vocational behavior, 2012, 80(3).

［6］KAMINSKY S E, BEHREND T S. Career choice and calling: integrating calling and social cognitive career theory [J]. Journal of career assessment, 2015, 23(3).

[7] KLEHE U C, ZIKIC J, VIANEN A E M V, PATER I E D. Career adaptability, turnover and loyalty during organizational downsizing[J]. Journal of vocational behavior, 2011, 79(1)

[8] Lofquist L H. A psychological theory of work adjustment[M]. Minnesota: University of Minnesota Press, 1984.

[9] SAVICKAS M L. Career adaptability: an integrative construct for life-span, life-space theory [J]. Career development quarterly, 1997, 45(3).

[10] SAVICKAS M L. Career construction: a development theory of vocational behavior [M]// BROWN D, BROOKS L. Career choice and development. San Francisco: Jossey-Bass, 2002.

[11] STUMPF S A, COLARELLI S M, HARTMAN K. Development of the career exploration survey (CES) [J]. Journal of vocational behavior, 1983(22).

[12] SUPER D E. A life-span, life-space approach to career development [M]//BROWN D, BROOKS L. Career choice and development: applying contemporary theories to practice. San Francisco: Jossy-Bass, 1990.

[13] TAVERIA M C D. Exploration and career development in adolescence: relation between exploration, identity, and indecision [D]. University of Minho, 1997.

[14] WERBEL J D. Relationships among career exploration, job search intensity, and job search effective ness in graduating college students [J]. Journal of vocational behavior, 2000, 57.

[15] YE L H. Work values and career adaptability of Chinese university students [J]. Social behavior and personality. An international journal, 2015, 43(3).

[16] 高岸起.认识论模式[M].北京:人民出版社,2010.

[17] 高艳,王瑞敏,林欣.基于生涯混沌理论的大学生职业生涯规划课程设计[J].高教探索,2017(12).

[18] 何树彬.高校生涯咨询的理念创新与实践路径[J].思想理论教育,2018(4).

[19] 林文伟.创业教育价值意蕴研究[J].思想理论教育,2012(12).

[20] 曲可佳,邹泓.大学生职业生涯探索的发展过程及影响因素——基于扎根理论的研究[J].青年研究,2012(6).

[21] 施国春.职业探索理论及其结构的研究综述[J].中国校外教育,2008(9).

[22] 赵小云,郭成.国外生涯适应力研究述评[J].心理科学进展,2010(9).

【作者简介】

闫咏,上海海洋大学就业创业服务中心,讲师。研究方向为大学生生涯教育。

生涯混沌论视角下提升大学生生涯
适应力课堂培养模式研究

赵玲蓉

一、生涯混沌理论和生涯适应力的概念界定

(一)生涯混沌理论

混沌一词原指宇宙未形成之前的混乱状态,现经常用于描述混乱的状态、无规律的运动和不成形的事物。Bright 和 Pryor 将混沌理论引入对生涯现象的描述与生涯心理的揭示,提出了生涯混沌理论(chaos theory of career)。

生涯混沌论认为,生涯是内外多种因素的交互作用下所形成的复杂系统,具有动态开放以及非线性的变化过程等特点。不确定性、不可预测性是生涯发展的本质特征,每个人的生涯决策能力如何是基于当时可控条件下的因果逻辑关系推导出来的,就算前期研究再透彻,想准确预测一个人的未来依旧是不太可能实现的。确定性和可预测性并不能成为生涯辅导的目标。学生需提升生涯适应力,学会应对生涯发展中遇到的偶发事件和不可控事件,生涯适应力越强,应对性越强。

(二)生涯适应力

生涯适应力作为生涯建构理论的核心概念,认为个体生涯发展的驱动力并不是随着年龄日渐成熟的内在结构本身,而是"适应",即个体在内部世界与外部世界的相互碰撞与适应中构建自己的职业生涯。生涯适应力(career adaptability)是一种心理社会结构,是个体在应对当前和临近的生涯发展任务、生涯转换和生涯问题时的准备程度和心理资源,使其能够在生涯角色中实现自我概念,体现了个体在生涯发展过程中面对挑战所具备的核心能力[5]。萨维科斯和普罗菲利在 13 个国家展开实证研究,界定生涯适应力的抽象层次由生涯关注、生涯控制、生涯好奇和生涯自信 4 个维度构成。侯志瑾检验了该内涵及结构适用于中国大学生群体。生涯适应力的 4 个维度分别对应职业生涯发展的 4 个重要问题:我有未来吗?谁拥有我的未来?未来我想要做什么?我能做到吗?4 个维度以不同的速度发展,同时伴随着可能的固着和退化。中等程度上的发展不协调会使个体在职业

决策准备程度上产生个体差异,同时也可以解释丰富多样的发展模式;但若四维度中出现延缓或高度不协调则会产生异常的发展模式,导致职业偏好难以形成、职业决策困难等问题。

二、大学生生涯适应力培养的必要性

(一)大学生生涯适应力的现状及重要性

研究表明,我国大学生的生涯发展现状并不乐观。生涯适应力总体水平偏低,子维度的得分也不高,具体表现呈现多样化。例如,新生的适应障碍问题严重,难以完成生涯转换;部分学生沉溺于网络游戏,逃避现实世界,逃避压力和责任;受班级及寝室同学影响较深,有些学生盲目跟风考研、考公务员,缺乏对自我兴趣、能力、人格、价值观的深入探索等。生涯适应力不足使大学生饱尝负面情绪之苦。

大学生处于职业探索阶段,需要不懈地探索、试错、发现、领悟等,这也意味着生涯发展任务的繁重而紧迫。生涯适应力是一种重要的心理资源,能够预测个体是否能够获得职业成功,拥有较强生涯适应力的个体更容易获得生涯满意度,因此对大学生生涯适应力的培养显得格外重要。生涯适应力这种可贵的心理资源将助力大学生的心理、行为、人格的健康成长,帮助大学生建构属于自己的生涯世界,实现成长。

大学生要学会了解自我,明确优势和不足;学会自我教育,积蓄能量,承担责任;学会拓宽视野,拆掉思维里的墙;学会自我挑战,重塑信心。由此让自我世界和外部世界更加清晰地呈现在眼前。

(二)高校大学生生涯适应力培养现状

目前大多数高校都为学生提供职业生涯教育,但在培养中还存在着如下 2 个方面的问题。

1. 学校培养模式不够完善

主要表现为学校培养理念落后,更多集中于就业技能培养;教育教学效果不佳;校企协同力度不够;师资力量薄弱。

2. 大学生缺乏主动培养意识

表现为大学生的职业生涯发展观念不强;大学生存在职业依赖性;大学生忽视职业素养的全面提升。高校作为培养学生的摇篮,如何发挥高校课堂的教学效果,提升大学生的生涯适应力值得研究。

三、课堂培养模式设计

(一)理论基础

1. 职业生涯发展理论

美国著名生涯专家舒伯从终身发展的角度,结合职业发展形态,将生涯发展阶段划分为成长、探索、建立、维持与衰退 5 个阶段。基于舒伯的生涯发展论,大学生正处于探索阶段中的过渡期(18～21 岁)和尝试期(22～24 岁),过渡期的特定发展任务是进入就业市场或专业训练,更重视现实,并力图实现自我观念,将一般性的选择转为特定的选择;尝试期的主要发展任务是生涯初步确定并试验其成为长期职业生活的可能性。

2. 生涯建构理论

传统生涯理论可以预测的生涯发展路径、理性决策为特征,关注的焦点在个人与环境的匹配,而随着现代社会日新月异的发展变化,萨维科斯在舒伯、克里茨理论基础之上提出生涯建构理论,通过个体建构主义、社会建构主义并结合后现代主义的视角,为生涯理论注入新的内涵。生涯建构理论将生涯适应力作为核心概念,认为个体生涯发展的驱动力并不是随着年龄日渐成熟的内在结构本身,而是"适应"。

3. 团体动力学理论

德裔美国心理学家库尔特·勒温提出团体动力学理论,指出:团体是一个整体,团体中每个成员之间,都会产生彼此交互影响的作用,团体中每一成员都具有交互依存的动力。当团体内部的成员交流顺畅时,便会产生凝聚力;反之,则会产生瓦解力。因此,要重视团体中个体的因素,并能充分调动每个成员的积极性。

(二) 课堂教学设计模式

本文设计了"四维多阶教学"模式,来培养学生的生涯适应力,四维包括:提升生涯关注度、培养生涯好奇心、增强生涯控制力、提高生涯自信心(见图 1)。

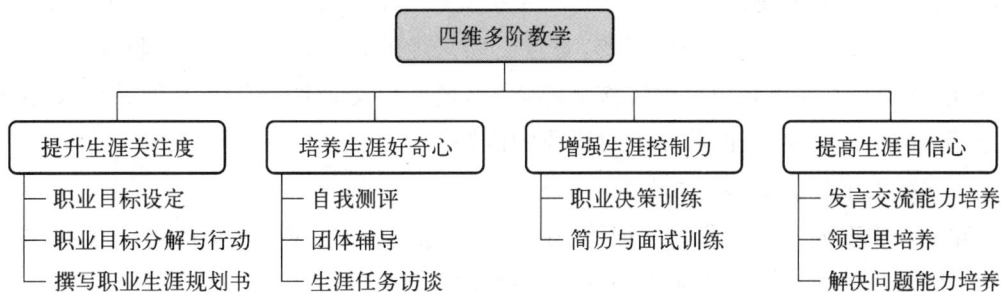

图 1　四维多阶的课程培养模式

(三) 课堂教学实施步骤

1. 畅想未来,提升生涯关注度

此模块主要是通过生活技能方案、撰写未来自传或生涯导向练习等策略来指导大学生完成自己的职业生涯规划,提升他们未来发展的希望感,进而提升生涯关注度。

(1) 职业目标设定

通过案例教学,开展案例分析。通过分析案主的背景资料、自我知识测评结果、面临的现实因素和决策以及职业知识收集情况,帮助案主制定目标。通过生涯幻游、名片制作、墓志铭等团体辅导活动,帮助学生设定自己的职业目标。

（2）职业目标分解与行动

通过介绍时间顺序法、金字塔法、Smart 方法等强调目标分解的重要性,并开展课堂活动：制定 1 天签约 1 个客户的行动计划,培养学生目标分解的思维。

（3）撰写职业生涯规划书

撰写职业生涯规划书,阐述个人的自我认知、职业认知和职业规划设计。

2. 了解自我,培养生涯好奇心

此模块主要引导大学生了解和测评自我职业兴趣、性格、能力和价值观以及了解各类职业信息,进而培养生涯好奇心。教学主要从以下 3 方面开展。

（1）自我测评

为帮助学生对自我有更清晰的认知,对学生分别进行了自我探索的测评,如 MBTI 性格类型测评、霍兰德职业兴趣测试等。

（2）团体辅导

通过介绍职业与能力的关系,并让学生用 STAR 原则阐述成功事件,探索个人能力;通过在课堂上开展"价值观市场"活动：以小组形式,双方交换拥有价格标签的物品,帮助学生理解构建价值观,同时学生线上进行了价值观测试。

（3）生涯人物访谈

了解各类职业的信息和对从业人员对素质要求,有利于增强学生对工作世界的认识。通过开展生涯人物访谈的方式,让学生更直接了解接触工作,主要做法如下：班级学生以小组形式开展,制定访谈纲要,对自己感兴趣的领域内的 1～2 位职业人进行访谈,要求被访谈人在该领域至少工作 3 年以上,最后提交访谈报告和制作采访视频,学生分享采访心得,如自己的收获或对行业的认知。

3. 肯定自我,增强生涯控制力

此模块主要通过对自我肯定训练、做决定训练、练习自我管理策略等干预办法,提升学生对未来职业生涯的控制力,从以下两方面开展。

（1）职业决策训练

帮助学生了解决策风格,并介绍 SWOT 分析、生涯决策平衡单等理性决策方法。

（2）简历与面试训练

介绍简历的构成模块及内容,使学生掌握简历撰写方法和技巧;面试训练模块通过介绍面试流程、面试如何准备、注意事项等,组织学生开展课堂活动：模拟面试训练,培养学生面试。

4. 克服困难,提高生涯自信心

此模块主要通过建立角色楷模、培养问题解决能力等增强大学生克服未来生涯中潜在障碍和困难的信心。

生涯自信心的培养贯穿职业生涯课程的全过程,课程开展期间,给予学生更多的自主权和发言交流权;以小组形式开展课堂课后活动,帮助学生提升合作沟通的能力及领导能力;通过职业兴趣岛、生涯人物访谈等活动,培养学生解决问题的能力等。

四、课堂培养模式的成效

(一)研究对象

本次研究对象为"职业发展与就业指导"课程大一新生,均未在大学接受过职业生涯教育,且按照上述四维多阶的课程培养模式学习,参与调研人数为123人。

(二)课程开始前研究对象生涯发展现状

在课程开始前,通过问卷调查方法调研学生生涯发展现状:55%的学生了解自己职业兴趣,31.7%的学生了解自己擅长从事的职业类别,20.3%的学生确定了自己的职业目标,19.5%的学生认为有必要对自己进行职业规划,9.6%的学生了解职业的分类,12.2%的学生了解用人单位的招聘员工的能力和素质要求。调研结果显示,学生当前生涯关注度、生涯好奇心均比较低,生涯控制力和自信心较弱,总体上生涯适应力较低,需要开展干预,提升学生生涯适应力。

(三)课程结束后研究对象生涯发展现状

123名学生学习完"职业发展与就业指导"课程后,对其进行了测试,通过访谈形式,了解学生在职业生涯与发展规划中态度、知识和技能3方面的情况。

测试结果显示,大部分学生对职业规划、职业等有了较为清晰的了解,并制作了个人简历和职业生涯规划书,在访谈中,学生提到"刚入大学,自己对于职业规划毫无想法,通过该门课程,让我清晰知道生涯规划的重要性,也认识了解了自己,我会继续掌握课堂学习的方法,不断探索",多数学生反馈自己在活动的参与过程中,获得了锻炼和成长,较早对自己开始定为和做职业规划。这说明该培养模式具有推广和实践价值。

五、总结与反思

本研究通过从生涯适应力的4个维度出发,设计了《职业发展与就业指导》课程教学的四维多阶模式,每个维度需根据需求设计相应的教学方案和活动。调研结果显示,本文所设计的课堂教学培养模式具有可行性和操作性,契合了新时代大学生的发展需求。

【参考文献】

［1］ BARABASI A L. Linked：how everything is connecetd to everything else and what it means for business，science and everyday life［M］. New York：Penguin，2003.

［2］ HOU Z J，LEUNG S A，LI X X，et al. Career adapt-abilities scale-China form：construction and initial validation［J］. Journal of vocational behavior，2012，80(3).

［3］ SAVICKAS M L，PORFELI E J. Career adaptabilities scale：construction，reliability，and measurement equivalence across 13 countries［J］. Journal of vocational behavior，2012，80(3).

［4］ 关翩翩,李敏.生涯建构理论：内涵、框架与应用[J].心理科学进展,2015,23(12).

［5］ 李蕾,陈鹏.发达国家职业启蒙教育的经验与启示[J].职教论坛,2017(21).

［6］ 阮娟.后现代生涯理论及其对大学生职业发展教育的启示[J].东南学术,2016(4).

［7］ 沈之菲.生涯心理辅导[M].上海：上海教育出版社,2000.

［8］ 苏多杰.混沌学及其辩证思想[J].青海社会科学,1996(4).

［9］ 许永胜.大学生思想政治教育工作中集体塑造模式的构建[J].中国科教创新导刊,2012(22).

【作者简介】

赵玲蓉,上海海洋大学经济管理学院,助教。研究方向为大学生生涯教育。

基于自我管理的大学生职业
生涯奋斗观教育研究
——以 X 学院学生的调查为依据

鲁雯雯

近年来,大学生就业困难成为当今社会一大难题,究其原因,除了有大学生人数增多、全球经济放缓等外因,大学生对职业生涯发展缺乏认知、知识技能水平无法和职位匹配、自我管理能力差、重薪资轻自我发展、缺乏奋斗动力等也是主要因素。

如何在职业生涯发展过程中选择自己满意的职业,并实现自己的职业目标,获得职业生涯幸福乃至整个生涯幸福,是每个人的追求。同时,人人都能在职业中获得幸福感也是社会稳定和发展的前提。在追求职业生涯幸福的过程中大学生需要不断改善自我,提升自身的人力资本,包括知识储备、技能掌握、情商水平等,才能获得自己满意且有幸福感的职业。在提升人力资本过程中提高自我管理,形成良好的奋斗观是内生动力。

一、大学生自我管理现状

当前"00 后"已经占据大学生的半边天,他们是成长在科技发达、经济飞速发展时代的宠儿。随着生活水平的提高以及家庭环境的变化,00 后很多都是独生子女,在家中长期受到父母长辈的呵护,不知道吃苦是什么概念。同时在日常的衣食住行、处理人际关系中,也大多依赖父母长辈,一些大学生甚至从小被溺爱包围,形成以自我为中心的性格,导致他们自我管理意识比较淡薄,在生活、学习等众多方面依然具有很强的依赖性,养成了佛系的性格,缺乏奋斗精神。而在大学阶段,他们往往不得不脱离家庭的照料,到陌生的环境独立的生活和学习,为了在陌生的环境中寻找安全感,大多学生借助手机游戏、泡沫电视剧等分散注意力,这也导致了大学生上课注意力不集中、沉迷游戏无法自拔等现象。

二、大学生职业生涯认知现状

通过对 502 名不同专业的大一学生进行问卷调查,我们发现,95.16％的学生表示职业生涯规划教育对于高校大学生是重要的,84.27％的学生表示愿意接受职业生涯规划教育相关活动。可见,学生对职业生涯规划教育的需要是十分迫切的。97.18%的学生认为兴趣是选择职业的主要影响因素。这说明 00 后的大学生在选择职业上更注重自我感受和自我价值实现,且更愿意按照自己意愿选择职业而不是被职业选择,这是比较好的现象。但调查还显示 58.47%的学生认为稳定的工作比职业幸福感更重要。选择高薪与职业幸福感的比例不相上下,49.19%的学生选择了高薪,50.81%的学生选择了职业幸福感。

这几项调查数据反映出了当前大学生虽然注重自我价值实现,但又缺少奋斗精神,在追求高薪的同时,又不愿意过多的付出。这显然是互相矛盾的,也间接反映出 00 后大学生职业生涯认知现阶段存在的问题:既过高估计职业目标预期,又过低重视人力资本提升,未形成成熟的奋斗观念。

三、影响大学生职业生涯奋斗观的因素分析

(一) 外在因素

根据当前大学生的成长和教育环境分析,影响大学生职业生涯奋斗观的外在因素,主要包括以下几方面。

1. 家庭教育环境因素

父母是孩子的第一任老师,自古便有子不教父之过的俗语,因此家庭教育在学生的一生中起着重要的作用,甚至会对孩子的一生产生影响。因此在孩童时代培养学生的奋斗观是必不可少的。但随着国家计划生育的实施,大多数家庭都是独生子女家庭,这无疑导致了父母甚至上一代长辈对子女的过度关心和照顾,使孩子在溺爱的环境中成长,这也就间接促使大学生慢慢地缺乏一种奋斗观念,形成了衣来伸手、饭来张口的坏习惯。

2. 国家的宏观环境因素

国家宏观环境纷繁复杂,大致可以梳理为政治环境、经济环境、文化环境、物理环境、科技环境。人类除了具有自然属性之外还具有社会属性,因此人的发展离不开社会的发展,离不开宏观大环境。中华民族发展过程中所传扬的故事中,从古代的寓言故事愚公移山、夸父逐日、精卫填海,再到如今的电影《哪吒》中的"我命由我不由天",都是一种奋斗精神的体现。总体来说我们在五千年历史的积淀中形成了团结奋斗的这样一种民族精神,这无疑给学生创造了建立奋斗观的大环境。但随着改革开放以来,国家经济开始飞速发展,人民生活水平日益提高,这无疑是给人民营造了良好的生存环境,但同时也应运而生相应的问题。00 后的学生成长在安逸的环境中,从小便满足了个人的物质需求,以为可以不付出努力就可得到想要的结果,也就导致内心的奋斗观念被冲淡,而更多追求不劳而获,形成懒惰的思维。

3. 学校的教育环境

据调查,影响学生进行生涯决策的重要他人方面,根据所占比例由高到低依次为:父母亲戚、教师、专家和职场成功人士、同学或朋友。可见学校的教育对学生生涯的影响也是举足轻重的。随着国家的发展,国家对教育的投入也是有增无减,国家的教育模式从原来的精英化教育向大众化教育转变,当然也包括国家最近几年对大学思想政治教育和价值观教育的重视,比如课程思政教育的兴起。职业规划教育属于思政化教育中的一类,在本门课程中,教师能否帮助学生在课程中形成良好的奋斗观念关系着学生未来就业顺利与否,甚至关系着社会发展稳定与否。

(二) 内部因素

除了外部环境的影响之外,大学生职业生涯奋斗观的缺失也有自身因素的影响,我总结为以下两方面。

1. 大学生对奋斗观概念认识不足

大学生虽然能轻轻松松说出"奋斗"这样的词汇,但却只是停留在嘴上,却没真正付诸实际行动,甚至有些人把"奋斗"用在了打游戏上。可见大学生平时学习和生活中对"奋斗"一词没有正确的认识,缺少正确的奋斗观。奋斗观应该是人们对奋斗的整体概念的看法和总结,包括对"为什么要奋斗、为谁奋斗、怎样奋斗"等问题所持的个人基本态度。大学生持有怎样的奋斗观,对其未来发展以及社会发展来说至关重要。个人未形成良好的、正向的奋斗观,那么整个社会的风气也会因此受影响,社会整体奋斗观同样会反作用于每个人,因此两者是相辅相成、密不可分的。如今伴随着科技的飞速发展,信息处于完全共享的状态,人们通过手机、电脑、电视等媒体随时可以关注世界的变化和发展,这无疑给我们生活带来了便捷,但也同时带来了挑战。剽窃、赌博等社会不良事件也无形中给大学生形成正确的职业生涯奋斗观带来了挑战。大学生只有内心有足够的定力,形成正确的人生观和价值观,形成正确的奋斗观念,才会在未来职业中不断进步、不断为社会创造更多的价值。职业规划教师要引导每个学生树立正确的奋斗观,等他们毕业后步入社会、走入职场的时候,就会减少不良事件的发生,为更多的后来者创造良好的社会环境。

2. 大学生不能进行良好的自我管理

进入大学阶段后,大学生们的自由时间非常充裕,如何利用这些时间,是大学生们最应该思考的问题。大学就像小型社会,在这里除了学习之外还可以学到很多课本之外的东西,当然也会有很多的诱惑,如果不加以控制很容易酿成恶果。因此自我管理能力是大学生必不可少的一门自修课。大学阶段如果能够很好地进行自我管理,形成良好的学习习惯和生活习惯,在毕业后选择职业生涯时就不至于南辕北辙,进入职场时也不会出现掉队现象。良好的学习习惯可以帮助大学生在大学期间积累充足的知识、技能、发现自身优势等;良好的生活习惯可以帮助大学生在校园文化生活以及社会实践生活中发现自身的美德、发挥自己长处、充分地进行自我探索和职业探索。学习职业生涯规划的过程也是良好的学习习惯养成的过程之一,当然也是形成积极的健康求职心理的过程。在学习职业生涯过程中,养成好的习惯和保持健康积极的求职心理可能会影响学生短暂的职业生涯,甚至会影响学生一生的职业锚的选择。虽然大学生生活阅历较少,心理还不够成熟,但是正处于青春期到成熟期转变的他们心思单纯、充满热情和活力、执行力强,这也是对他们进行引导,形成良好的自我管理能力的有利因素。

四、引导大学生通过自我管理形成良好职业生涯奋斗观的对策探讨

基于以上对某高校部分学生的调查研究以及大学生对职业生涯认知状况和影响大学生职业生涯奋斗观形成因素分析,本文提出以下几点大学生通过自我管理形成良好的职业生涯奋斗观的方法。

(一)以课堂教学为主要场所,帮助大学生增强对自我管理的职业生涯奋斗观念的认识

首先,课堂教学过程中以科学理论指导大学生进行自我探索和自我管理,可以通过自我认知相关理论(如佛罗伦萨四型人格理论和霍兰德职业兴趣理论)与专业的结合,帮助大学生进行自我职业方向探索,从而为大学生进行自我管理提供方向和目标,激发大学生主动进行自我管理、自我学习、自我教育的奋斗动力。

其次,通过传授自我管理的具体方法和知识帮助大学生在课堂和课外形成良好的自我管理能力。在课堂教学环节也要注重学生自我管理的奋斗观培养,如通过与职业生涯规划相关的课堂活动环节激发学生课下自我学习和自我实践的能力,引导学生把课下准备的作业或调查带到课堂进行分享、同学间评价等,对于课堂分享优秀的学生给予一定的平时分,从而帮助大学生提高课堂和课下自我管理能力,形成奋斗观意识,为形成职场奋斗观念意识打下基础。

(二)营造积极向上的外部发展环境,以无形之手促进大学生提高自我管理的职业生涯奋斗观意识

首先,大学生在校期间除了通过课堂提高自身知识技能外,还可以通过大学生社团、职业生涯规划大赛等来提高自身专业技能或专业技能以外的知识、技能、情商的积累,同时也可以拓展自己的社会资源,为将来就业提供更多的可能性。因此校园文化活动可以作为大学生自我管理职业生涯奋斗观形成的辅助性载体。因此,学校在开展课外活动时,可以适当引入自我管理的奋斗观理念,依托校园文化活动这一具有自主性、多元化特点的学生自我管理途径,提高学生的参与热情和奋斗观念。

其次,学校可以通过期末评奖评优时的素质测评方法,引导大学生发现自我和探索自身的优势、性格和兴趣所在,促使学生思考"我擅长什么、不擅长什么""我对什么感兴趣、对什么不感兴趣""我的职业价值观是什么"等问题。通过科学的测评使大学生对自身有全面的了解,发现自己的职业倾向,为未来就业提供更明确的自我管理和奋斗的方向。

最后,要建立全员、全过程、全方位的大学生职业生涯自我管理的奋斗观教育机制。自我管理奋斗观的引导要校内全体教师和教辅人员共同努力,也要校外家庭和社会的合作。自我管理奋斗观的引导要从大一新生入学开始到毕业为止。从公共课到专业课,所有课堂教学都要引入对大学生自我教育奋斗观的引导。通过全员、全过程、全方位的努力共同为大学生创造出积极向上、良性发展的环境,为大学生形成自我管理的职业生涯奋斗观保驾护航。

(三) 注重引导大学生发现自身的美德和优势,提高形成自我管理职业生涯奋斗观的内驱力

每个人在一生中都在追求着各自的幸福,虽然千万个人有千万个幸福的定义,但在追求幸福的路上,自身的美德和优势的探索和发挥才是拉近幸福的内驱力,也是在追求幸福的路上提升自我管理能力、改善实现幸福的奋斗观的内在因素。因此,要想帮助大学生通过自我管理实现良好的职业生涯奋斗观念,更应注重引导其从自身出发,发现自身美德和优势,提升内驱动力。职业生涯课程专业教师在课堂引导大学生探索自身兴趣、价值观、性格,寻找职业方向和目标之余,帮助大学生通过课下探索发现职业目标的美德和优势,更是整个职业生涯引导过程中不可或缺的帮助大学生实现自我管理从而形成良好奋斗观的关键手段。

专业教师可以课下安排学生在课程期间通过微信、微博等小程序进行每日省思打卡等活动,并将其作为课程考核的一部分。子曰:"学而不思则罔,思而不学则殆。"每日自省可以引导学生形成良好的学习习惯和生活习惯、发现自己过往经历中体现的美德和优势,在以后的职业生涯发展过程中充分发挥自身内在潜质;还可通过此方式帮助大学生实现自我管理、自我监督、自我教育。教师还应对学生关于社会、政治、经济、文化等环境的认识进行正确引导,帮助其找到人生的方向和职业发展方向,树立正确的世界观、人生观、价值观,形成正确的职业生涯奋斗观念,在实现自我价值的同时,也为社会的前进和发展作出贡献。

【参考文献】

［1］丁燕华,孙元元,毛春红.探析职业生涯发展幸福感［J］.绍兴文理学院学报,2012(4).
［2］高红霞,陈敏云,皮凤英,刘婷婷.大学生职业生涯导论［M］.复旦大学出版社,2015.

［3］顾华,王苇.翻转课堂在职业生涯规划课程中的实践［J］.科教文汇(中旬刊),2018(7).

［4］李畅.职业生涯发展过程中大学生主观幸福感影响因素分析—基于长春金融高等专科学校的调查研究［J］.科教文汇,2020(2).

［5］梁楹.新时代青年奋斗观培育探析［J］.教育评论,2019(10).

［6］刘清亮.高校在大学生职业生涯规划中的责任［J］.青岛大学学报,2017(5).

［7］泰香.新时代大学生的奋斗观—弘扬社会主义核心价值观做新时代的奋斗者［J］.大家思考,2018(8).

［8］颜文娟.当代大学生职业价值观现状与教育对策研究［D］.济南:山东师范大学,2017.

［9］燕玉霞,黄煜钦,张珂芯.大学生职业价值观特点的质性研究［J］.科教导刊,2019(2).

［10］杨忠东.论高校学生自治管理［J］.学校党建与思想教育,2014(15).

【作者简介】

鲁雯雯,上海杉达学院专职辅导员,助教。研究方向为课程思政。

高校学生社团对学生职业素养的
培育及实现路径探析

张园园　彭煜铭

随着就业形势日益严峻,大学生就业难问题已成为广泛关注的焦点。除职业技能外,学生职业素养也会影响其就业竞争力。在大学期间,学生往往会更多地把精力专注于专业技能的养成而忽视基本工作能力,但这恰恰是今后职场中需要的素质。

职业素养是个体对社会职业了解与适应能力的一种综合体现,通过不断学习和积累,在职业生涯中表现并发挥作用的相关品质。学生社团作为第二课堂的重要组成部分,丰富学生的课余生活,拓宽学生的视野,是对第一课堂的补充和延伸,在全过程全方位育人方面体现不可替代的载体功能。学生社团是学生依据共同的兴趣爱好自愿组成,按照章程自主开展活动的群众性学生组织,是学生自我教育、自我管理和自我服务的重要阵地。共青团中央、教育部《关于加强和改进大学生社团工作的意见》指出:"学生社团活动是实施素质教育的重要途径和有效方式,在加强校园文化建设、提高学生综合素质、引导学生适应社会、促进学生成才就业等方面发挥着重要作用。"

一、学生社团对学生职业素养培育的作用

(一) 有助于培养学生的职业道德

职业道德是同人们的职业活动紧密联系的,符合职业特点所要求的道德准则、道德情操与道德品质的总和,是在一定的职业活动中应遵循的、具有自身职业特征的道德准则和规范。通过参与社团活动,社团成员之间联系更加紧密,对社团的归属感和认同感不断增强。同时,学生社团是为发展共同兴趣爱好,按照章程开展的学生组织,社团成员通过社团相关规章制度的要求及社团成员之间的相互监督,逐渐确立正确的价值标准、行为准则和道德观念,也在无形之中培养了学生的自律意识和社会责任感。

(二) 有助于提高学生的专业素质

职业的发展以专业为基础,学生社团是根据学生兴趣爱好自愿组建,其中专业社团一般是基于学生所学专业而创建。通过开展一系列与专业相关的课外实践活动,将课

堂内的专业知识连接到课外自主实践中,可以实现学生兴趣爱好和职业发展相结合,拓宽学生知识视野,激发学生钻研专业知识的兴趣,不断提升自身专业能力,从而拥有更加扎实的专业基础知识和技能.在就业时具有一定的优势。

(三) 有助于提升学生的综合职业素养

学生社团活动已成为提高学生综合素质,促进学生全面发展的重要平台。以团队形式开展的学生社团活动,既要求社团成员主动参与,有较强的团队意识,也需要组织策划、统筹协调、交流沟通等能力,唯有齐心协力,发挥作用,贡献力量,才能取得良好的活动效果。同时,学生社团活动为学生提供接触社会、了解社会的机会,帮助学生把提升专业知识与参与社会实践结合,通过各种实践活动的锻炼,培养学生的职业理想与职业批判思维,从而提高学生的实践能力与社会适应能力。

二、学生社团在学生职业素养培育中的问题

(一) 学生社团活动专业性有待提高

社团文化是校园文化的重要组成部分。学生社团的存在及活动的开展促进校园文化育人功能的发挥。学生社团种类繁多,百花齐放,其中文体娱乐性社团的比重较大,如街舞社、跆拳道社、篮球社、电竞社等,学生参与热情高,极大地丰富了课外活动。但社团活动多为学生组织策划,社团成员多数为低年级学生,大一、大二学生为主力军,对社团活动开展、社团建设和社团管理等缺乏经验。年级增加了,人员就流失了,对社团的未来发展没有长远规划,社团品牌的可持续发展力不足,活动思想性和引导性不高,很难成为培养学生能力、拓展学生素质的有效途径。

(二) 学生社团管理机制有待健全

从制度化、规范化建设来看,学生社团的外部管理有待完善。目前,多数学生社团挂靠学校团委,团委承担学生的思想教育工作、校园文化建设等工作,缺乏有效的管理机制,难以集中精力深入开展社团工作,不能为社团提供专业的指导,未能充分发挥其对全校社团进行指导、管理和监督作用。从社团内部规章制度建设来看,尽管各个社团都有各自的章程、入会申请条件、会费缴纳标准等,但由于社团是以社团成员共同的兴趣、爱好为存在基础的一种自发性、群众性组织,学生进入社团的门槛低,进出自由,加大了社团管理的难度,影响社团的长远发展。

(三) 学生社团指导教师力量有待加强

目前各高校学生社团的教师指导力量主要来自团委、校内任课老师或辅导员。指

导教师队伍来源单一，多数由学生自己联系，对社团开展一定的义务指导，因通常是免费兼职，由于教学科研活动、跨校区等方面原因，对学生社团的指导不能充分保障，加之没有明确的激励措施，教师的工作热情和投入度不高，虽对社团进行指导，但因精力有限，对社团日常的事务管理和今后的发展关心不多。有些学校通过聘请校外专家担任社团指导教师，但因社团经费有限，且教师来源不稳定，学生社团也难以得到持续的指导。

三、学生社团在学生职业素养培育中的实现路径

（一）规范管理，明确社团的发展定位

学校要认真学习贯彻上级部门有关学生社团建设工作要求，将社团工作纳入日常工作计划中，充分认识学生社团在提升学生职业素养，培养一专多能的复合型、应用型人才方面具有深远的意义。完善学生社团管理办法，实行由学生社团委员会统筹协调安排各类学生社团活动，指导各级社团的成立、年审、注销、经费管理等工作，指导社团学生负责人制定社团章程，规章制度等。同时，在学生专业社团管理上要不断激发学生参与社团活动的积极性，充分发挥学生学习的自主性和主动性，提升专业社团活动的成效和影响。

（二）提升专业性，加强社团的指导队伍建设

要建立"专业指导教师＋职业发展顾问教师"的机制。指导教师是社团质量建设的重要保障，必须既有较强的专业技能，又对职业核心能力培养有全面深入地了解。采用社团指导教师岗位的聘任制，从给予工作量、评优评先等方面完善激励措施，激发教师参与社团建设的积极性，加强对指导教师的培训、指导和监督，做到指导时间、内容、质量到位。同时，为加强学生职业素养的提升，采用"职业发展顾问教师聘任制"，负责将职业核心能力融入学生社团中，对学生在社团活动中表现出来的职业核心能力进行测量、评估，帮助学生完成社团活动的同时提高自身职业核心能力。

（三）搭建平台，促进社团的专业化、职业化发展

社团的发展需要整合利用校内外资源，要着力把校内社团活动与校外实践有机联系起来，为学生参与社会实践与提高职业能力提供必要空间。社团作为学生发展的平台，开展以提升职业核心能力为主题的相关活动，可以提高社团成员职业素养和职业能力，促进社团的专业化、职业化发展。同时，要积极探索多元化运营模式，充分调动指导教师和社团成员的主动性，激发社团活力，让学生直接面对市场和社会，借助社会资源培养学生解决问题、与人沟通和合作的能力。引导社团主动联系社会、联系社区，争取

社会资源,建立社团与社区、企业和相关机构的联络机制,切实开拓社团、社区、社会的联系渠道,为大学生参与社会实践提供丰富的机会。要建立社团与社会各类组织长期稳定的合作机制,帮助学生接受社会机构教育,如组建职业成长俱乐部、职业讲堂等[5],不断给学生社团活动提供专业职业指导和知识输送。以此丰富社团活动,提升社团活动层次,在为社会服务的过程中,能有效培养学生的职业核心能力。

【参考文献】

［1］胡晶君.基于职业核心能力培养的高职院校学生社团发展模式研究:以广东省外语艺术职业学院"百人社团"为例[J].开封教育学院学报,2015,35(5).

［2］欧亚湘,王稳波.大学生职业素养的培养[J].科技信息,2012(11).

［3］任雁敏.大学生职业素养重要性及培养策略研究[J].教育与职业,2010(17).

［4］王佩桦,练波.高职院校学生社团活动与职业素质培养实证分析[J].四川劳动保障,2018(S1).

［5］谢志平.职业核心能力视角下职业院校学生社团建设探索[J].职业时空,2015,11(5).

【作者简介】

张园园,上海外国语大学贤达经济人文学院学生工作处处长。

彭煜铭,上海外国语大学贤达经济人文学院学生管理服务中心主任助理、学生发展部副部长。

应用工作坊模式开展艺术类大学生
职业生涯教育的研究

李娜

近年来,全国普通高校毕业生规模不断扩大,大学生就业问题依然是国家关注的重点。随着国家战略布局的调整以及产业结构的转变,艺术类大学生就业面临着新的机遇和挑战。高校作为艺术类人才培养的重要基地,面对目前就业市场的新需求新形势,需要聚焦并调整艺术类大学生的职业生涯教育问题。如何帮助艺术类大学生认识自我、找准定位,树立合理可实施的职业生涯理念,对于艺术类高校毕业生就业质量的提高具有现实意义,对艺术类高校人才培养具有指导意义。

一、艺术类大学生职业生涯认知现状

艺术类大学生在专业学习和人格发展方面与综合院校学生相比,具有差异性,在生涯发展过程中也出现其特点及问题。

(一) 专业特点鲜明,职业了解不够,自我意愿强烈

艺术类大学生因专业特殊,具有较强的自我意识,思考问题多侧重感性认识,崇尚自由,规则意识较弱;对于将来可能从事的职业要求不清晰,部分学生对自己所学的专业和未来职业之间的关系缺乏了解,考虑职业时,更为看重挑战性、创造性、能自由支配金钱、有自由可支配的时间等,认为职业幸福感来自个人兴趣、自我价值的实现。可见,艺术类大学生更多关注于自我的需求,对于自我认知和职业规划的认识都较为简单,对未来要从事的职业定位不清晰,对于职业目标的定位显得过于理想化。

(二) 缺乏生涯发展认同力,生涯规划意识不够

生涯发展大师萨维科斯提出 21 世纪生涯发展最重要的两种元能力,是认同力和适应力。艺术类大学生在对待职业规划时,多数持走一步看一步、视情况而定的态度,对于毕业后的去向没有比较明确的目标,缺乏生涯发展重要的元能力认同力,主观能动性欠缺。艺术类大学生职业规划意识薄弱,多数对职业规划不了解,待毕业前夕方开始考虑就业方向,因此每年有很多学生因规划不够而推迟出国升学,或求职准备不够充沛而

错失就业机会。

二、艺术类高校开展职业生涯教育存在的问题

当前,艺术类高校在就业指导、生涯发展方面做了许多探索,也取得了一定的成绩,但仍然存在关注专业知识教育,生涯教育效果不显著,缺乏系统的生涯教育体系,生涯教育形式较为单一,针对性不强等问题。

(一)职业生涯教育体系缺乏系统性

目前,高校对于大学生职业生涯教育更多趋同于就业指导,对低年级学生的生涯规划指导相对较少。多数同学在高年级才开始接触职业教育,且职业教育多聚焦于就业指导。因职业生涯教育缺乏系统性,虽然多数学生在校期间会选择通过专业实践完成职业探索,然而在走向就业市场时,因缺乏对自我认知的准确定位,缺乏对职业的认识,竞争力不足。

(二)生涯教育形式较为单一,针对性不强

目前,高校对于大学生职业生涯发展的工作方式有讲座、就业指导课程、生涯咨询等。而目前采用做多的是讲座和就业指导课程两种方式。讲座参与的人数虽然多,但学生投入较低。就业指导课程虽然已经纳入学生培养计划,但多数高校存在课程人数较多,针对性较弱的情况。艺术类专业的学生具有鲜明的个性特点,"一刀切""大锅饭"的模式显然不适合思维活跃的他们。

三、应用工作坊模式开展艺术类大学生生涯教育

(一)工作坊模式开展职业艺术类大学生生涯教育可行性、有效性分析

1. 生涯工作坊具有系统性

生涯工作坊综合职业生涯规划课程、生涯咨询、生涯工作室等生涯教育模式,根据不同年级的学生特点,系统性地开展生涯工作坊活动,有效结合生涯教育理论、生涯教育实践、生涯教育咨询,提供给艺术类专业学生较为全面系统的生涯教育指导。

2. 生涯工作坊具有针对性

工作坊参与人数为15~30人,采用讲解、体验相结合的方式,学生在参与的过程中,接收生涯知识和理念,也便于职业技能练习,老师和学生之间可以进行充分的沟通。带领工作坊团队的老师可以根据不同的主题选择工作坊:心理辅导员可以负责职业兴趣探索主题;企业人力资源专家可以负责面试技巧、简历书写主题;行业大师、职场校友可以负责各行业发展领域的现状分享。参加的学生也可以根据自己的需要选择不同类

型的工作坊,从而满足生涯发展需要。

(二)线上线下开展工作坊生涯教育

生涯工作坊通过团队的方式,综合运用职业生涯规划课程、职业心理咨询、职业生涯工作室活动等形式,引导并带领成员共同参与、体验、探索、分享和建构个人生涯成长的过程。开展线上线下相结合职业生涯教育活动。

1. 线下教学、咨询、活动三者结合

职业生涯规划课程、职业心理咨询、职业生涯工作室创业就业沙龙活动要结合。职业生涯规划课程了解生涯规划基础理论知识;职业心理咨询点对点解决生涯成长过程中遇到的问题;职业生涯工作室创业就业沙龙活动包括创业、就业求职技能、学职规划、留学、考研、落户等与就业相关的内容,通过校友及行业内人士的分享,让学生对不同就业方向有所了解,并能提前做好规划。

2. 线上活动

职业生涯微信公众平台"创 yeah"自 2015 年起开始运行,目前有三个模块:校园热点、生涯工坊、就业资讯。校园热点分为校园风采、热点话题两个目录版块;生涯工坊分为沙龙活动、生涯访谈两个目录版块;就业资讯分为招聘资讯、行业信息、就业技巧三个目录版块(见图 1)。

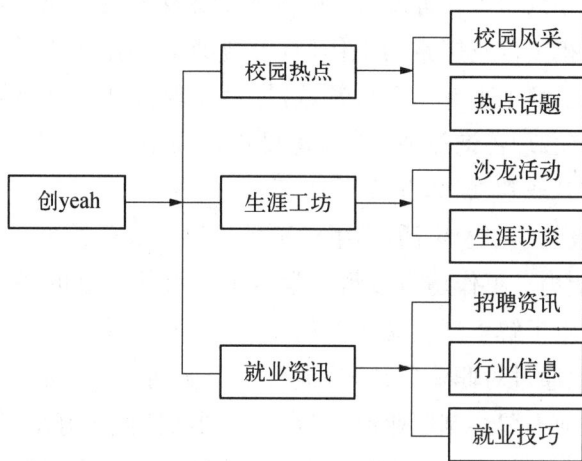

图 1 "创 yeah"平台架构图

线上生涯人物访谈版块,通过对行业从业者的访谈,让学生对专业对应的职业和所需要的职业能力有所了解,在专业学习时更有目标和方向性。

(三)艺术类大学生不同阶段工作坊内容的构建

舒伯认为,生涯发展是一个连续的、长期的发展过程,在人的生涯发展过程中,个人

的兴趣爱好、知识能力、自我改变等都会随着时间及经验而发生改变,从而可以将人的生涯发展划分为成长、探索、建立、维持和衰退 5 个连续的阶段。成长阶段大约是由出生到 14 岁左右,主要的特征是个人能力、态度、兴趣及追求的发展。探索阶段大约是 15～24 岁,个人尝试有兴趣的职业活动,而其职业偏好也逐渐趋向于特定的某些领域,但这些特定的领域不见得是个人最终的决定领域。

按照舒伯的理论,大学生基本处于生涯探索期,这个阶段的任务是使职业偏好逐渐具体化、特定化并实现职业偏好。大学生的主要活动是在学校学习,他们通过学习考试、课外活动、参与社团、社会实践等活动,对自己的兴趣、性格、能力和价值观进行各方面的探索。生涯工作坊的开设恰好可以提供给大学生更为丰富的活动及生涯指导的平台,以帮助大学生更好的自我认知,从而更好地进行生涯探索。根据大学生不同年龄段的特点,设置不同主题的生涯工作坊。

| 一年级
自我探索 | → | 二年级
认识职业 | → | 三年级
重新认识自己 | → | 四年级
强化职业能力 |

图 2　工作坊主题设定

1. 一年级新生"自我探索"工作坊

目前学生在高考志愿填报时多数参考父母或相关人士的意见,缺乏对于自身及相关行业的深入思考,导致学生在进入大学时没有专业探索的内驱力,形成学习无动力现象。大一阶段,设立相关自我探索的工作坊,可帮助学生更好地了解自我。同时,使用职业信息,帮助学生了解未来专业学科领域,尽早发现自己感兴趣的领域,找准努力的方向。该阶段主要有心理咨询教师及专业教师以及高年级学长学姐参与。

2. 二年级学生"认识职业"工作坊

通过大学一年级的学习及生活,学生对于自己的未来有了初步的方向,强烈渴望提升自己的各方面的能力。工作坊可以帮助学生了解目前自己的各种能力,挖掘潜在的能力。同时,帮助学生了解生涯发展相关信息,学生可以进一步了解职业知识,锁定目标。大学二年级学生通过对职业的认知,提升生涯认同力,明确职业目标,工作坊的活动如"我的专业去向何方""绘制职业地图"等可以帮助他们更好地了解职业环境以及未来职业发展方向,从而了解专业对应的职业的工作内容、岗位需求、职业能力以及在职业发展过程中可能遇到的困难等。

3. 三年级学生"重新认识自己"工作坊

经历了二年级专业学习、工作坊的活动以及寒暑假的实践活动,学生取得了新的能力,熟悉更多有关职业发展的网络,这时需要重新思考并确立自己的职业选择。随着对专业知识学习的深入及对职业领域的探索了解,学生需要调整早期的选择。在这个阶段,需要考虑自己是准备大学毕业找工作,还是为获得更高一级的学位准备考研或者出国。在学生重新确定目标后,有针对性地开设创业、留学、考研等不同主题的工作坊。近年来,国家提倡大学生自主创业,艺术类专业应注重学生创新思维的培养,改变艺术类学生在创业时往往存在有想法,却不知如何落地的现象。这需要专业人士根据学生的实际情况进行切实的指导。艺术类专业特点决定学生需要有较为宽广的视野,故近年来,艺术类高校毕业生选择出国深造的比例也逐步提高。关于作品集的制作及出国流程等问题,多数学生存在盲区,需要求助中介机构,而市场中介机构鱼龙混杂,学生缺乏一定的判断力,因此需要相关领域的人来指导。

4. 四年级学生"强化职业能力"工作坊

大学四年级的学生面对从高校到社会人的转变,要提前做好求职准备。可为不同就业方向的学生开设专题工作坊。

(1)求职工作坊

内容涉及求职途径、简历制作、面试技能、行业介绍等。大部分学生是第一次求职,对于求职途径、简历制作及面试往往缺乏经验,需要专业人士根据学生的不同行业做个性化指导。比如,服装设计师及市场策划的职业需求不同,需要区别对待。

(2)留学工作坊

内容涉及语言、作品集准备、学习申请事务、专业学习推荐等。三年级时,学生通过工作坊,有初步的准备,而四年级是学校申请的关键时刻,需要有专业人士的指导,避免学生走弯路。

四、结语

应采用工作坊模式开展艺术类大学生的职业生涯教育,结合艺术类学生的实际情况,改变单一的课堂教学模式,在实际工作中,摸索出适合艺术类学生的生涯教育内容和方式。这有助于艺术类大学生进一步认识自己,充分发挥自身潜能,以获得成功的职业生涯。

【参考文献】

[1] 侯士兵,杨薛雯.职业生涯发展与规划[M].上海:上海交通大学出版社,2014.
[2] 金树人.生涯咨询与辅导[M].北京:高等教育出版社,2007.

【作者简介】

李娜,上海视觉艺术学院时尚设计学院党支部书记,讲师。

课程思政背景下"思政元素"融入大学生职业生涯规划课程教学途径探索

朱雪

培养什么人,是教育的首要问题。高校作为人才培养的主阵地,肩负着培养中国特色社会主义事业的合格建设者和可靠接班人的重要使命。从"思政课程"到"课程思政",各门课程都应担负起立德树人的使命,高校职业生涯规划课程有着深厚的融合大学生思想政治教育的基础,职业的价值体现在社会需要,职业的选择必然与社会责任、担当精神、家国情怀等价值观紧密相连。探索职业生涯课程中的思政元素融入,可以更好地帮助实现职业生涯课程的教学目标和德育功能。

在给青年的寄语中,习近平总书记曾说:"时间之河川流不息,每一代青年都有自己的际遇和机缘,都要在自己所处的时代条件下谋划人生、创造历史。青年是标志时代的最灵敏的晴雨表,时代的责任赋予青年,时代的光荣属于青年。"[①]2021 年是中国共产党成立 100 周年,我们顺利实现了全面建成小康社会的第一个百年目标,开始向着全面建设社会主义现代化强国第二个百年目标的新征程迈进。当代大学生如何做好自己的职业生涯规划以及如何利用职业生涯规划来规划好自己的人生,教师如何指导大学生掌握职业生涯规划的科学方法来规划好他们的人生,进而为社会、国家做出贡献,就成了我们面临的重大挑战与重要任务。课程思政背景下的职业生涯规划课程能很好地为我们回答这个问题。

一、什么是课程思政

课程思政是 2017 年开始在上海铺开的一个很新的教育理念。2020 年,国家教育部开始向全国推广课程思政建设,课程思政主要包括 3 个方面的内容:① 模块化定制化的课程,比如上海部分高校试点推出了"大国方略"等"中国系列"课程;② 综合素养课,比如中国传统文化等,用一些文化素养类的课程来帮助学生建立一个更完善的人格;③ 专业思政,就是全员、全方位、全过程的"三全"育人,让所有的课程都加入思政育人

---

① 习近平.青年要自觉践行社会主义核心价值观[M]//习近平谈治国理政:第 1 卷.北京:外文出版社,2018:167.

的大格局中来,将思想政治教育的"盐"融入专业课程的"汤"中,更好地发挥专业课程的育人功能。

习近平总书记在主持召开学校思想政治理论课教师座谈会时强调,办好思想政治理论课,最根本的是要全面贯彻党的教育方针,解决好培养什么人、怎样培养人、为谁培养人这个根本问题。"课程思政"的依据是课程所内蕴的价值性,以课程主渠道达成育人目标,旨在基于思政课程的价值属性,发挥高校各课程之间的协同作用,围绕培育时代新人的总体目标形成系统合力。大学生职业生涯规划课程融入思政教育,也是题中应有之义。高校开启线上教学方式后,职业生涯规划课程与思想政治教育结合有助于进一步发挥专业课程和思政教育协同育人的良好作用。

二、职业与职业发展现状

(一) 职业与职业生涯内涵

职业一般指人们在社会生活中所从事的以获得物质报酬作为主要生活来源并能满足自身精神需求的、在社会分工中具有专门技能的工作。职业是社会发展的产物,是社会分工不断细化的结果,人类文明程度越高,社会分工的精细化程度越高,职业的种类也越多。通过特定的职业活动,个体在一个组织里为组织的生存和发展做贡献,社会整体也以全体成员的劳动成果作为积累而获得持续发展和进步的动力,由此可见,职业对于个人和社会的存续来说都是不可或缺的。

(二) 职业发展现状

随着科技的飞速发展,整个经济社会的产业结构和行业结构都在不断调整。新型科技的发展与应用,原来的以农林牧渔和原材料加工行业为主的第一、第二产业的社会职业或消亡变动,或新旧更替,或依靠新兴科技重组,如农业等采用新生产技术和新型管理模式而成为新型智慧农业。以交通运输、餐饮服务和房地产等为主的第三产业作为第一、第二产业的补充,在新技术的推动下得到迅速发展,对人才的需求量也不断攀升。社会职业发展更迭迅速,传统的职业消亡和新职业的产生时刻都在发生着,职业发展呈现出职业要求不断更新、永久性职业减少和专业化的职业教育越来越重要的变化趋势。照目前的世界发展大势来看,21世纪是知识经济时代,伴随着高新技术和电子通信的新增长点的来临,社会还将形成许多新的行业,如高级信息服务行业、新型农牧渔业、信息咨询行业、个人咨询和能力培训行业、健康管理和人身安全保障行业、生态保护行业、太空和海洋开发行业等。随着职业变化速度加快,一些原有的传统职业将不再存在,如传统秘书、银行出纳、电话话务员、采矿业工人、制造业传统工人等将逐渐被新兴技术所替代。

(三) 职业生涯的含义

在生命的早期,人们通过探索初步确定职业方向,接受教育和培训不断为职业做准备;在青年期,人们通过不断地实践与探索确定自己的职业方向并建立稳定职业贡献区(事业),一直工作至老年时期离岗退休,这个过程长达几十年。职业生涯贯穿我们的一生,职业活动是每个人体现存在意义和价值的最有力的证明,所以对于个人来说,只有选择了合适自己的职业,才有可能拥有一个完满的人生,这也是我们在职业生涯中追求的理想;对于社会来说,每个人都能找到自己的合适岗位,社会分工中每一个精细的岗位都有合适的人尽职尽责,那社会才能和谐美好、稳步发展;对国家来说,每个人的各司其职,人尽其才、才尽其用,社会和谐安定,国家才能繁荣昌盛。

职业环境不断发生着变化,一个人对于工作职业的选择和努力也要紧跟时代的发展。职业生涯是指一个人一生中所有与职业相联系的连续性的思想、行为和活动的过程,具有连续性和方向性。职业生涯包含行为和态度两个方面。要了解一个人的职业生涯,我们必须考察其主观和客观两个方面,主观上职业生涯受到个人的兴趣、性格、价值观念、能力、需要等因素的影响,表现出来的是在职业道路中的各种选择和倾向;客观上职业生涯受到家庭环境、组织环境、社会大环境的影响,表现出来的是职业活动中的种种行为,主客观两方面都会对职业生涯产生影响。职业生涯规划是指对一个人职业生涯中的主客观因素进行科学地分析,进行充分的自我认知和环境的探索,在科学的分析总结的基础上做出合理的决策,并在实践当中不断管理自己的行为,根据自身和外在的反馈及时调整和修正自己的决策和行动计划,最终达成职业目标的实现。良好的职业生涯规划具有可行性、适时性、适应性和持续性,是一个人根据自身的特点,将自己定位在一个最能发挥自己所长的职业岗位,最大限度的实现自我的价值。

三、当代大学生职业生涯规划现状

随着经济社会的不断发展,高等教育逐渐从精英教育走向大众化教育,而教育资源是有限的,高校的不断扩招造成了教育资源与教育发展程度矛盾凸显,教育质量有所下降,而许多大学生在大学期间还未做好合理的职业生涯规划就面临着走向社会。每年的大学毕业生不断增多,我国的平均学历也普遍呈上升趋势,严峻的就业压力是大学生面临的难题,也是教育系统与社会需要重点关注的问题。文献研究和调查数据显示,我国的大学生对职业生涯规划的作用普遍认识不足。本次向全国 12 个省份投放大学生职业生涯规划现状调查问卷,共收到 1133 份有效问卷,其中参加问卷调查的大学四个年级的人数都大约占四分之一,数据较为全面。从问卷的一些数据中,我们可以分析出当前大学生对职业生涯规划的认识情况。78.55% 的大学生认为职业生涯规划课程对自己是有用的,但 53.66% 的大学生认为毕业找工作的时候才应该进行职业生涯规划,仅 14.74％的大学生认为职业生涯规划应该从大一开始,34.07％的大学生认为职业生涯规划课程的意义仅在修学分。但从问卷最后提交的对大学生职业生涯规划课程的建议分析,1 133 份问卷中有 600 份提交了建议,其中有超过 300 份提到希望学校真正了解大学生的需求,通过系统地教学引导大学生了解职业,做出合理的职业生涯规划。由问卷数据可以看出学生对职业生涯规划课程的重要性认识不足,但在一定程度上,也反映出大学生对我国普遍开展的职业生涯规划课程的效果并不满意。如何引起大学生对职业生涯规划的重视,又如何科学地引导大学生做好职业生涯规划就成为一项重要的课题。

四、思政元素如何融入职业生涯规划课程

亚里士多德曾说:“人是寻找目标的动物,他生活的意义仅仅在于是否正在寻找和追求自己的目标。”做好职业生涯规划是追求最佳的职业生涯的过程,也是一个人追求最大的自我价值实现的过程。当代青年人在这个伟大的时代工作、生活、创造,是当代青年的幸运,青年人努力学习工作,健康积极地生活,在人生道路上走好、走稳、走正,不负这个时代赋予的伟大使命和担当,把握时代、明确责任、勇敢担当,是当代青年人发展的必由之路。所以作为当代青年,尤其是青年大学生,在做职业规划的时候懂得并且做到将自己的人生道路与中华民族的复兴之路融合在一起,将个人的价值实现同国家民族的命运紧密联系起来才会有光明的前途。

(一)职业生涯规划课程中的思政元素梳理

职业生涯规划中包含自我认知、对职业环境和外部环境探索、树立职业目标、坚定信念朝着目标奋斗、制定可行性计划并坚持实践达成职业目标,进而收获幸福的人生。学校成立包括思政理论课教师和职业生涯规划教师在内的课程思政教学小组,通过团队的合作,进行章节分析、集体研讨等方式,寻找思政教育在课程中的切入点,由专业思政课教师论证分析,进行理论指导和授课培训,可以确保思政元素的准确性和合理性。

从职业生涯规划的内容上看,每一章节都蕴含着丰富的思政内容。职业生涯规划知识体系中探寻幸福的环节用“一朵幸福花”开启学生的生涯唤醒。积极心理学视野下的幸福观和系统的生涯规划理论,可以激发学生对人生意义的思考,完善学生的人生观和世界观。自我认知部分围绕学生的兴趣、性格、能力和价值观进行探索,可以融入价值观教育,引导学生将个人的人生成就与国家民族发展进步的事业联系在一起。环境探索环节对应职业环境以及外部环境探索,可以引导学生从职业之中往外看,了解职业所在的行业环境、宏观环境等,有助于培养学生宽广的视野,进一步使学生增强“四个意识”,树立“四个自信”,注重职业道德、职业素养和创新精神的培养。在生涯决策环节,通过职业锚、决策平衡单等工具,结合理性决策、实事求是的思想,引导学生实事求是、

形成理性决策、注重实践的处事风格。行动环节让学生掌握制定行动计划、生涯九宫格、四象限工作法等科学工具,结合思政元素中激励学生珍惜时光、坚持不懈的精神教育,同时指导学生制作简历,提前体验求职路径,调整就业心态,不断进取。思政教育与职业生涯规划课程知识体系相互融合,将推进课程思政改革创新的时间不断取得新进展,达到更好地育人效果。

(二) 思政元素融入职业生涯规划课程途径

1. 加强政治导向,明确课程目标

梳理"思政元素"的价值链,坚持价值引领导向,弄懂弄通思政元素的真正内涵,做到"德化于心"。职业生涯规划教育是一个体系,是以目标为导向的,最终实现的是让学生在全面了解自我和外部环境的基础上形成一个初步的职业目标,并在大学四年中根据目标不断采取实际行动以实现自己的职业目标的一个动态的教育体系。所以"思政元素"在融人这门课程是首先要考虑在职业生涯规划课程体系的教学目标,明确课程思政引领下的价值观塑造、知识传授和能力培养三重目标,并在具体的教学设计中设立具体标准,紧紧围绕人才培养这个目标,遵循教育规律,努力实现培养有家国情怀、全球视野、专业素养和创新精神的高层次人才。

2. 加强课程实践性,创新课程设计

我们要加强课程的实践性,强调理论和实践相结合,做到"德化于行"。价值引领到知识传授,最终都是落脚到实践。我们要努力发挥主课堂和第二、第三课堂的协同作用,将活的现实、活的理论融入课堂中,通过撰写职业生涯规划书、制作求职简历、进行生涯人物访谈、绘制专业地图等形式促进学生参加课下实践,把课堂内容通过学生的素质拓展和实践行动,内化为适合社会需求的核心竞争力。在授课方式上,要注意结合校本课程和学科特点,提高课堂的针对性和导向性,注重对典型案例的学习,激发学生的学习兴趣和对专业的认同感,增强对学校的归属感和未来职业的使命感。

3. 坚持学生主体原则,完善评价机制

我们要遵循以学生为中心的原则,善用看得见的评价机制,做到"德化于视",以学生获得感为课堂教学评价的一个重要参照。在我们的"一分知识、两分讨论、七分实践"课堂中,针对大学生思维敏捷、信息获取能力强、喜欢实时互动交流、偏爱多渠道学习等特点,每一位学生都有机会获得锻炼展示的平台和即时的反馈,幸福花的奖励、课堂最佳表现的评比等方式极大地调动了学生课堂参与的积极性,增强了学生的体验感和获得感,也增强了教学的时效性和亲和力。

五、总结

职业规划是伴随着市场经济而起的一种职业设置应对模式,但职业生涯规划涉及

的更多是关于人生整个发展历程的规划,需要将自己的职业发展融入国家和社会发展的大势,才能真正获得职业的成功。将思政元素融入大学生职业生涯规划课程中,考虑学生的全面发展和终身发展,在思想政治教育的基础上帮助学生做出合理的人生规划,是一种真正有益于学生的教育。从职业生涯规划的内容上看,每一章节都蕴含着丰富的思政内容。挖掘思政元素来促进课堂教学,围绕坚定学生理想信念、培养学生爱国情怀、引导学生参与公共事务、帮助学生深刻理解并不断增强职业道德和职业精神,来开展职业生涯规划教育将会达到更好的人才培养效果。学生将在课程思政的大课堂中受到浸润,将个人的奋斗融入国家民族的发展前途,自觉践行社会主义核心价值观,传承中华文脉,深化对中国共产党治国理政新思想、新理念、新战略的认识,培养爱岗敬业、诚实守信、开拓创新的职业品格和行为习惯。

【参考文献】

［1］侯士兵.高校思想政治理论课与大学生职业教育初探[J].思想理论教育导刊.2018(2).
［2］石建勋.职业生涯规划与管理[M].北京：清华大学出版社,2012.
［3］赵玉瑜.思政融入大学生职业生涯规划课程体系的理论探索与路径分析.南京理工大学学报(社会科学版)[J].2020,33(5).

【作者简介】

朱雪,上海杉达学院专职辅导员,助教。研究方向为思想政治教育。

第四编
职业生涯教育思政化案例

"寻匠人,悟匠心"

——中国生涯人物美德故事调研

武亦欣　蔡瑜　管玥　王莉　卢慧萍　单彤

一、调研项目背景

(一) 工匠精神调研项目简介

1. 什么是工匠精神

工匠精神是指"精益求精到极致,一丝不苟创完美"。它彰显的是耐心、专注、坚持、求精的高尚境界。工匠精神落在个人层面,就是不仅仅把工作当作赚钱养家糊口的工具,而是树立起对职业敬畏、对工作执着、对产品(服务)负责的态度,极度注重细节,不断追求完美和极致,给客户无可挑剔的体验。工匠精神并非只是工匠的专利,它可以体现在学习、工作和生活中。大学生无论在当前的学校,还是在未来的职场,均可以继承和发扬工匠精神。

2. 工匠精神项目开展的理由

(1) 对于社会

工匠精神是对自身的严格要求,是时代呼唤的情怀,是对社会应尽的责任。十九大报告里提出"弘扬劳模精神和工匠精神",工匠精神就是一种认真精神、敬业精神。"青年兴则国家兴,青年强则国家强"。作为当代青年,我们有责任有义务将这种优良传统传承下去。青年一代有理想、有本领、有担当,国家就有前途,民族就有希望。中国梦是历史的、现实的,也是未来的,是我们这一代的,更是青年一代的。十九大报告还提出推动中华优秀传统文化创造性转化、创新性发展。每个人都可以用自己的双手,把老祖宗传下来的传统技艺创造性转化、创新性发展。所以我们希望能有越来越多包括大学生在内的年轻人加入知识型、技能型、创新型劳动者大军,通过此项目以及后续安排,推动让更多人去了解工匠精神,追求工匠精神,传承工匠精神。

(2) 对于大学生

"工匠精神"写入党的十九大报告和政府工作报告,说明新时代制造强国崛起,呼唤工匠精神。大学生能为工匠精神的传承出一份力,弘扬劳模精神和工匠精神,营造劳动光荣的社会风尚和精益求精的敬业风气,成长为大国工匠。工匠精神本身就是慢工细活,需要时间的积累才成为一种文化。大学生中很多人浮躁又没有恒心,更需要注重"匠心"的修炼。希望这个项目可以使我们更好地了解工匠精神,宣传推广传承工匠精神,将工匠精神运用在学校生活和将来的职业生涯中。

（3）对于导师

导师的职业生涯课程以及所负责的"职业生涯课程思政化协同建设"市级项目,均在集中研究美德优势在职业生涯中的发现、运用和发展。工匠精神中的敬业、专注、坚持不懈和精益求精均属于美德优势范畴。因此,本项目可以作为其中的子项目,不仅可以获得导师的大力支持,还可以借助该项目经费和平台,推广项目成果和工匠精神。

（二）我国工匠精神的发展与趋势

1. 发展现状

中国古代在国际地位、科技上领先,工匠精神有着巨大的功劳。现在人类进入了科技时代,大部分的日用品、工具以及其他生活必需品,都可以由机器生产出来。生活节奏越来越快,生活内容越来越丰富,这使工匠精神正在从年轻人的视线中逐渐消失。

2. 发展趋势

随着当今社会的快速发展,许多与现代生活不适应的老工匠逐渐淡出我们的生活,但精益求精、追求极致的工匠精神永不过时。在进入信息化、智能化的时代下,更需要工匠精神的发扬。一方面,传统技艺作为传统文化的载体需要保留和提高;另一方面,智能化的工作也一样需要工匠精神,因为这是精益求精的要求,是职业人的坚持不懈的追求。只有这样,我们才有更高的工作质量、产品和服务质量,以及生活质量。因此,在面对新形势、新变化,我们要寻回工匠精神,并继承和弘扬这种精神。

二、项目摘要

一旦选定你的职业,你必须全身心投入到你的工作中去,你必须爱自己的工作,你必须毫无怨言,你必须穷尽一生磨炼技能,这就是成功的秘诀。

——《寿司之神》

（一）待解决问题

由于过去粗放式的发展、工作的快节奏和生活内容的丰富多彩,社会逐渐形成了着极度浮躁的情绪,与工匠精神背道而驰。任何人学习一门技术不难,但修炼心性成为一位工匠级的人物却很难。如今社会上缺乏超越金钱、地位而专心于工作本分的工匠精神。但是,目前我国的发展模式已经从粗放式成长,转变为精细化发展,无论是每个人、各个行业,还是我们的国家,都需要我们追求极致。

(二) 过程及方法

"寻工匠,悟匠心"社会实践活动共采访4位退休老人,通过资料查询、线上调查、实地走访等形式,近距离了解工匠们的工作环境,得到他们对工匠精神的看法,综合他们自身的优秀品质,为大学生如何在校园内和以后的职业生涯中发挥工匠精神提出了看法和建议。后期进行了人物故事集的撰写、宣传册的制作、人物传记系列推送、小视频的剪辑、工匠精神进校园等活动,利用导师项目经费和平台进行推广,用最大的努力在线上线下共同宣传、发扬和传承工匠精神。

(三) 结论

在这个瞬息万变的互联网时代,我们往往不由自主地被一阵又一阵的风潮所吸引,忘记了自己的初心,迷失了方向。生在象牙塔的我们普遍存在重智育轻德育,重学历轻能力等问题。因此应将工匠精神纳入国民教育,注重工匠精神的培养,在为大学生规划将来职业方向的同时,传承工匠精神,让大学生更好地去了解和追求工匠精神,坚持不懈,不忘初心,不论身处什么岗位也能书写出神奇。

三、项目进程

(一) 前期调查走访

1. 资料查找

通过查找报刊、著作、网络等相关资料了解有关工匠精神现状,如《大国工匠》等纪录片和采访实录,把目标缩小到上海,开展对上海市"工匠精神"的探索,确定具体采访对象,建立好实践计划的流程和记录档案。确定了具体采访对象后,我们准备活动方案,团队成员在老师的指导下确定实践内容和流程。查看了出行路线,详细制订了出行计划和安全应急预案。

2. 问卷调查

制作调查问卷和采访卷,线下发布调查问卷,随机发送给不同年龄不同工作的人,并打印采访卷到时候对采访对象进行提问。我们会对调差问卷进行数据分析,从而得知如今大学生对工匠精神的了解度,最后得出报告,有助于我们安排下一步工作(详见附录一)。

(二) 后期采访

1. 访谈活动

本项目于6月29日—7月3日正式进入了走访调查阶段。为了更好地了解和传承工匠精神,团队 6 名成员分别对 4 位工匠进行了采访。

（1）访谈一：心怀工匠之心,传播葫芦文化

6 月 29 日,我们前往梧州路,寻找雕刻葫芦的老爷爷。到达工作室后,我们说明了此次来访目的并开始询问老爷爷关于工匠精神的看法以及给予大学生的建议。之后,我们观看了许多他的优秀作品,惊讶于老爷爷雕刻的葫芦花样繁多。退休前,黄阿金老爷爷在原上海港务局从事美工宣传工作,业余时间不忘研究如何在葫芦上作画;退休后,他开始一门心思玩起了葫芦,专注于葫芦上雕刻作画,注重质量而不在数量。老爷爷表示,比起其收入,他更追求的是精神上的享受,坚持葫芦工艺品创作,传承老祖宗留下的葫芦文化。通过这次与葫芦老爷爷的沟通交流,我们深刻地感受到了传统手艺人的工匠精神。

黄阿金老爷爷完成一个葫芦作品需要经过以下步骤：① 定稿,设计,选葫芦;② 去掉青皮;③ 雕刻图案;④ 上色。

他认为年轻人太浮躁,静不下心来做事情。大学生为以后从事工作后践行工匠精神要从现在开始多学习传统文化,多读书,多了解周围工匠,向他们学习优秀的品质。看了我们学习的职业生涯课中的 24 美德和能力优势,黄阿金老爷爷觉得他因为有毅力,有兴趣,树立了"我要学",而不是"要我学"的态度并通过努力才有了今日的成就。

（2）访谈二：寻觅沁人芬芳,唤醒传统文化

6 月 30 日,我们到人民广场地铁站寻找那一抹提着栀子花花篮徘徊在地铁口的身影。队员们与栀子花老奶奶进行了简单的谈话后便开始就工匠精神询问其看法。谈话中,栀子花老奶奶对于无人继承串栀子花,无人重视这一简单却又充满意义的手艺表示十分失望与难过。令人震撼的是老奶奶已经 83 岁了,从 50 岁退休便开始卖花,每天串够一篮子的栀子花,在地铁站口等着他人光顾。如今老上海的弄堂文化已经接近失传,而老奶奶所传递的是一种对传统文化传承的坚持和负责。老奶奶卖的不仅是花,更是一种情怀,想传承的不仅是老上海的文化,更是一种如今人们无法理解和坚持的工匠精神。

奶奶说："以前卖花姑娘很苦的,我小时候也苦。想想那么苦的事情没人愿意接班,所以我就来卖花了,我们不能把这个传统文化失传了。我已经从 50 岁退休坚持到现在 83 岁,是因为兴趣,但也是为了可以把这个传统文化传承下去。现在的年轻人没人会愿意来接我们的班,栀子花手艺已经接近失传了,只有我们老一辈还在坚持做着,希望外国人、外地人来上海看到能体会到感受到老上海文化。我天天来卖花,风雨无阻,把所有的花全部卖出去,就可以回去了。之前有一个留学生向我请教串花的手艺,她学成了之后去国外留学的学校比赛后拿了奖,那位学生和她妈妈还专门过来感谢我呢！"

（3）访谈三：以工匠之心,琢时光之影

7 月 2 日上午,我们社会实践小组走进了同乐艺社,进行了大约一个小时的社会实

践活动,收获颇丰。控江街道"同乐艺社"坚持倡导"老有所学,老有所乐,老有所为"新理念,为建设文明社区和弘扬中华书画艺术、实现伟大中国梦奉献力量。夏老师带领团队参观书画工作室和书画版"二十四节气图",作品展现古代劳动人民长期经验的积累和智慧的结晶。艺社从娃娃做起,传播中华文化,影响家庭文化,让退休后老人依旧发出光与热。社一开始是草根团队,自费组织活动,后来发展为文化中心并开设书画展,吸引台湾等多方人士关注,每年被市里评选先进。夏老师希望大学生在当代社会应该虚心学习,积极参加活动交流,要做到尽心尽责。

夏老师说,家中父母在书画方面都有较高的造诣,在父母的感染下,她也非常喜欢书画,退休之后参加了居委会的书法班,就开始做手工艺的生涯。"刚开始是因为兴趣爱好参加了书法班,后来成为了班中的带头者,之后请了社区中的专业国画老师。在活动慢慢成熟之后,我们搞了公益活动,到后来开了展览会,做得越来越好,越来越有信心,希望可以更好地传承中华文化。"

她认为自己传承了细心、耐心、有毅力、坚持、追求完美的工匠精神,她说:"培养大学生工匠精神不仅要学习好理论知识,还要做好社会实践,要虚心向长辈学习、请教,要追求完美,不论做什么事,都要严格要求自己,努力做到最好,要学会自学,要活到老学到老。"

(4)访谈四:雕琢时代品质,展现卓越风尚

生涯人物走访的最后一天,队员们已经熟知各个环节。团队在麦秆奇趣采访了制作麦秆画的何老师,她接触麦秆画是源于一次偶然机会,孜孜不倦坚持学到现在。"一切手工技艺,皆由口传心授。"制作麦秸画有20多种步骤,最常用的有五六种,如染、描、烙等。何老师带我们参观了麦秆画作品室,展示并详细介绍了"二十四节气图"的制作过程。老师在制作画遇到最困难的是楼桥西宇图,历时一年完成,她用自己精益求精、追求完美的产品诠释了何为工匠精神。她认为现在的年轻人比较浮躁,做事情只有两分钟热度,针对大学生培养工匠精神的建议是兴趣、坚持、迎难而上。

何老师认为她具有坚持、有责任心等美德,年轻人可以从兴趣着手,学会坚持,要懂得迎难而上。

四、项目成果及推广

(一) 已有的社会影响

1. 出简报

上海杉达学院一直秉持着理论实践一起走的教学理念,要求学生不仅要学好课内知识,也要多多注重社会实践方面的活动,在参加培训的同时也要将自己的所见所闻所感记录下来,完成一份简报(见图1)。

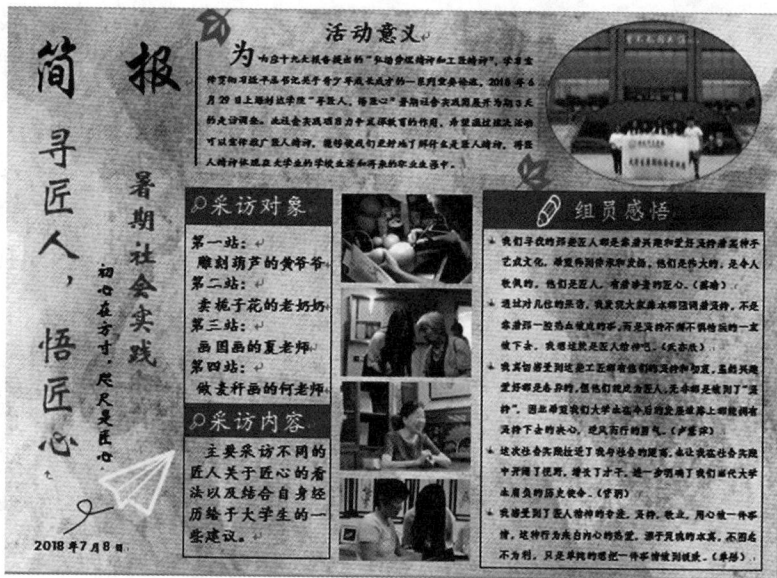

图 1 "寻匠人,悟匠心"简报

2. 内容刊登《解放日报》

"从小处发现,从身边探究",我们本着这样的原则,完成此次社会实践,为的就是让大众了解身边默默付出的工匠。此次项目得到了《解放日报》的认可,《解放日报》的记者前来采访,并将报道刊登在 8 月 23 日《解放日报》上。

同时采访内容为称职微信公众号、上观新闻、央广网、搜狐网、新华网所转载,实现了将"工匠精神"通过网络媒体等方式传递给大众。

3. 参加上海东方广东电台的录制

我们除了在报纸上、公众号上刊登了"寻工匠,悟匠心"相关文章,还得到了上海东方广播电台"新闻男女"栏目的关注,他们表示:"这是一个有实际意义的活动,很大一部分表现了现代青年男女积极主动地加入传承优良传统的大军中,'青年兴则国家兴,青年强则国家强',说的就是这个意思。"同时电台工作人员希望我们可以参加电台的录制,介绍宣传项目和工匠精神。下面是电台链接:http://m.ajmide.com/touch/pages/forum/audio/sound.htm? phid=30350158&from=singlemessage&isappinstalled=0。

4. 获得市级比赛三等奖

项目于 2018 年 11 月入选"知行杯"上海市大学生社会实践项目大赛决赛,团队经过答辩获得比赛三等奖。

(二) 持续的社会影响

1."工匠精神"走进校园

将在学校的支持下持续开展"工匠精神进校园活动",为本校同学提供近距离了解工匠精神。首期活动邀请了葫芦爷爷,通过爷爷的切身经历为同学们讲述自己对工匠精神的理解以及对大学生如何在学校中、工作中践行工匠精神提出自己的建议。同学们在葫芦爷爷的帮助下自己动手画葫芦刻葫芦,以此体会到做成一件完美的作品有多么困难,并理解到工匠精神的可贵。同时也可向本校留学生和外教老师宣传中国的传统文化。我们计划每年组织一次类似的活动。

2. 出宣传册

根据每位工匠的特点,我们分别为其写了一篇宣传文,并制作了一本宣传册,通过我们的采访结果和老人们的切身经历更好地宣传工匠精神,宣传册在 11 月 19 日举办的生涯教育论坛上,作为会议资料发给参会者(见图 2)。

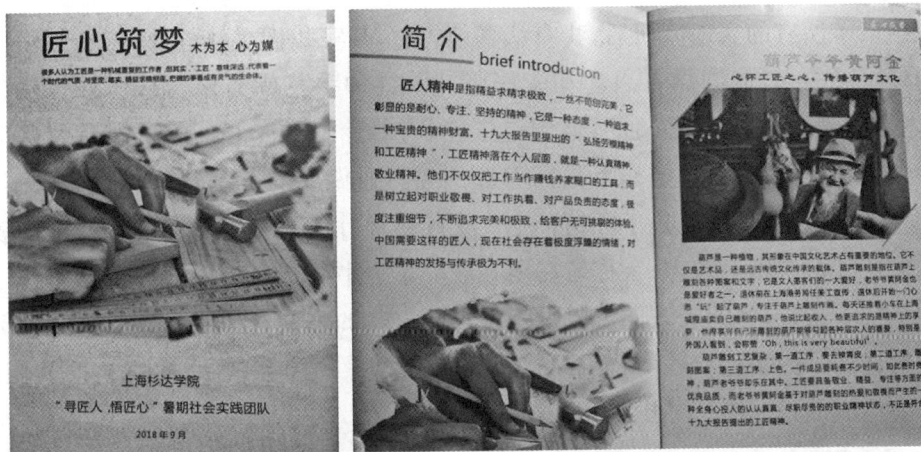

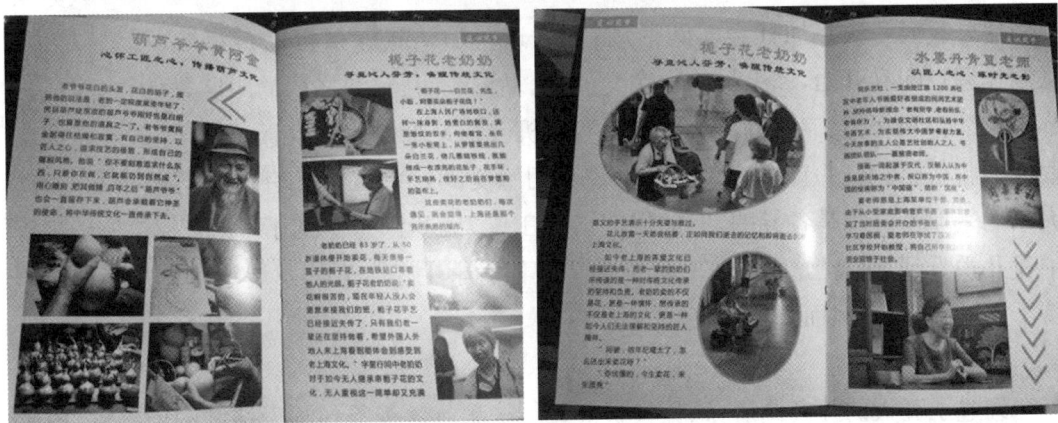

图 2　"匠心筑梦"宣传册

3. 人物传记系列推送

根据采访内容,我们分别为每位工匠撰写了一篇故事集,记录了工匠们的切身经历以及对大学生提出的建议。故事集之后被用于制作人物传记系列推送和宣传册。

五、实践感言

"寻工匠·悟匠心"社会实践活动为期 60 天,其中走访 6 天,后期制作和推广 55 天。通过活动我感悟到:每个人都可以用自己的双手,把老祖宗传下来的传统技艺创造性转化、创新性发展。所以我们希望有越来越多的年轻大学生加入知识型、技能型、创新型劳动者大军,为此我们希望通过此次活动让更多人去了解工匠精神,追求工匠精神。大学生弘扬工匠精神中坚持不懈、精益求谨的核心内涵,营造坚持不懈的社会风尚和精益求精的敬业风气,可以发展思想品质和专业能力,成长成为对社会有贡献的人。

——蔡瑜

在结束了所有的实地调研后,我有认真地想过,其实我们寻找的那些工匠都是我们身边随处可见的人,他们靠着兴趣和爱好坚持着某种手艺或文化,希望得到传承和发扬,他们是伟大的,是令人敬佩的,他们是工匠,有着珍贵的匠心。通过对几位的采访,我发现大家基本都强调着坚持,不是靠着那一腔热血做成的事,而是坚持不懈、不惧枯燥地一直做下去,我想这就是工匠精神吧。工匠精神针对所有年龄段的人有不同表现,学生需要在学习中专心致志;工作者需要在职业生涯中选定自己不会后悔的工作,一丝不苟地坚持下去;退休的老人们可以做一些自己喜欢的事情,比如唱京剧、画国画等,能好好地扬这样一门手艺给后辈。工匠精神是如今浮躁的社会中所缺少的,而我们此次项目所要达成的目标便是寻找工匠、发扬匠心。

——武亦欣

这是我第一次参加社会实践活动,加入这个团队我深知自己得尽职、尽责、尽力。从制作调查问卷开始,和组员一次次交流,反复更改问题,到之后的跟队采访,小组成员都团结配合和努力。对我而言,每次的实践机会都是难得而又宝贵,只有经过不断的实践才能收获经验。并且在这次活动中我真切感受到这些工匠都有他们的坚持和初衷,大家的兴趣爱好都是各异的,但他们能成为工匠,无非都是做到了"坚持",在采访过程中我几番听到"坚持"这两个字。因此希望我们大学生在今后的发展道路上都能拥有坚持下去的决心、逆风而行的勇气。

——卢慧萍

经过了五天的社会调研,感觉收获很大。从葫芦老爷爷到画麦秸画的何老师,我感受到了工匠精神:耐心、专注、坚持、专业、敬业、淡泊名利、用心做一件事情。这种行为来自内心的热爱,源于灵魂的本真,不图名不为利,只是单纯地想把一件事情做到极致。当今社会心浮气躁,追求"短、平、快"(投资少、周期短、见效快)带来的即时利益,从而忽略了产品的品质灵魂。因此我们更需要工匠精神,才能在长期的竞争中获得成功。

——王莉

从雕刻葫芦的老爷爷到画麦秆画的何老师,我感受到了工匠精神的专注,坚持,专业,敬业,用心做一件事情,这种行为来自内心的热爱,源于灵魂的本真,不图名不为利,只是单纯地想把一件事情做到极致。一代代工匠的传承,一次又一次的创新,让一件件作品独具匠心,呈现在我们的眼前。这当中的工匠精神是我们大学生应该学习的。

——单彤

5天的社会实践一晃而过,却让我从中领悟到了很多东西。这次社会实践我们采用了"理论实践一起走"的方法,从研学十九大中的"工匠精神",到采访当地的老工匠,拉近了我与社会的距离,也让我在社会实践中开阔了视野,增长了才干,进一步明确了我们当代大学生肩负的历史使命。

"工匠精神"是我们当代大学生应该具备的优秀品质,这种品质是专注、执着、耐心、细致、坚守、创造、精益求精。"工匠精神"是一种态度,一种追求、一种宝贵的精神财富。我们作为祖国的接班人,要将这种品质融到我们的骨子里,带着这种精神去完成每一项工作,不忘初心,坚持自己的理想和信念。

——管玥

六、活动启示——匠心,是"择一事,终一生"

社会实践对大学生来说是有重要意义的,是促进大学生与社会接轨的必然阶段。通过走访老一辈的工匠们,我们从中学到了,要想做好一件事,就要能潜下心来坚持练习,而不会因为枯燥半途而废。不论是葫芦老爷爷、栀子花老奶奶、水墨丹青夏老师,还是麦秆画何老师,这些工匠身上都有共同的特点,他们都会为了作品日复一日坚持练习基本功,为了更好地完成一幅作品,细心研究绘画制作好几年也是有可能的。没有做过工匠的人,往往也不必受这样的约束,与他们相比,总显得心浮气躁。我想,我们感动的是他们能够"择一事,终一生"。今天,时代的变化太迅速,社会生活节奏太快,我们的选择太多,人往往定不下心来,常常因为选择而迷惘。相比之下,工匠们却能够全然以一种缓慢的节奏安心工作,与工艺品对话,不为世俗中的诱惑纷扰所影响,他们为我们展示了一种别样的生活,令我们心生羡慕。

工匠们高尚的心也是令人钦佩的。他们以身作则,在上海这座偌大城市的一角默默地传承着中华文化,希望更多的人能感受到老上海的文化,工匠们卖的不仅是工艺品,更是一种情怀,想传承的不仅是老上海的文化,更是一种如今人们无法理解和坚持的工匠精神。而且制作工艺品的收入并不高,能留下来的人都是真心热爱这一行的人。在这个快速发展的时代工匠们在巨大诱惑面前,他们能坚持自己的操守,不为所动。谁不曾心生一丝懒惰懈怠?谁面对诱惑能做到完全不动摇呢?

日复一日手上基本功的练习,对技艺要求精益求精,全身心地投入且耐得住寂寞,坚守原则,不为利益所诱惑……这些概括起来,应该就是所谓的"匠心"了。

或许我们并没有机会去学习一门传统技艺,成为一个传统的手艺人,但这不代表我们做事不需要一颗"匠心"。不管我们学习什么,从事什么职业,都需要一颗不断磨砺自己之心,一颗持之以恒之心,一颗精益求精之心,一颗坚守原则之心。在人心普遍浮躁的时代,一颗"匠心"能帮助我们找到安身立命的根本,也能帮助我们在一定程度上专注于生活,驱散心中的浮躁与不安。

七、指导老师评价

"寻匠人,悟匠心"调研团队,经过实地走访、问卷调查、研究思考、制作报告和宣传品、工匠精神进校园等多项活动,出色地完成了项目,得到多家媒体的认可和助力,大大扩展了项目的社会影响力。

首先,项目对社会流于浮躁的现象进行了反思,用"寻匠人,悟匠心"的实际行动,倡导人们回归初心,在我国从粗放发展向精益发展的转型中,发挥自己了解、宣传、发扬和传承工匠精神的社会作用,可喜可贺。

其次,工匠精神并非只为工匠所有,而是所有工作优化和生活优化的支持力量。所以工匠精神既可以用在大学生在校的学习生活,也可以为自己找到专业学习的精神支柱。因为工匠精神的核心内容是认定目标、坚持不懈、精益求精。把这些精神实质运用于专业和职业的钻研中,成为行业精英不是梦。

最后,该项目成果后续将持续发挥作用:① 通过本校支持的"工匠精神进校园"系列活动,让大学生与工匠零距离接触,感悟和实践工匠精神,并发扬和光大。② 通过教研室的教学方案,将匠心融入教案,带进课堂。从而唤醒沉睡于世风之中的本校大学生,钻研自己的学业,敬畏自己的职业,成为中国的精益式发展的贡献者。③ 通过导师"职业生涯课程思政化协同建设"市级项目的经费和平台,将"寻匠人,悟匠心"成果在论坛上展示,在公开出版物上发表,借以推广到其他高校和整个社会。

——高红霞

附录:调查问卷数据分析

第 1 题　您的年龄段?［单选题］

数据分析:本调查问卷主要针对 20 岁以下及 20～30 岁的人,但其他年龄段的人群也有涉及,虽然比重较小,但也能较全面的了解接下来的调查(见图 3)。

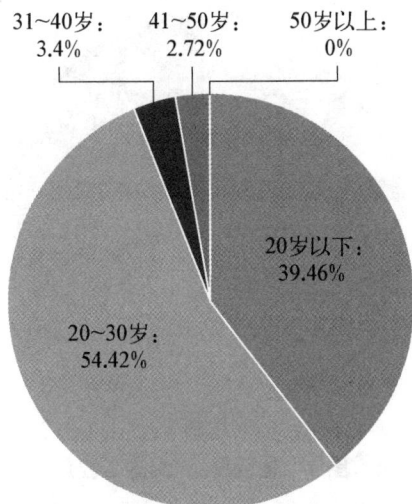

图 3 样本年龄段

第 2 题　您的职业？［单选题］

数据分析：此次填写问卷的人群以学生为主，占总数的 89.20％，说明当代学生还是很关注社会热点的（见表 1）。

表 1　样本职业

选　项	小　计	比　例
学生	157	89.20％
职员	6	3.4％
公务员	1	0.57％
创业者	1	0.57％
个体经营	11	6.3％
其他	0	0％
本题有效填写人次	176	—

第 3 题　您是否看过央视《大国工匠》纪录片？［单选题］

数据分析：63.95％的调查对象完全没看过央视《大国工匠》纪录片，说明我们对纪录片的宣传力度不够。36.05％的调查对象看过此纪录片，但也只有 23.13％的调查对象印象深刻，说明我们应该加大对此类纪录片的宣传，让更多人了解这种精神，将这种精神传承下去（见图 4）。

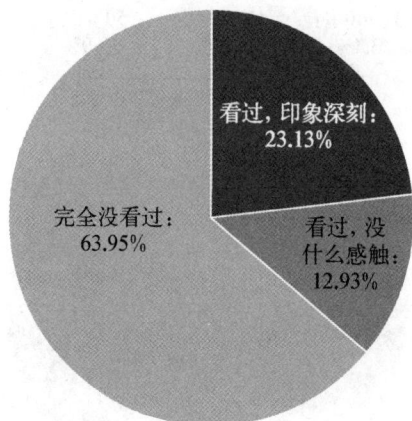

图 4　是否看过《大国工匠》

第 4 题　您了解工匠精神吗？［单选题］

数据分析：十九中提出了"工匠精神"人们对这一名词有了一定的了解，但也只是表面理解，只有少部分人（9.52％）对"工匠精神"非常了解，我国应该将这一精神渗入到人们的生活中，让每个人清楚的了解学习此精神。31.29％的人不是很了解（25.85％）或完全不了解（5.44％）这种精神，这对培养优秀人才造成了很大的阻碍（见图 5）。

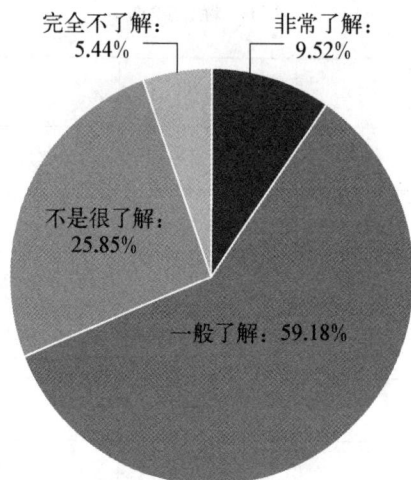

图 5　是否了解工匠精神

第 5 题　您认为下列哪项最能代表工匠精神？［多选题］

数据分析：通过本调查了解到大部分调查对象还是认为传统悠久的老字号可以代表"工匠精神"，老一辈的文化精神深深地影响着我们，31.99％调查对象认为是尖端技术的研制，17.28％的调查对象认为是高端奢侈品制造最能代表"工匠精神"（见表 2）。其实"工匠精神"是一种职业精神，是从业者的一种职业价值取向和行为表现，是一种优秀的品质，不论学习什么专业、从事什么职业都需要拥有这种精神。

表 2 什么最能代表工匠精神

选　项	小　计	比　　例
尖端技术的研制	87	31.99％
高端奢侈品制造	47	17.28％
历史悠久的老字号	138	50.73％
本题有效填写人次	272	—

第 6 题　据您所知您身边的工匠有多少？［单选题］

数据分析：当代的工匠越来越少，几乎过半的调查对象对身边的工匠一无所知，只有8.16％的调查对象身边有很多工匠，说明现代人对工艺制作等的兴趣越来越少(见图 6)。

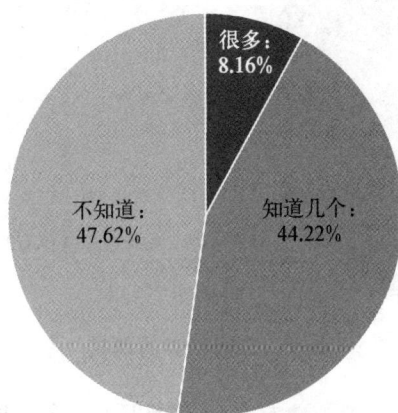

图 6　身边的工匠

第 7 题　您认为当今社会哪些群体需要工匠精神？［单选题］

数据分析：74.15％调查对象认为"工匠精神"很重要，全社会都需要这种精神(见图7)。"工匠精神"主要包括敬业、精益、专注、创新、坚持等，这种精神确实需要每个人都好好学习并且具备。

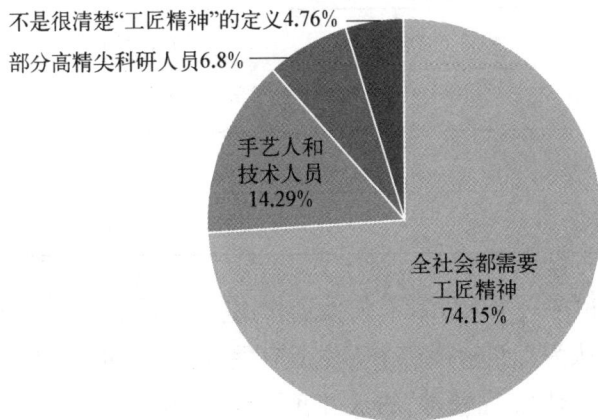

图 7　谁需要工匠精神

第8题 您认为社会上工匠精神的现状是怎样的？［单选题］

数据分析：通过数据发现现代人对"工匠精神"还是不够重视，49.66％数据显示社会上的"工匠精神"情况一般，调查对象身边一些应有"工匠精神"的人却不具备这种精神；但较为乐观的是还有25.17％的工匠拥有这种可贵的精神（见图8）。

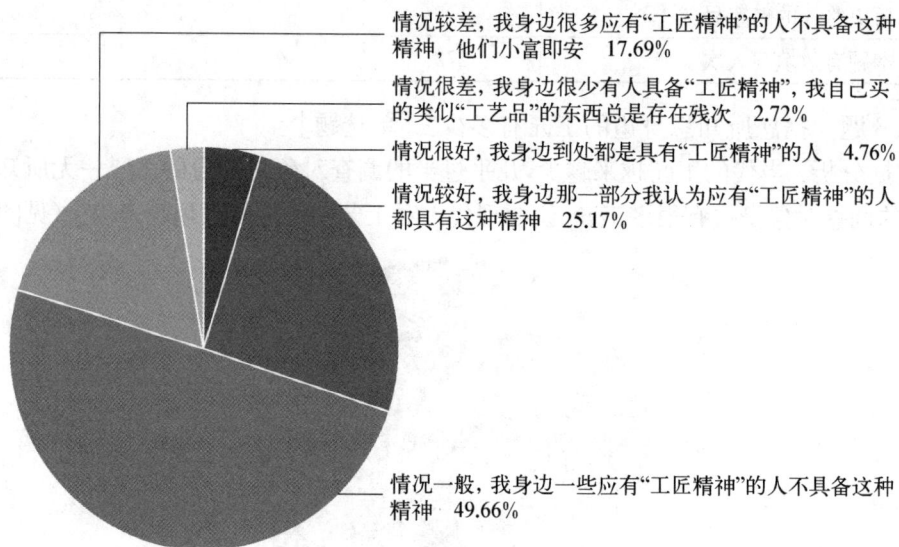

情况较差，我身边很多应有"工匠精神"的人不具备这种精神，他们小富即安 17.69％

情况很差，我身边很少有人具备"工匠精神"，我自己买的类似"工艺品"的东西总是存在残次 2.72％

情况很好，我身边到处都是具有"工匠精神"的人 4.76％

情况较好，我身边那一部分我认为应有"工匠精神"的人都具有这种精神 25.17％

情况一般，我身边一些应有"工匠精神"的人不具备这种精神 49.66％

图8 工匠精神的现状

第9题 您认为的工匠精神需要具备哪些品质？［多选题］

数据分析：通过饼状图看出调查对象认为这4种品质"工匠精神"都应该具备，几乎同等重要（见表3）。

表3 工匠精神需要具备的品质

选 项	比 例
有乐趣和热情	74.15％
精益求精，一丝不苟	89.12％
技艺高超	64.63％
淡泊名利，用心经营	57.82％

第10题 您认为工匠精神对个人发展有何促进作用［单选题］

数据分析：96.6％的人认为工匠精神对个人发展有促进作用，即使人们认为作用不同，但也足以表现出调查对象对"工匠精神"的认可度很高（见图9）。

第11题 您认为工匠精神对现代的学生有意义吗？［单选题］

和个人发展没什么关系：3.4%

有利创新
发展：17.01%

踏实不浮躁：
44.9%

工作有耐心，
要认真：34.69%

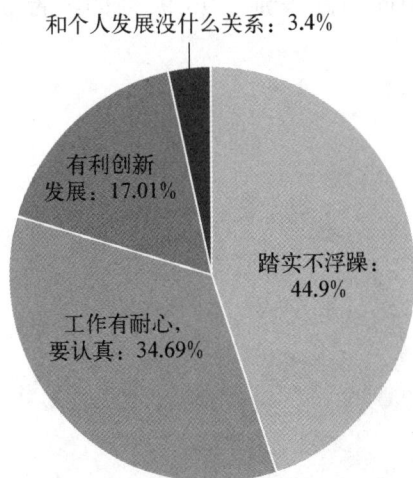

图9 工匠精神对个人的作用

数据分析：这一饼状图中94.57%的大学生对工匠精神的传承持肯定态度，认为工匠精神对学生的影响重大，应该多多学习（见图10）。工匠精神是对自身的严格要求，是时代呼唤的情怀，是对社会应尽的责任；而少数人虽然对工匠精神持否定态度觉得对现代学生的影响不大或者没有影响，这是对工匠精神不了解的一种表现，只是了解了这一精神的表层意思，并没了解其中的精髓。

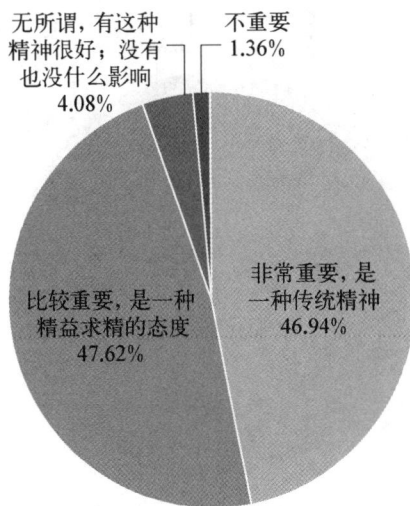

无所谓，有这种
精神很好；没有
也没什么影响
4.08%

不重要
1.36%

比较重要，是一种
精益求精的态度
47.62%

非常重要，是
一种传统精神
46.94%

图10 工匠精神是否对学生有意义

第12题 您认为工匠精神是否应该得到传承和发扬？［单选题］

数据分析：中华民族的血管里，自古便流淌着工匠们精益求精的血液，十九大会议中特别强调要注重培育精益求精的工匠精神，要将工匠精神传承下去，继承优良传统,以严谨的工匠精神向粗鄙告别。95.92%的人都认为应将这种精神传承下去(见图11)。

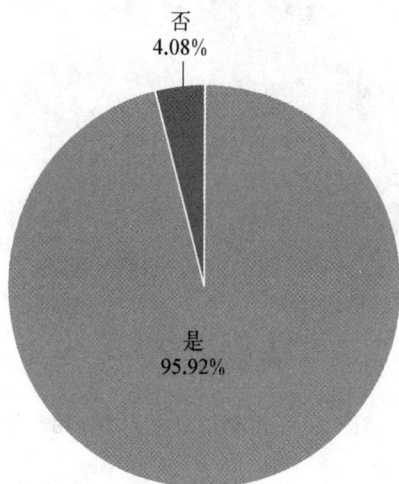

否
4.08%

是
95.92%

图11 是否应传承和发扬工匠精神

第13题 您认为社会上的工匠精神是否宣传到位? [单选题]

数据分析:72.11%的大学生认为工匠精神宣传力度一般,19.05%的大学生认为宣传效果很差(见图12)。

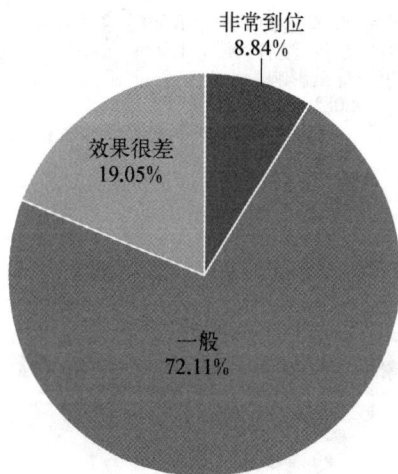

非常到位
8.84%

效果很差
19.05%

一般
72.11%

图12 工匠精神是否宣传到位

第14题 您觉得最应该在哪方面加大宣传和推广力度?(上一题选"非常到位"请跳过本题)[多选题]

数据分析:4种形式的宣传方式的占比差不多。学校教育、政府机构这一种宣传方式最让大学生认可(见表4)。

表4 应在哪方面加大宣传力度

选　项	比　例
学校教育、政府机构	79.59%
报刊、图书	53.74%
电视、广播	67.35%
网络	78.91%

第15题 如今应怎样来培养大学生的工匠精神?〔多选题〕

数据分析:大部分大学生认为应将工匠精神的职业素养教育纳入教学内容,走入课堂,让大学生更好地了解这一精神;大学生第二认可的方式就是学生应从思想上自觉改变自己,从态度上端正自己,认真对待每一件事(见表5)。

表5 如何培养大学生的工匠精神

选　项	小　计	比　例
学校要深化课程改革,将工匠精神的职业素养教育纳入教学内容	114	77.55%
学校多开设培养工匠精神的课程	87	59.18%
培育工匠精神必须加强顶层设计,学校应给学生营造"劳动光荣,技能宝贵"尊重职业和劳动的良好氛围	96	65.31%
学校多开设讲座	64	43.54%
学生应将自己的爱好或喜爱的专业学到极致	86	58.5%
学生应从思想上改变自己,从态度上端正自己,认真对待每一件事,由小到大,由学习到创新	97	65.99%
本题有效填写人次	147	—

【作者简介】

本文作者为上海杉达学院学生,指导教师:高红霞。

争当时代先锋
——寻找最佳雇主

曹慧慧　　董心悦　　王永嘉　　陈怡妃　　桂南燕　　陈思哲

一、项目背景

2017 年，以互联网、云计算、大数据、物联网、人工智能为代表的数字技术已被公认为第四次产业革命的重要驱动因素，在为全球经济活动赋予巨大能量的同时，也对就业生态带来革命性改变。最为明显的三个变化为：① 数字时代成长起来的"数字原住民"一代，更具有开放、自由、平等、分享、透明的多元精神和职场价值观。② 机械性、重复性的岗位将被机器取代，促使重复性工种的员工亟待知识迭代和技能升级。③ 智能技术大大提高了企业管控的能力，让企业在可控的前提下，极大的释放个体的创造力。

个体智慧与智能技术不断碰撞与交融，探索更多的连接方式，在这一过程中，人的创造性价值更加凸显。员工与组织、智慧与智能集合共振，带来了超乎想象的可能性。其中之一，就是对传统雇佣时代的终结，企业管理更高效和更灵活，更大程度赋权于员工，企业和员工之间有更多的互动，个人借助于企业的智能平台和资源也能探索前所未有的更多可能性，实现个人与组织的智慧集合。同时，企业管理需要在文化体系、组织体系、激励体系和成长体系四个方面进行优化：① 在文化体系方面"心智互动"，拥有共同价值观的团队更加开放，包容差异、互相激发，能够进行更深入的心智交互。② 在组织体系方面"边界重塑"，借助大数据和智能技术，公司内部组织边界、外部生态伙伴边界都在变得更有弹性，组织运行更加高效和灵活。③ 在激励体系方面"价值实现"为员工赋能，明晰的评价体系和激励机制促使人才自我驱动，员工更富有成就感和使命感。④ 在成长体系方面"迭代共享"，知识和技能快速更新迭代，学习方式更加多样，分享和共享成为重要的培训和成长方式。在这四个体系的支撑下，企业不再单纯只是工作场所，而是要致力于智造新职场。对个人而言，职场进化为智造场，个体在其中能够发现更好的自己、创造更多的可能、实现更高的成就。

在当今"互联网＋"大背景下，大学生作为新时代创新创业的生力军，应当紧跟时代潮流，积极开展"创新驱动，转型发展"的实践、体验活动。通过观察发现，社群的崛起给劳动关系模式带来了新的发展方向，企业高速增长，社会要素的组织形式和专业模式开始新一轮创新再造。个体需要不断学习和掌握新的知识技能,创造性地解决问题才有可能做好工作。对企业而言,为保证工作质量和目标达成,尽管对员工忠诚度的要求依然摆在重要位置,但其重要程度却在下降,而如何激发员工的创意以及帮助员工进行能力开发才是企业优先考虑的。在这个过程中,企业和个人就从伙伴发展为互相成就的共赢关系。组织和个人的关系经历了从雇佣到合作,从合作到伙伴,从伙伴到共赢,并且在持续发展的技术推动下仍在继续变化。与时俱进,洞察人才市场变化,探索人力资源管理新模式一直是中国年度最佳雇主评选活动的价值主张。为此,我们也在寻找最佳雇主,一起学习探讨属于这个时代的楷模人物。

二、项目目的

当前,以"互联网+"为主要特征的新一代技术革命,正在推动人类社会从工业社会迈向信息社会。"互联网+"作为推动社会变革转型的重要技术力量,也必将是驱动发展的要素和动力,必将对未来的发展产生深远影响。人力资源管理的思维需要对接时代,对接全球,用新的科学理念替换旧的逻辑。作为管理者唯有不断突破传统雇佣模式的思想藩篱,才能够在未来引领工作。我们希望通过采访一些企业员工和中层领导,让他们回答"最佳雇主"需具备的要素,分析不同群体心目中的最佳雇主有什么共同点和不同之处,从而更全面、更立体地刻画出最佳雇主的特征。通过对比不同群体对最佳雇主的感知,企业在雇主品牌建设方面对不同群体可以更有针对性地传递信息,在招聘过程中也可有的放矢。

三、实践地概况

我们选取了位于上海黄浦区的一家民营企业进行采访和研究。

该集团是房地产行业的龙头。集团所推崇的理念就是:房子的意义不仅仅是建造房子本身,更重要的是房子建造好后带来的生活体验。打造"幸福"的家,需要倾听居住者的需求并理解他们。

"家"的核心理念是用心,基于此,集团的住宅产品有了四心的核心产品研发设计理念。四心指"心设计、心呵护、心生命、心未来"。全方位为客户创造更人性化的居住体验,满足不同业主的需求,助力美好生活的实现。

四、雇主分析

(一) 企业宗旨

该集团党建工作坚持以"发展经济、服务社会"为宗旨,以社会主义核心价值观引领企业文化,打造出独具特色的红色正气文化。集团员工在其董事长的带领下,多次踏上"革命圣地",赴井冈山、延安、遵义、古田等红色革命圣地深入学习红色文化、弘扬革命精神。

集团的宗旨就是多年来以"保持稳健发展,发展规模不断壮大,致力于打造百年企业",不求快速发展,只求稳健地扩大规模。秉承"美好生活,专筑为您"的理念,以顾客的需求为本,进行开发与贸易。坚持"与战略伙伴共赢,与优秀员工共享"的发展思想,将合作伙伴及员工视作集团密不可分的一部分,互利互助。以"红色正气、靠谱成事、家人关爱、共赢共享"作为企业文化,以"忠诚敬业、激情务实、阳光正气、真诚包容、专业高效"作为企业基因,通过地产与建筑的协同效应,实现业绩双翼齐飞。

(二)集团的"家文化"

"平凡的人团结在一起,组成强有力的团队,共同打造不平凡的事业!"这是集团董事长对企业文化的评价,每个人都互为搭档,每个员工都是公司的合伙人,企业内部没有阶层之分,一家人共同打造不平凡的事业。集团一直秉持着开源、节流、勤俭、稳健八字方针的管理理念,以及快、认真、坚守承诺的经营理念。

集团始终坚持"人才是第一资源"的理念,人才战略高于土地战略,人才储备重于土地储备。集团倾力打造人才体系,功由才成,业由才广,缔造了一条"立体化、高运转、多层次、全体系"的人才链。集团以识才的慧眼、爱才的诚意、用才的胆识、容才的雅量、聚才的良方,广开进贤之路,把优秀人才吸引过来、凝聚起来,在公司上下形成人人渴望成才、人人努力成才、人人皆可成才、人人尽展其才的良好局面。

(三)集团的人才留用

人才留用的话题其实是永恒的,也是个世界难题。而集团在人才留用方面主要有三个措施。

1. 对员工的关怀

企业文化提倡家文化。可能有很多企业认为家文化过于温和,但实际上家文化指的是只要员工尽力去做事,企业会认同员工的付出和努力。集团承诺不会随意放弃每一名员工,员工跟不上就会伸出援手,让员工在发展过程中不要掉队。另一方面,家文化也意味着员工之间不要互相去抱怨,而是互相帮助,因为团队是协同发展的,并不是单凭一个人努力就可以完成一项工作的,这也是家文化的一个内涵,精髓就是团队协作的重要性。

2. 企业内部的激励机制

实际上,地产行业发展这么多年,也相对成熟。很难说哪家企业在激励机制上是非常突出。而事业合作人机制,在目前实行合伙人机制的企业里面,称得上独树一帜。在这个机制上,可以体现出来给到员工的更多是他们在这个平台上创造价值的机会和足够的授权。特别是对于中高管,很多时候他们看重的不仅仅是薪酬,还有企业里面的话语权、参与感和体现的价值,一个人实现自我价值的需要是马斯洛需求层次理论的最高端需求。

3. 新员工加入组织的时候,能快速融入进来

从外部挖来一个员工,除了绝对值的成本高,进来后磨合期的成本也高。所以企业都会尽量降低新员工的磨合成本,让他们尽快融入组织。公司希望通过以上的措施,让不管什么渠道进来的人才都能够发挥自身的价值,发自内心地愿意留下来。

(四) 集团人才录用

每年的校招季各大公司都会很紧张,每年的校招压力都在递增,而且很多企业喊出非985、211的学生不要的口号,所以在应届毕业生上的竞争就越来越激烈了。对于集团而言,985、211的学生也是集团首先考虑的,总体来说他们的综合素质相对更高,这是不可否认的。

但是对于一些非985、211的学生,如学生会主席、学生干部等,集团也会纳入考虑范围。集团在选择学生的时候,不仅仅看他的学习成绩,因为学习成绩仅代表学生学习技能上有长处。集团更希望去寻找一些有理想、有目标、有激情的学生,他们可能成绩不是最突出的,但是在几年的大学生涯中参加了很多活动和组织,锻炼出了解决问题的能力,在对事物的观点和判断方面更有优势。所以集团对学生的评价,学习成绩不是唯一指标。

另外,关于如何树立雇主品牌,多年来,集团在一些学校实施福星计划,在往届毕业生里面也留下了良好的口碑。集团选择他们作为宣传大使,使他们成为福星计划快速发展的最好的活广告。集团依然坚持邀请往届毕业生到校园里面做关于自己经历的宣讲,同时校招宣讲会的主持也会任用上一届的管培生。

集团希望通过这些做法告诉学生,集团愿意给学生成长和试错的机会,在集团的成长速度,就是他们想要的。

(五) 集团的人才培养

我们从集团官网了解到,集团从去年开始,在未来3~5年的战略发展计划中,也做出了人才培养的体系。培养体系的基础就是要做好人才盘点,就是盘点清楚集团内部现在有多少员工是符合要求的,在哪些方面可能缺失人才。基本上,目前集团基础的员工还是能符合要求的,这也与近几年加大了管培生的培养力度有很大关系,较好地为员工提供了培训学习的机会。

但是整体而言,具备创新能力、带动集团业绩快速增长的能力的高管人员,集团还是比较欠缺的。对此,集团现在给出两个解决方案:① 内部加快中高层人员的培养,在人才缺失时能尽快完成补给;② 外部进行人员的补充,使得高管带领的团队在人员层次和能力上能够得到满足。

关于员工的培训,集团是分两方面去做的:① 品德是放在第一位的,而不仅仅是技能。公司文化是比较鲜明的。不管是高管员工还是新员工,都要进行红色文化的宣导,培养思想端正积极健康的员工也是员工培训的一个重要内容。② 员工本身的技能,而技能也是两方面的结合。一方面,集团会让员工去到一线,在实践过程中让员工解决问题的能力得到提升。另一方面,在员工不断成长的过程中,让他们的领导能力得到培养。对此,集团更多采用集中培训,让员工在一线的实践和实际场景中得到能力提升。

五、员工分析

(一) 集团管理者对员工需求的了解程度

员工的需求可以从生理需求、安全需求、社交需求、尊重需求、来讲,而这也是马斯洛需求层次理论中的 4 个层次。在员工的生理需求中,最基本的就是衣食住行和医疗的需求。据了解,集团的员工每月有些许的伙食费补贴等,他们的企业文化之一"四责任"表明要对员工负责。对于员工的安全需求,主要是人身、劳动、职业、财产安全方面,集团对员工提供全面保障五险一金就是一种很好的方式。建立友谊关系,得到管理者的支持和友爱是大多数员工的社交需求,我们在采访中得知集团有时组织一些交友活动,这使员工变得团结,他们说:"人在一起不叫团结,心在一起才是团结。"在参观公司期间以及在员工短暂的交谈之间我们发现他们彼此都很互相尊重对方,连高级管理人员也没有特别的架子,与下级员工似朋友般。

(二) 集团员工的主人翁意识

员工有主人翁意识可以为企业打造卓越的团队,而管理者应该考虑如何培养员工的主人翁意识,如何为员工提供一个有主人翁精神的环境。集团文化是崇德、好学、团队、责任。这个责任包含员工对企业的责任和管理者对员工的责任,员工对企业的责任心让他们有了主人翁意识。集团从 2003 年开始首先在广州发展房地产行业至今,其发展一直是稳固根深的,恰是这稳定的发展使员工对自己的公司有信心和使命感。一个中层管理者告诉我们,公司注重培养员工主动工作的意识,在一些工作,难度较大的挑战中,他们可以学到更多不同的技巧、知识。当员工意识到自己能力的提升,就更会主动地去工作,在无形中形成了主人翁意识。

(三) 集团员工的心理和能力

当前的各行业都有很多工作者有心理问题,员工跳楼自杀等问题频频出现,这使得集团注重员工的心理健康。为此企业设有专门的解压站,供员工释放压力,还有定期的进行心理健康宣传,管理者不时地了解员工的生活和兴趣爱好。因此我们在进入集团时,感受到企业氛围温馨,员工心情愉悦,待客热情。除此之外,集团还以辩论赛、联欢会等活动锻炼员工外向的性格和口才等,使员工更加职业化、专业化。能力提升培训是企业管理者对员工的支持与引导,可以促使员工进步,推动员工更好的发展,间接为企业做出更大的贡献。

(四) 集团员工待遇

集团处于发展阶段,比较重视人才,待遇较好,有较好的员工培养计划。虽然员工福利比较好,但是加班和出差是避免不了的,该集团更适合愿长期付出的员工。

六、数据分析

图1展示了员工对于敬业度的反馈,有71%的员工乐意留下,有10%愿意全力付出,还有19%乐于宣传自己的公司。

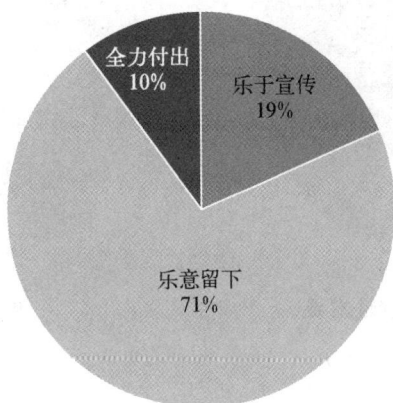

图1 对于敬业度反馈

可以看出"薪酬福利""个人发展""业绩优秀""工作环境""沟通交流"等因素是影响着员工心目中最佳雇主的品质的评选要素的。排名前三的主要还是"薪酬福利""优秀业绩"和"个人发展"(见图2)。

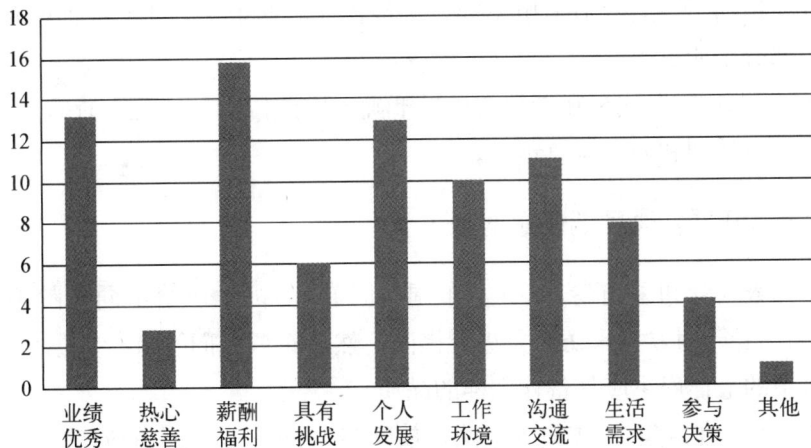

图2 员工心中最佳雇主品质

对于公司的可持续性发展,58%的员工呈现出有信心的状态,33%的人非常有信心,8%的人说不清楚,1%的人无信心(见图3)。

关于薪资水平在同行业的对比,57%的人觉得是中高水平,12%认为是高水平,24%的人认为中等水平,4%的人认为一般,3%的人认为较低(见图4)。

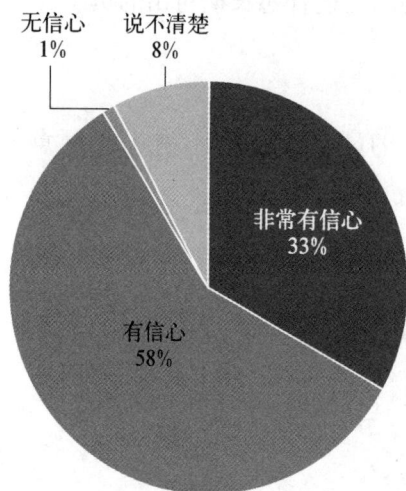

图3 对于公司可持续性发展

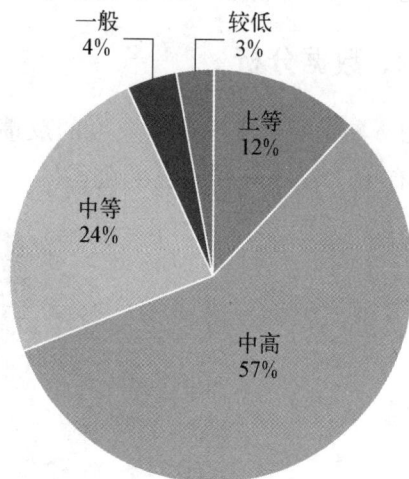

图4 薪资水平

七、实践队活动简介

(一)前期准备

分工明确,强化责任意识,招募队员,建立好实践计划的流程和记录档案,以保证各项活动的顺利进展。

我们查找报刊、著作、网络等相关资料了解该企业现状,以问卷和面对面采访的方式随机采访部分企业员工。

准备活动方案,团队成员在老师的指导下确定实践内容和流程。查看了出行路线,详细制订了出行计划和安全应急预案。

(二)活动开展:项目调研总时长5天

制作了调查问卷和采访卷,线下发布调查问卷,随机发送给不同年龄不同工作的人,并打印采访卷到时候对采访对象进行提问。然后对调差问卷进行数据分析,从而得知大家心目中的最佳雇主应具备什么样的品质。

第一天:上午九点集合,先进入集团发放问卷,讨论一天发生的问题及对后面的安排进行规划。

第二天：下午一点集合,全体成员乘地铁前往集团有限公司,拍摄照片和视频,发布调查问卷给路人进行填写,回收调查问卷回学校统计数据。最后举行例会,所有成员发表感想和意见,对接下来的采访提出意见和改进。

第三天：下午一点集合,全体成员乘地铁前往集团有限公司并收集被采访人对最佳雇主的看法和意见,进行拍摄照片并全程录设视频。回学校进行例会和讨论。

第四天：整理人手一份数据分析,最后回学校进行例会。

第五天：举行会议,汇总各种资料。

(三) 成果总结

1. 团队日志

活动当天安排队员就每天的活动情况做详细记载,并对次日的活动做好安排。

2. 个人感悟

每位队员将自己在整个社会实践活动中的心得体会整理为个人的实践心得。

3. 调研报告

将活动过程中所有拍摄的照片、数据采集、访谈记录以及问卷调查等进行汇集整理,完成实践报告。

4. 成果宣传

通过学校微信公众号的推送,展示给我校大学生最佳雇主的品质特征。

(四) 汇总报告

最后我们会出一份关于最佳雇主的报告,并鼓励同学们顺应未来发展趋势,洞察人才市场变化,探索人力资源管理的新模式。

八、成员心得

在这次暑期实践"寻找最佳雇主"项目中,我身为第一负责人,觉得自己学到了很多,无论是在调研采访过程中,还是后期材料数据分析,我对总体的项目实践下来都有很深刻的体验和总结,让我对于员工或者雇主都有了更深刻的认识和了解,我明白了想要做好一个项目,不是一个简单的想法构思,而是要根据实地调研根据数据综合分析而来。当前,在移动互联网发展如此迅速的时代,技术发展对个人和组织产生的影响已经越来越明显。随着多样化和云端化的全新工作模式的盛行,企业组织正在呈现出更高的平台性和开放性,企业组织边界充满渗透性,工作者和工作任务可以在边界自由出入。企业不再是一个封闭稳定的不变体,在外部,可以与外部资源进行深度合作;企业内部,部门和团队之间也会进行迅速高效的组合,企业成为一个高度灵活的组织。在这个过程中,组织和个人从伙伴发展为互相成就的共赢关系,不再是简单的雇佣和被雇佣的关系。我知道要结合市场进行全面分析,同时不要忽略对手竞争者,要有较强的应变能力,无论对外部还是内部资源的变化,都能综合分析最终做出一个合理的雇佣人才的策略。在进行问卷调查中,我就发现一个员工的归属感和奋斗程度很大程度来源于雇主。

我也非常感谢本次项目合作的各个成员,大家默契的完成一次又一次的调研,后期数据分析更是一步一步的讨论从而全方位的展现我们的成果,本次活动也让我看见了团队合作的重要性,各个环节的配合交接也让我看见大家对于这个项目的认真负责的态度。

——曾慧慧

作为本次"最佳雇主"项目的一员,从项目的最开始到结束这整个过程下来,不仅学到了有关管理、技术方面的知识,而且对小组内部有条不紊的协同工作有了更深的印象。

第一,从案例中的几家公司中能看出都有一个鲜明的共同点——合理地分配与利用资源。我们做任何工作都不是孤立存在的,要完成一整个项目就需要各式各样的人整合在一起,那么,如何发挥这些人的特长,分配适合的板块,从而更快更好地完成工作,是十分重要的。

第二,参与项目之前,我们学到的都只是一些理论知识,实践性不强,与企业的实际需求匹配度不高。在这次的项目中,我们由被动学习转为积极主动的自主求学,心态发生了变化,学习效率也明显提高,掌握新知识的速度明显加快。我们以实际需求为导向,需要综合学习管理方面的各课程知识,活学活用,以解决具体问题,将专业与非专业知识有机结合,使所学知识更加系统,更加统一。

第三,在项目的整个进行过程中,脱离不了组内的分工协作,前期小组开会确定了大致的项目流程,然后集中进行材料收集,确定问卷,预约企业实地调查采访,后期又进行了材料整理等工作。完成项目需要投入大量的时间与精力,这不是一个人单枪匹马就可以做到的,需要大家相互配合。同时,团队当中的合作需要我们不断的磨合,学会倾听大家的意见和发表自己的看法,做到尊重每一个小组成员,成员之间要互相帮助,高效快速地完成本项工作,以便尽快进行下一项工作。参与此次项目让我学会了合理安排时间,更能理解协作精神与团队意识的真谛,这对我的团结意识、协作意识、个人能力的培养提供了一个宝贵的机会。

——董心悦

作为这次项目的第二负责人,我收获颇丰。从前期和组员们一起接触"最佳雇主"相关问题,到最后的成果呈现,我不仅对"最佳雇主"这个热门话题有了较全面的认识,对一个优秀的企业如何得以长期发展等专业知识有了更深入的了解,更对团队合作、如何解决问题、如何与企业沟通接洽有了更深入的学习。

在制定项目计划时,对于选题以及各流程,成员进行了激烈的讨论。对于每个选题提议、每个企业选择、每个问卷调查问题,我们都进行了一系列讨论,优中择优。虽然前期耗费了巨大的精力与时间，但是机会总是给有准备的人，因为合适的选择，我们后续的项目跟进比较顺利。在项目实施时，就与不同身份的人进行合适的时间预约、礼仪等细节问题，我们也进行了探讨，这些在今后的工作生活中，都有很高的适用度。在数据分析时，大家集思广益，各自分析问题的角度有所不同，汇总之后所得的结论较多元化，但是大家殊途同归，也验证了最后我们结论的广度与正确性。

现阶段的"最佳雇主"项目已告一段落，但我们对于"最佳雇主"这一项目的热情与求新仍在持续，我们团队今后会继续跟进相关动向，对其他中国更多的"最佳雇主"进行探索，以给予各位"雇主"更好的建议。

——王永嘉

很荣幸可以参加本次"最佳雇主"实践活动。在活动中，真的让我见识到很多、也学习到很多。实践出真知。从前只从自己层面看这种大公司的表面新闻，可当自己真正探寻到公司内部后，发现内部结构其实和自己对这种类型公司的浅层了解还是有一定不同。光鲜亮丽的公司表面后都有无人知晓的努力和坚持。成功并不是偶然，需要有强大的忍耐力和超于常人的毅力。在此次采访和实地考察中，我发现每件事都是只有做好每一小步，才可以促成一大步，只有将最底层的基石打好，才有机会将公司推上巅峰。而一家公司最重要的企业文化就是团结精神，在公司运营的每个过程中，每个部分都是不可或缺的，每个岗位都付出自己的努力和汗水，贡献自己的意见，都可以使一家公司运营得更加顺利。当然，对于我们来说，团结合作精神是我们成功完成此次社会实践活动的首要因素。在我们这个团体中，有人收集资料，有人汇总收集来的资料，有人撰写调查问卷，有人负责拍摄记录，有人准备采访问题，有人总结采访内容。这些虽然都是微不足道的一些事情，但是在每个环节每个人都贡献自己的一部分力量，才致使了我们成功举办这次"最佳雇主"活动。

——陈思哲

首先，我觉得我们组所做的一系列日程安排都还是挺顺利的，我们提前预约好了集团的一个主管，也很高兴他同意了我们"最佳雇主"的采访活动。采访的问题主要围绕"最佳雇主"展开，采访中我大概了解了集团中雇主和员工的关系、满意度、内心想法等。其次，我观察了一下公司环境，它位于上海 BFC 外滩金融中心的高楼，工作环境可以说非常吸引人的注意，进入公司前必须刷工作卡；公司隔壁就是商场，吃饭等很方便；公司外景放眼望去就是黄浦江、陆家嘴；前台有为员工和访客提供的糖果；同一层楼的公司隔壁就是休息的茶水咖啡厅，里面除了咖啡还有水果等。最后，公司里的员工很热情，也很乐于助人，我们有问题时都会帮我们耐心解答，也很积极主动配合我们的问卷调查，我更注意到，就算是饭点到了，他们也必定先忙完手中的工作再去吃饭。我认为一个雇主想要往最佳雇主方向发展，在首位的不是追求利润最大化，而是要关注员工的点点滴滴，要为员工考虑，以人为本是最基本的方法。员工对公司的满意度可以很大程度决定工作的效率,因此为了公司的各方面发展雇主要好好思考各方面问题,做好最佳雇主。

——陈怡妃

经过对该公司的取材和对管理层的采访,我们不仅获得很多宝贵的经验,看到了更广大的社会,也了解了许多以前从未明白的事物。

经过在企业的实地考察,我感觉到了技术和知识的重要性。工作需要专业知识而生活需要技术,知识是我们在学校里学习的,而技术是只能依靠工作中不断地积累起来的经验,包括了如何工作以及如何与人相处。在公司里,上下级的相处也是一个非常有趣的问题,只有正确处理好这种关系,才能够更加有效率地去工作和完成公司的目标。在工作中的学习也是职业生涯中非常重要的一环,如果自己已有的知识落后于现在新的知识,那就会被社会淘汰。我们所调查的企业也开设了许多员工培训课程,对员工们进行培训和教育,使他们获取最新的情报与知识,从而与社会发展同步,不脱节。我觉得这是非常人性化且十分重要的。同时,员工自身不断学习的态度也是密不可分的因素。我知道走出校门,踏进社会,不能把自己要求定得太高。因为许许多多公司高层的起点也并不高,也是一步一步脚踏实地努力的结果。这次调研让我受益良多,现代社会的竞争是残酷的,但我相信只要努力地付出,我的职业生涯就必定会开出期望的花。

——桂南燕

【作者简介】

本文作者为上海杉达学院学生,指导教师:高红霞。

新时代最佳雇主研究

林玉婷　阮方舟　林娜　田雪艳　陈佳楠　屈迪雅　罗泽鑫

在中国全球化的背景下,大学毕业生的工作市场企业性质越发多样化。这诚然是好事,但它也会让刚毕业的大学生在选择企业时无从下手。而刚刚从学校里出来的学生初入职场所受到的待遇和环境常常能够影响他们对于社会的观念从而影响他们的工作效率。最佳雇主的概念自 2001 年被怡安翰威特带入中国之后,一直都在随着时代的进步而不断变化着。由"中华英才网"主办的大学生最佳雇主评选活动自 2002 年起,至今已经举办了 18 届。2002—2013 年,大学生普遍青睐高科技企业,并通常选择有品牌、有影响力的公司,而其中外企占有很大的比例。自 2014 年起,大学生更多地倾向于自身专业相匹配的专业,国企比之前更加受到重视和青睐,最能突显这点的是国企作为最佳雇主数量的大幅度增加。除去品牌效应,大学生也开始专注其品牌文化和当下的薪酬绩效,并不是一味地只关注品牌公司。但是过去学生的最佳雇主评选与社会的最佳雇主差异化较大,数据更流于表面。所以本研究通过总结归纳社会和学生最佳雇主评价体系,并结合线上线下的数据分析,旨在通过其差异化的对比与当代大学生自身结合,帮助他们了解如何进行自我进修,如何选择职业,如何选择最佳雇主,从而发挥自身的职业特点,实现社会贡献最大化。毕竟对于当代大学生来说,选择正确的雇主不仅可以让大学生发挥出自己的特长,为国家和社会做出最大的贡献,而且还能最大限度地提升专业技能,更好地服务公司,推动社会发展。而且,选择正确的雇主往往能够带来舒适的环境,相对较轻的精神压力,以及公司内部正确的竞争,这会使刚刚工作的大学生能更好地适应社会,最大效率地完成自己的工作。

一、最佳雇主研究背景

(一) 最佳雇主的概念

什么是最佳雇主? 这一概念可以从雇主内部和雇主外部两个角度来理解。从雇主外部看,它是通过一些调查程序,按照一定的评价指标从候选雇主中脱颖而出。从这个角度看,最佳雇主是雇主企业的标杆,是企业最佳人力资源实践的典范。从雇主内部看,一方面最佳雇主是相对于雇员视角的意见结果;另一方面,最佳雇主也是雇主企业自身发展的价值追求。然而从当前的研究实践看,人们从雇员视角和雇主企业视角而探讨最佳雇主评价指标较多,但是缺乏从雇主企业自身发展的价值追求角度探讨最佳雇主评价指标。雇主的经济组织本质,是逐利的,以营利为目的的;而雇主的社会组织本质,作为社会中各类组织机构的一种,要求雇主不仅在乎自己,也要在乎自己所处的整个生态环境及利益相关者。从企业的发展轨迹来看,初创企业更在乎自己是否能够存活下来,成长性企业更在乎自己能否发展壮大,而成熟期企业则在乎自己能否基业长青。但是,每个阶段的企业都需要找到和自己最为匹配的存在状态(这个状态包括企业管理的方方面面,是企业人、财、物的最佳组合匹配方式),从而获得现有资源条件和能力水平下的最佳平衡状态,获得此状态下的最佳发展红利。最佳雇主则是这种最佳状态的最好诠释。它就意味着企业找到了获得这种最佳状态的钥匙。在企业的盛衰往复中,能够找到最佳的应对方式。从这个角度说,最佳雇主并不是一种结果,而是一种最佳平衡状态。

(二) 企业追求最佳雇主的动机

本文认为企业追求最佳雇主的动机主要有两种:一种是为了"自我价值"的实现,彰显企业的优秀,为企业的多年努力而得到员工和社会的认可和尊重;一种是为了博得"好名声",树立雇主品牌形象,以获得雇主品牌价值的无形收益。这两种动机可归纳为理想动机和直接动机。前者是企业成长到一定阶段水到渠成、自然而然的追求,后者则是企业为达到吸引人的目的而采用的一种手段。显而易见,直接动机注重的是立竿见影的结果,而理想动机注重的是过程。也就是说,最佳雇主是一种不断更新的状态,而并不限于一种达到某种目的的结果。企业的内外部环境瞬息万变,如果不能以最佳的状态予以应对,那么就有可能被淘汰。而这个最佳的应对状态就是最佳雇主的状态,它是企业存在的一种最佳状态。无论是经济学者还是管理学者眼中,企业的出现被看作"人类的成就",是迄今为止最为广泛高效的经济组织形式。也就是说,企业除了追求利润外,还有更高的社会道德责任——保障多元社会的自由和尊严。而能"负责地、自主地、有高度成就地运行"的企业,就是最佳雇主。因为在这个时候,企业达到了客观条件下的最佳运行状态,使企业、股东、员工、管理、社会等各利益相关方得到了利益最大化。在这个过程中,企业找到了使自己成为"最佳"的钥匙,当内外部环境条件发生变化时,它仍有能力将自己调整回最佳状态。这就是最佳雇主的意义。

二、最佳雇主对大学生的实际影响

(一) 最佳雇主对大学生心理层面的影响

符合最佳雇主定义的企业,它的员工相对于一般企业员工对企业有更高的情感联系和参与度。他们将企业理所当然地看成像家一样的载体,充满信任并积极表现,并会自豪地向他人推荐自己的雇主,主动维护雇主的声誉。而刚刚开始工作的大学生由于社会角色的快速转变,内心往往起伏不定,难以快速融入企业,一个良好、充满信任的工作氛围往往可以使得他们更快更好地融入员工角色,工作效率以及对于企业的包容和信任度也会大幅度地上升。最佳雇主不仅可以激励和留住优秀员工,还能提升企业的形象和声誉。而企业形象和声誉又是大学生选择雇主时所考虑的重要因素。最佳雇主的声誉使得企业成为大学生人才的首选,这为企业带来了从人才招募到社会关系的各种优势,随着时间的累积,这些优势将逐渐转为企业提高客户服务的能力和增强客户关系的能力。一个人拥有基数较大的客户企业往往会免于外部因素带来的裁员压力,这使得大学生在开始工作时内心可以安定,不用担心被裁员的风险。

(二) 最佳雇主对大学生经济方面的影响

最佳雇主对于现有员工及潜在员工的正向影响显而易见。那么,最佳雇主在提升企业声誉后,对于企业财务表现是否也有正相关的影响? 武晓君和李延喜以 2006—2009 年"中国最佳雇主 Top100"中的公司为研究对象,采用统计方法将声誉排名量化,并以净资产收益率和主营业务资产收益率作为上市公司效益的代理变量,采用相关分析和多元回归分析方法,利用样本上市公司的数据,对公司声誉和公司效益之间的关系进行实证检验。其研究显示,最佳雇主声誉可促进公司后期效益的提升;获得最佳雇主声誉的公司的盈余持续性较强;声誉能够降低公司后期财务效益对前期财务效益的敏感程度和依赖性。翰威特亚洲最佳雇主调查的研究数据更清晰表明:1999—2001 年,亚洲最佳雇主的平均利润率增长为 63%,其他公司的利润率增长为 42%,人均市场价值比其他公司高 18 600 美元。也就是说,最佳雇主的声誉能够提升企业的财务表现,从而有能力支付更高的员工的工资。而对于大学生来说,刚刚毕业就能拿到一份较高的薪酬,良好的经济因素会使得他们在众多企业中优先考虑能带给他们更大利益的企业。

(三) 最佳雇主对大学生选择企业方面的影响

显而易见的是,人们都希望在愉悦的环境中工作。企业成为最佳雇主,也就意味着企业能够吸引并留住更优秀的员工。这样,许多企业就把最佳雇主作为品牌战略来进行谋划。企业进入最佳雇主榜单,向员工们传递出一个强烈的信号,即企业受到了社会的高度关注和评价。而这也似乎是许多企业热衷于各类最佳雇主评选调查的重要原因之一。显然,最佳雇主荣誉成为企业形象宣传的最好广告。许多规模不大的企业,比"个"比不过大企业,但是却可以通过最佳雇主荣誉向社会彰显自己的成就。而当它们在人才市场亮出自己的最佳雇主身份时,通常都能吸引到优秀大学毕业生,是否最佳雇主往往是大学生第一次选择雇主的唯一衡量。换句话说,最佳雇主可以成为企业一个强有力的招聘工具,它能让大学生在茫茫企业中优先选择,同时由于最佳雇主在社会上的高度关注和评价,这也会使得大学生对企业更加了解,更加放心,避免出现刚参与工作就被打压、压榨的情况。

(四)最佳雇主对大学生工作体验方面的影响

企业成为最佳雇主,也将对其利益相关者产生积极影响。这些利益相关者包括雇员、客户、股东、供应商、同行企业,以及企业所在社区等。前面已经分析了最佳雇主对雇员、客户、股东的积极影响,后三者看起来与企业关系有点疏远,却正是企业输出社会影响的对象。一个受到自己的雇员、客户、股东信赖的雇主,必然也是值得供应商信赖的伙伴,同时,最佳雇主的实践做法和标杆作用也将起引导作用。和谐的利益相关者可以带动企业内部良好的工作氛围,给予刚参与工作的大学生舒适的工作环境和良好的工作体验。

三、大学生心目中的最佳雇主

(一)中国大学生最佳雇主调研数据分析

十八届中国大学生最佳雇主调研结果显示,2020 年国内大学生选择最佳雇主重点关注的前五项指标依次是发展愿景、工资薪酬、福利保障、发展晋升、职业生涯。发展愿景,依然是国内大学生选择最佳雇主的首要标准,但是伴随着经济增长放缓与中国人口红利逐渐消失的双重影响,大数据、人工智能技术与机器人设备的使用倍增,就业形势已经发生了改变。在新的生产方式出现,职业结构改变,人才高速高流动的背景下,95 后年轻一代的工作方式、职业空间、就业生态已经发生巨变,他们的追求呈现出多元化的取向。纵向比较近 3 年的数据可以发现,"尊重员工"始终是大学生心目中理想雇主具备的首要要素。但2020 年,履行对员工的承诺首次进入大学生对理想雇主认知的重要要素行列,大学生对福利待遇的重视程度则有所下降。

在岗位选择上,大学生对工作岗位与所学专业匹配的期望持续降低。在第十七届中国大学生最佳雇主调研中,有 73.31% 的大学生认为求职时工作岗位可以与专业无关,但要有助于能力提升。而在第十八届中国大学生最佳雇主调研中,83.89% 的大学生认为工作岗位可以与所学专业无关,高出去年约 10 个百分点。这也与大学生就业压力大有关,面对激烈的求职竞争压力,大学生普遍倾向在满足当前收入的前提下通过提高自身能力去获得更好的职业发展,求职更加看重能力提升和经验积累,对工作岗位与专业匹配的期望降低。

在地域因素上,北上广深一线城市仍是求职热门城市,但热度持续下降。调研对象中有 44.34% 的大学生期望去北上广深一线城市就业,与去年的 56.28% 降低了约 12 个百分点。连续几年来,在一线城市高成本、快节奏的压力下,大学生求职一线城市的热度逐年下降,而成都、杭州、西安、南京、武汉等新一线城市求职热度上升。

同时,调研发现大学生求职的工作单位性质偏好继续保持国企占比最高、外资企业排名第二、政府机关/事业单位位列第三的趋势。这反映出,在雇主品牌建设上国有企业继续保持较强的影响力,上榜数量持续攀升,对大学生的吸引力逐步提高,数据显示求职者普遍偏好千人以上的大型企业。

(二) 上海杉达学院大学生最佳雇主调研数据分析

本项目组派发最佳雇主问卷过程持续 14 天,最后收集上海杉达毕业生所填有效问卷 165 份。

参与调研的人群为上海杉达学院近三年的毕业生,本科学历占 100%,女生占 61.87%,男生占 38.13%。专业类型中商科占 60.5%,理科占 12.5%,文科占 27%。

在"选择最满意的单位性质"评选中,我们从近两年从业类型最多的单位中选择了七种类型的不同单位性质,分别是外企、国企、事业单位、政府机关、中外合营、私营、非营利机构。并要求填写问卷者从最满意到不满意的顺序排列。根据调查结果,近三年上海杉达学院大学生最为满意的单位性质是国企,这是由于国企工作稳定,待遇福利好,酬劳稳定上升等。非盈利企业针对的对象局限,常常面临薪资不足等问题,故成了上海杉达学院毕业生最不满意的企业性质。排名第二位的是外企,外企也有工作环境好,薪资待遇高等特点。由此可见,上海杉达学院毕业生选择最佳雇主时还是更偏向环境舒适、薪资高的企业。

从本次调研排名上看,国企、外企分别位列第一第二,居中的是收入稳定的事业单位和政府机关,由于上述性质的企业各方各面较之其他性质的企业,常常处于领先地位,也长期坚持雇主品牌建设,故在大学生心目中保持了较为稳固的位置。

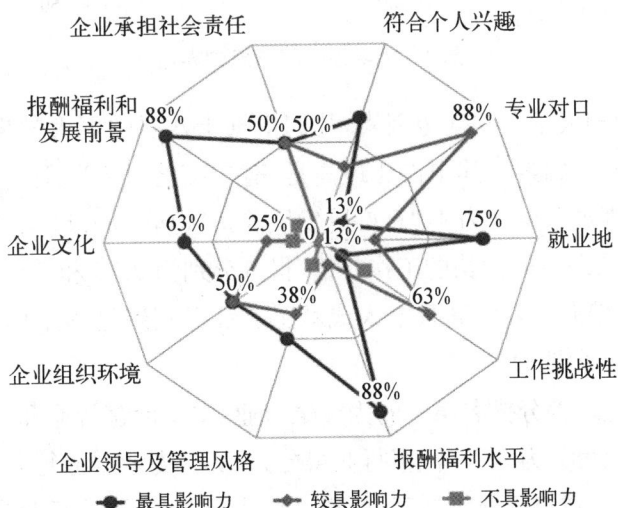

图1　影响大学生选择雇主的各类因素

从图 1 来看,最具影响力的是报酬福利水平和个人发展前景,其次为就业地。在 "较具影响力"中占比最大的为专业是否对口,最"不具影响力"的是工作挑战性,由此 可以看出上海杉达学院毕业生具备一定的抗压能力和务实的处事风格。此外报酬福 利水平、发展前景、就业地 3 个影响因素深入人心,侧面反映上海杉达学院毕业生普 遍追求安稳的生活。相比以往大学生数据调查报告中,个人兴趣影响大学生选择就 业的原因占比明显提高,说明上海杉达学院毕业生越发有能力追求个性化、看重自己 的兴趣。

从了解信息的渠道来看,线下校园招聘、校园宣讲样本占比 75%,是上海杉达学院 毕业生主要的雇主信息渠道。因互联网信息的方便快捷以及全面,故从招聘网站上了 解雇主企业的样本占比 62.5%,位列第二。老师推荐和社会招聘占比分别为 37.5% 和 50%(见图 2)。

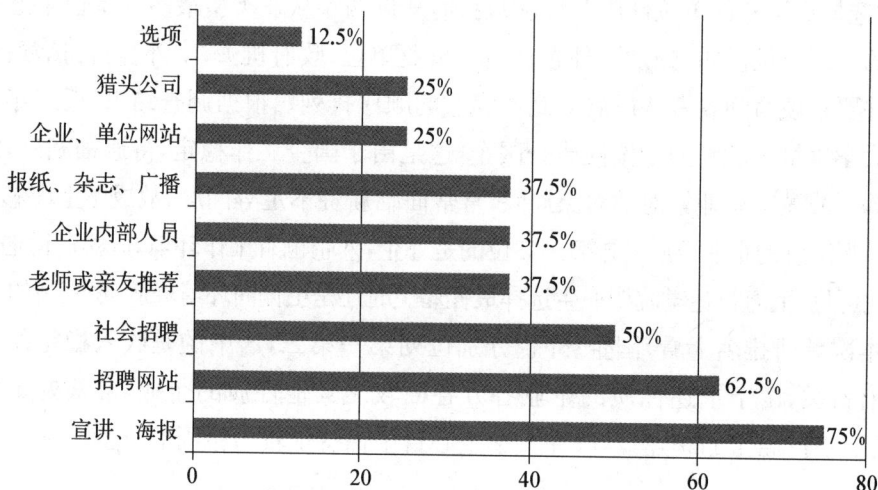

图 2　大学生了解信息的渠道

为精准刻画影响大学生的期望因素,我们依据十八届中国大学生最佳雇主调研结 果,选择最主要的七个因素。其中占比最高是"有较高的收入",平均得分为 5.38,其次 是"个人成就感的满足",得分为 4,"良好的发展前景"得分为 3.25,显著的社会地位得分 为 3,"才能的充分展现"和"愉快的工作心情"得分分别为 2.75 和 2.63。数据显示,上海 杉达学院毕业生更偏向收入较高且个人成就感能够得到满足的工作,与之前报告所得 数据结论基本吻合(见图 3)。

最想进入的行业,得分排名第一的为金融行业,文化传媒行业和教育培训行业并列 第二位,互联网行业得分为 9.25,汽车行业得分为 5.38,专业服务行业得分为 4.75,通信 行业为 4.38,房地产/建筑行业为 3.75,消费品行业为 3.63,制造行业为 3.5,能源化工行 业为 1.75,零售行业和物流仓储行业得分都为 1.5,最后的是生物医药行业和交通运输

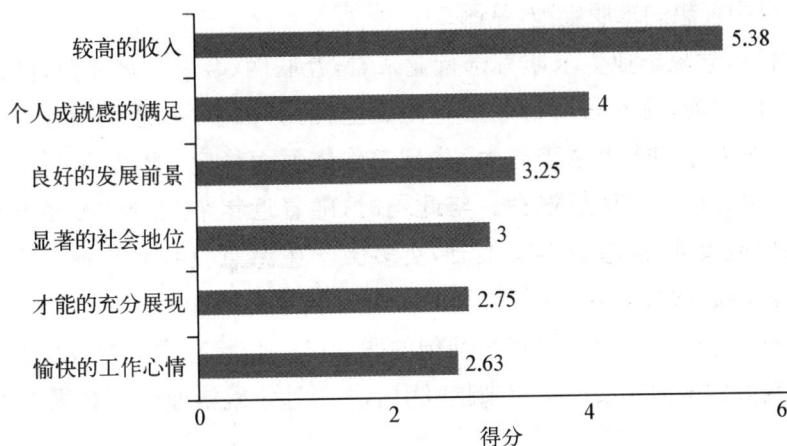

图3 大学生对工作的期望因素

行业，得分为 1.25 和 0.75。对比第十七届中国大学生最佳雇主调研结果，我们发现金融和互联网二者差距相比上年明显缩小。这说明，随着移动互联网智能时代的到来，想要进入互联网工作的毕业生越来越多，而互联网行业在部分网络调研中已呈现出雇员饱和状态，同时，由于受到经济增速放缓的影响，人才竞争将会更加激烈（见图4）。

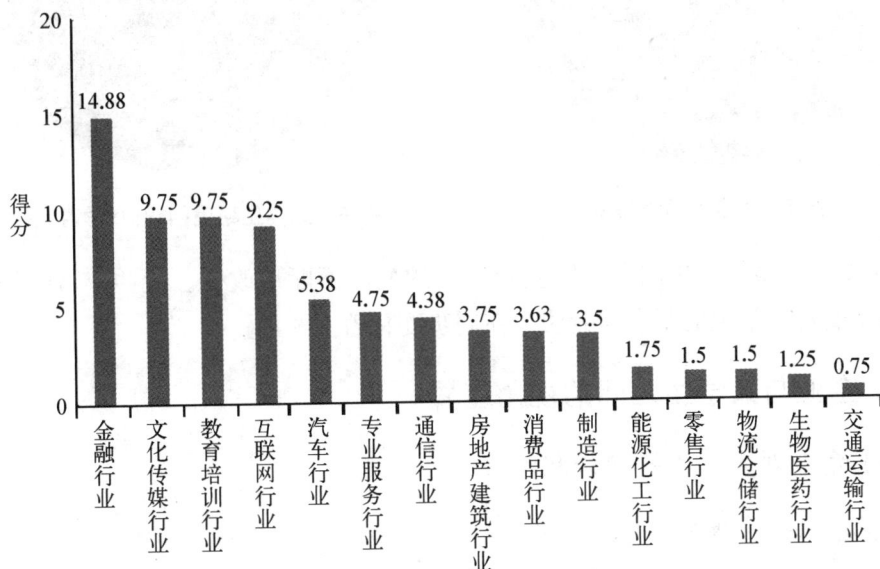

图4 大学生最想进入的行业

报告还反映出，大学生期望薪资排名前两位的依次是 62.5% 和 37.5%，平均期望薪资为 10 000 元以上和 5 000～10 000 元。没有人的期望薪资低于 5 000 元。十八届中国大学生最佳雇主调研结果显示，企业支付薪资排名前三的城市为北京（11 463 元/月）、上海（10 689 元/月）、南京（8 743 元/月）。这说明，高薪岗位所在的城市是上海杉达学院毕业生心目中理想的求职宝地(见图 5)。

从上海杉达学院毕业生求职首选行业来看,互联网、金融排名靠前,随着 AI、大数据、人工智能的兴起,泛互联网行业一直是就业热门,而金融、通信行业由于收入高、工作环境好、对人才的需求越来越大,并且工作体面而稳定,所以吸引了越来越多的人,成为大学生心目中的理想选择。与此同时,随着近年来制造业转型升级,由中国制造向中国智造迈进,制造业热度上升,更多大学生愿意投身制造业。除此之外,文化传播作为新崛起的行业,也有着相当的吸引力和号召力。

此外上海杉达学院毕业生在将来期望的职业(学习)状态中,占比最大的是国内工作。这说明良好的国内发展前景越来越吸引上海杉达学院毕业生留在国内工作或深造(见图 6)。

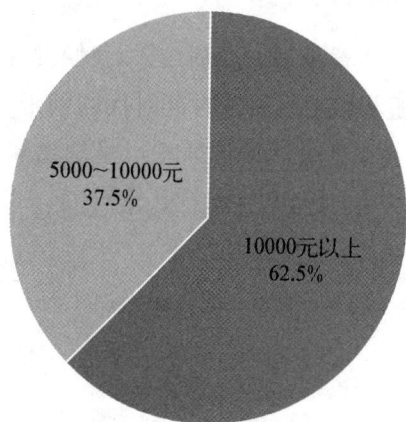

图 5　大学生期望薪资

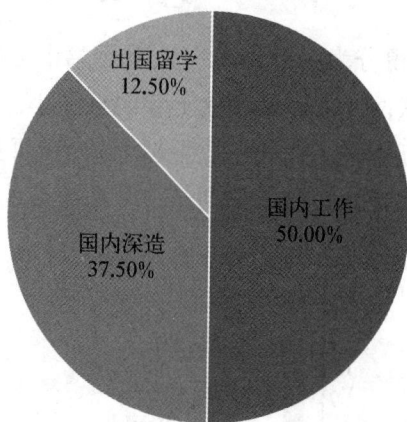

图 6　大学生期望的职业(学习)状态

大学生对于最佳雇主的看法顺应着时代的变化不断地改变。近些年,伴随着政策的变化,企业对大学生的要求与看法也在同步变化着。

四、企业与大学生之间的视角差异

(一) 企业对大学生的要求和看法

1. 企业关注、招聘大学生的理由

大学生是当今社会的重要群体,同时也是一批优秀人才,是企业维持新鲜血液和活力的第一选择,而一个优秀可育的大学生会给企业带来巨大的利益。企业招聘大学生、关注大学生的理由大致有两点:① 把控消费行为趋势,打造校园品牌,助力产品或服务的售卖转化;② 为企业注入源源不断的新鲜血液,使之基业长青。

值得关注的是大学生消费行为的变化。而现今据可靠观察 90 后群体消费的明显特征就是:小众、个性化、追寻 KOL。如果一家企业无法去捕捉这类群体的行为变化,那么就会失去未来。比如美特斯邦威的忠实用户是 80 后群体，由于其没有抓住 90 后、95 后消费行为的变化，结果大量的线下门店关闭。如今的在校大学生毫无疑问是年轻群体的中坚力量，因为他们代表着新的发展动向，代表着未来，因为年轻群体的消费、行为习惯，在十年、二十年后就是社会的主流消费行为。

企业通过对校园市场做品牌投入，可以让公司始终处于一个年轻化的状态，并且及时获取到 95 后群体对产品的看法和需求，进而对自己的产品加以改进。随着大学生的消费能力逐年增长，这类市场活动也有利于企业产品、服务售卖动作的相关转化。一旦大学生认可一个品牌后，其拥有的消费潜力，将会给企业创造更大的价值。

除了品牌、市场层面外，要想做到基业长青就需要有源源不断的新鲜血液。想成为一家百年的企业，大学生毫无疑问是必不可少的。应届生拥有极强的可塑性，并且能够带来一些新的灵感，特别是他们能开发出一些针对年轻群体的产品。校园招聘会吸引更多的学生加入企业，但是需要前置化引导，否则即使企业很厉害，学生由于认知不足，也不会去选择。

可见，从把握未来趋势以及让企业基业长青两个角度上，大学生校园市场都是需要企业去重视的。

2. 基于对多家企业采访的企业聘用大学生准则分析

在市场经济条件下，用人单位会从成本和效益两个层面出发，考虑招聘什么样的大学生才能带来更多的效益。企业看重招聘职位和专业的匹配问题只是表面现象，本质是企业看重招聘职位与能力的匹配，专业只是企业考虑"能力匹配"的一个方面。对于工程、财务类职业来说，所学专业知识与工作能力要求关联大，所以企业相对更加看重所学专业。而对偏向于与人打交道的职位如销售，所学的专业与工作能力关联不是很大，企业也就没那么看重专业。所以企业就不同的职位看重不同的专业素养。为了能够大致统一并解决这一分散现象的问题，我们进行了实地企业考察，以此来探究企业对大学生的要求和看法。以下几类要素是企业招聘大学生时的重要指标。

据考察，企业最注重的是大学生的学习能力。这里的"学习"，并不单指知识学习，还有人与人的沟通能力、协作能力、思考能力、自我调节能力等。据索迪斯的负责人介绍："我们公司认为，大学生最需要提高的能力是沟通能力。企业需要的是能够运用自己良好的沟通能力与企业内外有关人员接触，能够合作无间、同心同德、完成组织的使命和目的的人。"毕竟一位性格开朗、善于交流的员工，更能够和同事和客户和睦相处。当然除了人与人之间的沟通能力，团队之间的协作能力也是企业看中大学生能力之一。索迪斯的人事经理在会议室曾给我们讲述了一个故事：它们曾把四个优秀的员工组成一个团队进行项目活动，结果却让人大失所望，虽然项目每个部分都十分有特色，但是结构零散根本不成体系。另一个不那么优秀的团队却完成得又快又完美，当中有思想的人给予创意，其余的人则负责配合和完善项目。所以比起有创意自我的员工，一个企业其实更欣赏有团队精神的员工。从人才成长的角度看,每个人都是团队的一分子,要有团队协作精神和协作能力,只有在良好的社会关系氛围中,个人的成长才会更加顺利。除此之外,一位能够在困难面前自我思考的员工远远比一位万事都要禀告上司的员工重要得多。在企业中,外部变化和内部变化都会给企业带来巨大的冲击,一个独立自主思考的员工往往可以快速处理并自我应变,给企业减少负担。索迪斯在进军中国之后曾碰到很大的冲击和压力,也曾经历过很危险的阶段,后来索迪斯中国的负责人选择顺应中国进行本土化的改革,给索迪斯开创了另一条道路。如今索迪斯作为曾经的餐饮巨头,在医疗卫生、养老、教育等行业也有一定影响。所以,思考能力是一种赢的能力,是一个企业需求的能力。思考不是只表示一时的思考,而是时时的思考和变通。企业是一个永远有问题的组织,企业的存在就是要不断解决问题。另外在压力巨大的今天,一位员工往往需要自我调节能力在面对不可抗力的因素或者各种人际关系的变更时,都需要能够快速调节自我心情,在工作中依然能保持百分百的投入和最大的输出。

企业对于大学生的价值文化与企业自身文化的吻合程度十分重视。这关系到大学生是否能够接受并融入公司集体。企业文化是企业生存和发展的精神支柱。员工只有认同企业文化,才能与公司共同成长。所以公司在招聘时,会重点考察大学生求职心态与职业定位是否与公司需求吻合,个人的自我认识与发展空间是否与公司的企业文化与发展趋势相吻合。企业希望大学生加入企业后能够自觉地把自己融入这个团队中,以企业文化作为自己的职业信仰,为企业尽职尽责。除此之外,一个企业需要的是更忠诚的大学生。我们采访的各种不同类型的企业的人力资源管理人员都一致认为,宁可要一个对企业足够忠诚而能力差一点的员工,也不愿意要一个能力非凡却朝三暮四的员工。所以企业要求大学生对企业有足够的忠诚度。毕竟事在人为,企业的发展最离不开的就是员工,如果每个岗位都有一位恪尽职守的员工,那么,即便企业处于危难之时,也会以最快的速度进行再次重启。仅仅有忠诚往往是不够的,企业更需要有敬业精神和工作激情的员工,有了敬业精神,员工就对工作更加细心负责,对公司的稳定发展也会有长久的裨益。另外,一些公司 HR 对员工的工作激情情况做出了相关的要求。毕竟日积月累的工作,往往让人觉得枯燥乏味,从而消极怠工,更会在工作中屡屡出现差错。这就需要大学生进行自我调节,企业希望大学生本身就对自己所做职业富有激情,因为富有工作激情不但可以提升工作效率,更能在工作遇到难题时,提供更多的解决办法。

(二)采访大学生自身能力提升的现状数据分析

据中国教育在线发布的《2019 年全国研究生招生调查报告》,全国硕士研究生报名人数大幅增长,2019 年报名人数达到 290 万人,较上一年激增 52 万人,增幅达到21.8%,成为近 10 年增幅最大的一年。现在的大学生毕业后更多选择考研继续深造,以此来提升自己的核心竞争力,也是想通过考研来缓解一下自己的就业压力。在竞争越发激烈的就业背景下,在校大学生们希望自己的学历和技术都能优于同级生,从而得到企业的青睐。

通过几天的街头采访,我们发现有近 58% 的大学生将提升基础素质、完善专业技能,作为自己未来能选择喜欢的企业而做的首要改变。有近 30% 的大学生清楚地知道大学的学习只是一个理论的阶段,只有通过工作,将理论与实践相结合,才能将理论知识活学活用。近 12% 的大学生则认为大学中的学习重在学习方法的养成,应在学习过程中不断总结学习方法,使自己善于学习、热衷于学习。

除此之外,大学生们热衷于用证书等能够证明其自身能力和技术的东西,来让企业看到其自身的价值,从而选择自己。比如,近三分之二的会计专业的大学生在大学期间就已经在努力考取一些高难度的证书,试图获得企业单位的青睐。也有将近五分之一的大学生力求考取一些与专业知识无关的技能证书,作为自己求职时的特色。但是因为缺乏对职业定位的把握,很多大学生在被采访时提及自己容易随波逐流,什么热门考什么,别人说好就是好,为获得教师证、会计证、人力资源管理助理证、驾照、英语四级证书等花费了大量的时间和精力,而对于如何运用这些证书为将来的发展加分却一脸茫然。

有 32% 的大学生把改变与人沟通的方式并建立人际关系作为需要进行的首要改变。这部分大学生表示有效的沟通在工作时显得尤为重要。有效的沟通不仅可以提升办事效率,更能给人留下愉快的印象,从而建立起某种人际关系。有效的沟通需要站在对方的角度思考问题。在大学读书时,大学生更多会首先考虑到自己,以自己为中心,但为了进公司以后更有效率的适应、融入新环境,就需要更好的跟人沟通。有近七成的大学生会很快地转变自己的沟通方式,通过换位思考进行有效沟通,并对需要解决问题有很好的办法和主见。

在如何积极有效推销自己的采访问题中,有近 50% 的大学生表示不曾想过类似问题;26% 的大学生回答目前没有优势无法推销,还在努力中;20% 的大学生能列出一两条优点,仅有 14% 的同学能够说出自己 3 条以上的优势,并将自己的优势与公司需求结合叙述。

(三) 基于大学生和企业双视角选择的痛点

1. 大学生缺乏具体的职业规划

调查表明,大多数大学生对自己专业技能的学习提升比较重视,同时,企业针对特定岗位需要的专业技能也有一定的要求,将之作为筛选的一大重头。但大学生在提升技能的选择上还存在很多问题。比如,我们了解到,有很大一部分同学选择考研是出于希望未来求职上增加竞争力,得到更好的就业机会或是在职业选择上有更大的选择面,但我们设想一下,如果先了解并具体化期望得到工作的企业类型或范围,把求职需求与企业的需求对接,是否更有利于我们衡量选择的相关成本和价值? 或者说,选择考研的人是否有可能只是为逃避社会与就业压力而不得已这么做?

其实无论毕业后是什么选择,我们都应该在大学就有职业规划的意识,所有的选择应该服务于自身的职业规划。在调查中我们看到许多大学生对职业规划的理解过于片面,往往纸上谈兵,或是认为等同于行业选择,面对具体的规划和选择更显迷茫,这往往导致毕业生缺乏核心竞争力,所掌握的技能知识无法满足岗位所需,难免趋于盲从,最终事倍功半。

因此,职业规划是由内向外两方面的结合,了解自己并了解社会环境,从而找到定位做出方案,很多学生只知道让自己变得更优秀更努力,但企业是在寻找做这个岗位的人,而不是看谁是天才,只有经历和职位匹配才能发挥最大优势。比如一个会计岗位面试中,对于一个英语演讲比赛获奖、做过学生会主席的甲和另一个考过会计职称并拥有事务所实习经历的乙,企业必定更关注乙,很多大学生在参加秋招时才开始考虑找什么工作,殊不知真正能满足大四期望、拿到这个职业的人早在大二,甚至更早就疯狂朝着这个职位的方向塑造自己了。

企业往往更青睐于对自己未来有职业规划,对该职位有热情并且合适的人才,这样的人更具有工作热情和责任感,在工作中更加踏实有目标,这有时候比重点大学的头衔来得更加有吸引力。在求职前先做好职业规划无论对企业还是个人,都是双向选择的一份诚意。

2. 达不到企业期望的忠诚度

2018 年"领英"发布的一份报告中显示,70 后的第一份工作平均超过四年,80 后则是 3 年半,而 90 后则骤减到 7 个月就选择辞职,平均 90 后员工离职率达 30.6%。

高离职率的现状显然是对个人和企业都是一种伤害。这样的后果问题存在于双方。一方面,90 后应届生更加追求个人价值的实现,同时面临的生存压力相对"老人"更小,因此工作一旦不顺心,就容易闪电辞职;另一方面,企业招聘方式的不完善,用人需求和求职者个人发展之间的不匹配,也是造成应届生闪电辞职的原因之一。

其实大多数毕业生对待企业很难有忠诚度这个观念,而更多的是出"多少力拿多少钱"这样的平等的雇佣关系,"不开心"就走。但企业也存在一些值得诟病的地方,当企业老板获得一笔可观收入后,为了公司发展,大多数老板都会选择把这笔钱用于设备、技术或市场,但大多忽视了对新人的培训。除了部分本身有实力的大企业,大多数企业一味追求寻找即到即用的劳动力,缺乏对员工的职业发展的重视,毕业生感到自己是"廉价劳动力",自然不会掏心掏肺,更谈不上忠诚度。这样的恶性循环万万不可取。

毕业生在选择职业之前,首先要有长远的职业规划,清楚我来到这几年后可以怎样的改变,即使是将之作为跨向另一个职业的跳板也可以进行规划。其次必须要有克服困难、从基础做起的决心和耐心,深思熟虑后的选择更需要有足够的恒心,坚持才能看到成果,而不能总是归咎于环境的不适合。另外,有很多跳槽出来的求职者表示该企业阶层固化,或是自己不适应"勾心斗角"的氛围,或者是压力过大加班频繁。这些原因表面各异,其实都和企业文化脱不开,个人的性格是适合慢节奏还是快节奏,倾向于开放还是传统,都需要认真考虑。很多人都说找工作如同谈恋爱,确定恋爱关系之前还要从相识到相知,找工作更需要我们提前对企业文化充分了解,"不适合就不打扰"总比"互相伤害后分手"舒服。企业想要吸引人才也需要拿出相应的诚意,建立良好的薪酬制度明确晋升渠道,让员工有所提升,这些课题没做好,谈忠诚度更是没有意义。

五、如何缩小大学生与企业之间的距离

(一) 大学生对社会的了解

结合上海杉达学院大学生最佳雇主问卷调查数据及几家大型招聘网站提供的最佳雇主评选数据,不难发现,大学生在最佳雇主方面的认知与社会评选的数据越来越相近。这不仅是因为近几年社会上的最佳雇主评选标准部分囊括了大学生的意愿,更是因为近几年的大学生较之前更有方向性地接触企业员工、了解社会就业形势,以此积攒建设自身职业规划路线的经验。但在上述研究中,我们依旧可以看见上海杉达学院毕业生对社会的了解处于一个浅显初步的阶段。抉择最佳雇主所依据的不应仅仅是眼前的个人得失。据上文数据可知,当下上海杉达学院毕业生普遍将福利报酬置于企业上升空间之前。个人的职业高度取决于企业在社会的地位及它自身能提供给员工的上升空间。往往一家前景好的企业,它的职位跨度会被纵向拉长,出于稳定性的考虑,选择中高层员工时,它们偏向于内部提升,而职位的提升带来的益处对于个人来说是显而易见的。除此之外,近几年在大学生选择雇主的形式中,国企已出现普遍过饱和人才供应的情况,可是国企的热度在上海杉达学院毕业生群体中有增无减。在当前国情政策下,民营企业、新兴创业企业的人才需求较大,小平台也有发展空间,盲目跟风投递、眼高手低等在社会中是明显不可取的行为,而大学生在就业问题上怀揣侥幸心理,本身就是不够了解社会的指向性标志。

(二) 企业对学生的了解

近几年企业通过各种渠道,例如校招、管培生等活动了解大学生后,发现有将近三分之二的学生拥有充实的实习经验,大多数能够与企业快速对接,成为上手较快、质量较高的员工。但是其中仍普遍存在实际工作与理论知识脱节的现象。企业在面试过程中还发现有一部分大学生沟通能力较差,这使得双方信息交流互换存在偏差。大学生因为无法清楚表达自己的需求和工作期望,也无法表达自己在相关应聘的职位上的特

长,从而使得企业对于大学生本身的了解不够清晰,无法让空缺的岗位与大学生正确匹配。另外,由于高校大学生的职业规划能力较为薄弱,对未来规划与发展方向的匹配了解得不够准确,很多大学生盲目追求多方面的学习提升,然而企业需要的是与他们空缺职位工作能力、思维相符合的人才,往往需要的并不是很广泛的能力。以上两点使得企业用人需求与大学生当今就业意向存在巨大的差异。不可忽视的是,企业需要忠诚的员工,而现今很多学生将公司视作跳板。这些学生一旦积攒了一定的工作经验和技能,就会跳槽到其他公司继续自身的发展,而原公司对其的培养则付诸东流,这个普遍情况已经成了企业的心头之痛。应届毕业生选择公司的盲目性很大程度上是源于学校需要保持较高的就业率,常常催促毕业生尽早与用人单位签约。一些学生由于中意的单位无法在较短时间内成功签约,就随意寻找单位签保底协议以应付学校。而学生一旦遇到心仪的单位就会产生违约行为,因为对他们来说这是付一笔违约金就可以解决的问题。这种普遍现象使得企业在挑选应届毕业生时,显得束手束脚。

(三) 双方如何靠近

解决大学生就业问题是一个系统工程,企业和学生应该在以下方面进行调整。

企业要认真分析本企业的发展阶段,招聘与之匹配的人员。对于刚刚起步的企业,如果对新员工的培训投入很少或没有,那么,在这种情况下,招聘应届大学生就比较麻烦,因为现阶段企业无法承受人员培养,人员流动等带来的成本,从而导致用人单位与学生双方都很难有一种平和的心态去对待某些问题。对于一些实力较强、已经发展到一定规模的企业,在招聘应届大学生时也要考虑一些具体问题:

① 根据企业发展战略进行人员招聘。明确每次招聘目的,是为企业建立人才梯队做准备,还是为企业战略转型等进行准备,避免盲目招聘。

② 大学生进入企业后,对其进行职业生涯规划和有针对性的培训,增强他们的凝聚力和对企业忠诚度。

③ 把对大学生的引进和培养提到企业能否可持续发展的高度来对待,将人才引进和人才梯队建设与各级管理人员的升职、绩效考核等密切挂钩。

④ 要给新人成长的时间和机会,把对人才的培养作为企业的投资来看待。

作为应届毕业生,要得到企业的认可,想在社会上立足,首先要调整自己的心态,把自己定位为社会的普通一员,把能够踏踏实实地为企业服务、能为企业解决实际问题放在首位,而不是这山望着那山高,频繁跳槽。其次,要认清形势,找准支点。从目前看,应届毕业生的就业压力越来越大,但拥有"给我一个支点,我将撬动地球"这般勇气的毕业生们在压力中成就自身的可能依旧很大,关键是要找准支点,类似于:

① 对自身有一个清晰的定位,避免"病急乱投医",导致简历石沉大海。

② 需要有一个明确的就业目标或方向,并时刻关注着就业市场的动态变化,以便

掌握足够详细的资料,更多的了解就业目标的需求。

③ 为自己制作一个合理的职业生涯规划,并根据规划不断地锻炼和提升自己的技能。

④ 迅速调整自己的心态,不要抱着"试一试"或者"我还是学生"的心态做事情。既然开始工作了,就要静下心来认真仔细的完成手里的每一份工作,摆脱"学生气"。因为企业需要的是可以为企业做出贡献的员工,而不是理论成绩优异的学生。

⑤ 具备良好的沟通能力,并且要有团队精神。沟通能力可以帮助你提升工作效率,而团队精神则可以挖掘出你更大的潜力。

⑥ 把握每一次机会,把待遇、区域、环境等因素放在个人成长和发展的次要位置,要结合自身的特长与优势来为自己的未来做选择。

只有双方都具备了各自需要的条件的时,企业才能聘到满意的员工,毕业生也才能找到属于自己的最佳雇主。

六、立德树人贴近雇主美德需求

(一) 企业对于大学生的美德需求

美德比智慧更强大,美德比能力更重要。最佳雇主的成功很大程度上与它们的用人之道是分不开的。最佳雇主的员工需要什么样的美德? 这不仅是每个毕业生需要了解的,更是所有中国大学生面临的问题。

有人总结了被世界 500 强企业所推崇的优秀员工具备的 7 种美德,分别是: 忠诚、诚信、勤奋、责任、热情、敬业、节俭。它们是世界 500 强企业成功的秘诀,也是所有想成功的人必须具备的崇高美德。它们揭示了 500 强企业成功管理的核心准则,也是招募优秀员工考察职业素质的凭据。

1. 企业需要员工具备忠诚的美德

忠诚是大家熟知的一个名词,也是一个有着悠久历史的人文概念。早在几千年前,我国就对忠诚一词倍加推崇。随着时代的发展,忠诚被逐步引入到国家、民族、家庭乃至经济领域并扩散到世界各国。在现代管理盛行的美国,忠诚已成为管理界的一个争论焦点。部分专家甚至宣称忠诚早已寿终正寝,然而实践证明他们错了,现代的企业管理比历史上任何时期都更需要忠诚。

多家企业的人力资源经理认为,员工对企业忠诚,表现在员工对公司事业兴旺和成功的兴趣方面,不管老板在不在场,都要认认真真地工作,踏踏实实地做事。员工的忠诚,最终会让他达到理想的目标,从而成为一个值得信赖的人,一个老板乐于雇用的人,一个可能成为老板得力助手的人。

忠诚是人类最宝贵的品质,是无价之宝。企业需要忠诚的员工,它体现了最珍贵的情感和行为的付出。因为对企业的忠诚,员工才愿意尽心尽力、尽职尽责地为企业服务,并敢于承担一切。在任何时候,忠诚都是企业生存和发展的精神支柱,也是企业的生存之本。忠诚企业,还要忠诚集团公司的企业文化,因为只有员工忠实于一个公司的企业文化,才会形成这个企业的凝聚力和竞争力,才会充分发挥员工的价值。

2. 企业需要员工具备诚信的美德

诚信是中华民族的传统美德,是中国道德文化的核心,在古代早就有过许多论述,如"人而无信,不知其可也"。人无信不立,企无信不兴。员工作为企业的实践者和生产者,他们诚信意识的培养不仅是企业义不容辞的责任,更是企业开拓市场、提升产品质量和提高核心竞争力的重要保障。从现代意义上看,诚信不仅是一种道德要求,一种用来评价人的基本尺度,而且是现代企业立业之基、发展之本。

党的十九大要求全社会都要加强自身的诚信修养。对于一个有作为的企业而言,讲诚信不仅是应尽的社会职责,同时也是求得生存发展的必要途径。企业要对市场讲诚信,对消费者讲诚信,让诚信成为激励员工的精神支柱,成为企业的道德基准和经营的信条。唯有如此,企业才能在激烈的市场竞争中生存并发展。因此,可以说诚信是企业对员工的基本要求之一,也是员工必备的基本素质之一。

3. 企业需要员工具备勤奋的美德

勤劳节俭是中华民族的传统美德;是事业成功的催化剂;是企业在市场竞争中"常战常胜"的秘诀——勤劳促进效率的提高。

在工作中,只有那些在艰苦工作中付出辛勤劳动的人,才有可能取得令人瞩目的成果,才可以为企业带来高效率的运作。企业的正常运转需要每一位员工付出努力,员工的勤奋刻苦对企业的发展极其重要。缺少勤奋的精神,哪怕是天资奇佳的雄鹰也只能空振双翅;有了勤奋的精神,哪怕是行动迟缓的蜗牛也能雄踞塔顶,事业上的成功不单纯靠能力和智慧,更要靠勤奋。

4. 企业需要员工具备负责的美德

如果把企业比喻成一座大厦,那么每个员工的责任感就是这座大厦的基石。责任心是企业对员工的基本要求。员工的工作意愿和责任心,就是企业的防火墙。如果员工缺失工作责任心,则会工作效率低下、工作业绩不良,导致企业管理漏洞百出,利润效益大打折扣。因此企业偏好有责任心的人,因为自责任心强的人往往会有"要么不做,要做就做第一"的想法。这类人来说对于企业来说,可以减少外部激励的成本,他们无须扬鞭自奋蹄,自然会给企业产生更大的绩效。

5. 企业需要员工具备热情的美德

在企业中,一部分员工每天都激情地投入工作,其他人就会受到感染,增加工作的动力;推销员如果以自己的激情感染客户的情绪,在声音、手势、面部表情中注入激情,就能提高签单的概率。富有激情的员工是企业发展的根本,他们可以给企业带来辉煌的业绩。而对于现代企业的员工来说，真正意义上的成功必然是团队的成功。如果在一个团队里，只有少数员工工作认真，而大多数员工工作敷衍，这个企业就会陷入困境。在一个公司里，干好一份工作，占主导地位的往往不是一个人的能力，更关键的是各成员间的团结协作。一名人力资源负责人曾表示："企业需要带着热情去工作的人！我们在对外招聘时，特别注重人才的基本素质。除了要求求职者拥有扎实的专业基础外，还要看他是否有工作激情。一个没有工作激情的人，我们是不会录用的。"毕竟一个没有工作热情的员工，不可能高质量地完成自己的工作，更别说创造业绩。只有那些对自己的愿望有真正热情的人，才有可能把自己的愿望变成美好的现实。

6. 企业需要员工具备敬业的美德

员工流动是职场中再正常不过的现象。随着企业的发展壮大，企业逐渐加大吸纳应届毕业生的力度，让他们供职于各自的专业领域以积累工作经验。有些应届生对待工作兢兢业业，有些在成为高管后便提出离职，而有的则选择继续为公司效力。我们正处于一个瞬息万变的世界，每一批新员工都有不同的期望与需求，而个人期望和需求与员工敬业度息息相关，因为员工敬业度直接反映员工的工作满意度。对于企业来说，员工较高的敬业度有助于企业更好地保留人才从而取得理想的财务业绩。怡安翰威特最近一份调查报告显示，拥有"高敬业度"员工的最佳雇主，每年的利润增长率比其他企业整整高出一倍。在企业稳定性及效益性的驱使下，具有敬业美德的应聘生更受欢迎，更为企业所需。

7. 企业需要员工具备节俭的美德

节俭是中华民族的传统美德，是一种成功的资本。节俭绝对是能够省钱，但又不仅仅是省钱营利而已。在今天的微利时代，企业拼的就是节俭，因为节俭降低生产的成本，是维持社会可持续发展的法宝。一个社会、一个企业的可持续发展必须重视生产资料的节约，因此哪个企业能节俭，哪个企业就有竞争力，哪个企业就能立于不败之地，就能长盛不衰。讲节俭不是口号，更不是运动。节俭应作为一种意识、一种觉悟和境界、一种理念、一种习惯，融入企业文化之中。企业将其一种倡导的职业素养的工作方式，提出了需要节俭员工的诉求。

(二) 大学生素质与企业美德要求的差距及弥补方法

1. 大学生与忠诚敬业的差距

在一些世界著名企业家的访谈中，我们发现关于"您认为员工应具备的品质是什么"的问题，企业家们无一例外地选择了"忠诚"作为答案。员工最可贵的品质莫过于忠诚。但是，在这一点上，许多毕业生却好像难以走出一个误区，他们认为，不论自己做什么工作，只要尽力就行了，至于其他的因素可以不考虑，结果也不必强求太多。这种想法正确么？

其实大多数毕业生对自己的领导或企业都是怀有一定忠诚之心的，至少他们在目前本职岗位上是这样的。比如,他们每天按时上下班,按时完成上级交给的任务等。但是,对于一个优秀企业,员工只具备这些是不够的,企业期望的员工除了最简单的敬业——做好自己分内之事外,还应该表现出对公司事业兴旺和成功的信心,与公司共同进步,共同分享成功的喜悦,也要共同承担公司面临的风险和困难,真正像一个合伙人一样,时刻关注公司的发展。

关于敬业,一名人力资源负责人曾说:"企业希望学校对学生加强社会生存观、价值观的教育,加强对学生职业素质、情商、适应能力和心理素质的培养。有了敬业精神,其他素质就相对容易培养了。"敬业是幻化其他美德的基础,而不是美德的天花板。

据上文数据分析,上海杉达学院的毕业生将个人报酬至于选择公司的前置位是普遍现象,这样的选择可能是被当今社会上一些的错误想法左右,类似于:"如果企业多给钱的话,我肯定勤奋、努力、谨慎、专心。"这类思想不可取,因为它不具备对企业最基本的忠诚。在这个世界上,并不缺乏有能力的人,但那种有能力又忠诚敬业的人,才是一个顶级企业所需要的最理想的人才。如果因眼前的小利,忽略忠诚的重要性,往往会缺乏同他人较力的实力。毕竟一个人,即使能力再强,如果不能依靠公司的业务平台,也很难发挥自己的才智。

当然,上海杉达学院的毕业生也要明白,所谓的忠诚,并不是为了增加自己回报的砝码。如果是这样,就是交换,而不是忠诚。但是忠诚又的确能给一名员工带来巨大的收益,包括金钱方面,更包括自己的职业生涯方面。

对公司忠诚,实际上就是一种对职业的忠诚,一种对承担或从事某一种职业的责任感,也是对自己负责。任何一个公司都需要忠诚和有能力的员工,因为企业的业绩是靠忠诚的员工全力创造的,企业的信誉也是靠忠诚的员工爱心维护的,企业大力量更是靠忠诚的员工团结凝聚。只有企业有了更好的发展,员工自身的价值才能得以实现,人生才会大放光彩。

2. 大学生与勤奋节俭的差距

大学生是祖国的希望和民族的未来,肩负着建设中国特色社会主义的重任,也代表着社会文明道德风貌。但是,目前在大学校园这个教书育人的场所,浪费现象随处可见,节俭意识淡薄表现得较为明显。大学生与节俭的差距在于无法有节制的控制开支,避免不必要的浪费。部分大学生,经历了紧张而劳累的高考,进入大学后马上放松下来,离开了家长的监督和管辖,肆无忌惮地浪费金钱已成为常事,把金钱花费在玩网络游戏、逛街、网购、谈恋爱和与朋友聚餐等娱乐项目上,不仅造成不必要的开支,还浪费了时间。过于沉迷娱乐项目会使人变得懒散、贪图享乐,自然不会有勤奋努力、艰苦奋斗等意识。没有思想准备与觉悟会影响大学生的学业,对大学生自身的成长成才及未来就业极其不利。更别说勤奋节俭本就是公司需要的员工美德,是大学生想寻求属于自己的最佳雇主道路上必须具备的。

3. 大学生与诚信负责的差距

工作意味着责任，要知道世界上没有不要承担责任的工作。企业需要具有崇高责任感的员工，主动对自己的行为负责，对企业领导、企业产品和企业负责。

而部分大学生责任意识淡薄，这一问题还导致了诚信的缺失。大学生缺少辨别是非的能力和独立反思的能力，对现实生活的一些黑暗现象缺乏清晰、理智、全面的认识，容易将一些阴暗的社会现象看作社会的本质，从而导致他们对父母、对他人、对社会提出过多过高的要求，在家庭和社会中以自我为中心，在社会上追求名利，极少考虑自己在社会上应该承担的责任义务。他们自我约束力较差，不具备较强的责任心，在纷繁复杂的社会现象面前，不能很好地调控自己的言行，造成失信行为。

4. 大学生与富有激情的差距

经过悉心挑选和精心栽培下，企业拥有了自己的人才，但事实上由于人才和企业的认识不同、期望不同，往往会产生落差，导致了人才流动等问题出现，这在许多企业里屡见不鲜。

大学生面对社会往往会心浮气躁，只是抱着赚钱的目的去工作，缺乏工作的激情，刚刚费力完成培训之后，就频繁跳槽，对于企业和人才两方面都是损失。在企业看来，保持工作的激情比什么都重要。安承寅是驱逐软件公司的总经理，他曾表示："一个员工只有在一个工作岗位上工作三年以后，才知道什么是工作，自己最适合什么工作，才能面对工作应付自如。"然而在现实中，频繁跳槽的大学生们往往会错失被心仪企业选择的黄金时期。能取得成功的人士总是在自己的岗位，上不懈地坚持下去，对自己的职业生涯毫不动摇，也不会轻言放弃或转型。

（三）立德树人弥补企业所需美德

"如何培养自己，将自己培养成什么人"始终是困扰大学生的永恒主题和根本问题。而"立德树人"是党对这一根本问题的时代性回答。党的十八大以来，习近平总书记站在国家繁荣、民族振兴、教育发展的战略高度，多次就高校落实立德树人根本任务做出重要指示。他在同北京大学师生座谈时强调："要把立德树人的成效作为检验学校一切工作的根本标准，真正做到以文化人、以德育人，不断提高学生思想水平、政治觉悟、道德品质、文化素养，做到明大德、守公德、严私德。要把立德树人内化到大学建设和管理各领域、各方面、各环节，做到以树人为核心，以立德为根本。"我们要遵循习近平总书记的指示，在新时代深入落实立德树人根本任务。培养自身积极向上的健康心态，健全人格、锤炼意志。

根据习近平总书记的指示，我们抓住培养自身积极向上的健康心态，总结七大心态，就大学生如何培养自身以贴近雇主美德需求这一问题做出总结。

1. 相互尊重的心态

尊重他人是美德的基本品格。在尊重他人的基础上,我们还要倡导相互尊重的心态。相互尊重既是沟通的前提和基础,又是相互理解、信任与合作的基础。我们要通过尊重他人和相互尊重,形成一个尊重人才、接纳人才、爱护人才和重用人才的良好氛围。如果能形成一个相互尊重的企业团队氛围,团队中的成员就会拥有强烈的团队精神,使得团队平台成为各类人才素质和能力成长、发展的平台和空间,从而使团队成员目标一致,上下同欲,战无不胜。

2. 光明正大的心态

我们要光明正大地做人,光明正大地做事。要成为被企业所需的美德员工,首先要对美德事业抱有无限的忠诚和无比的热情,坚持"不利于企业的事不做,不利于企业的话不说"的美德员工行为准则;有不同意见时坚持面对面讨论;坚决反对当面不说背后乱说,开会不说会后乱说,在团队里煽阴风点冷火,制造摩擦等挑起事端的不良行为。

3. 自律的心态

自律即一种自我约束、自我负责的心态,是十大心态的基础和保障。我们处在一个高度发展的社会,面临着太多的诱惑,我们只有加强对自己的约束,树立对个人、对家庭、对企业、对社会负责的自律心态才能在人生的道路上,一路凯歌。要成为美德员工,我们要坚持以企业文化和核心价值观为工作导向,坚持以美德人才标准严格要求自己,坚持美德员工的行为准则,在工作中谦虚谨慎,勤奋节俭,严于律己,保持美德人应有的优良作风和良好的个人修养。因而自律对个人的成长、自我的成功、企业的发展、社会的稳定,具有积极和深远的影响。

4. 感恩心态

每一个人在成长历程中,都得到过别人的帮助和支持,我们应该时刻感谢这些帮助过我们的人。在公司,我们需要感谢上司及同事的援助,感谢公司的福利。毕竟如果没有企业提供的创业平台和大力的支持,我们的才能如何运用? 我们的价值如何显现? 我们如何能安身立命存于天地之间? 我们如何能成就事业和实现价值于社会之上?

感恩不但是一种美德,感恩还是一个人之所以为人的基本条件。然而,常有些人可以为一个陌路人点滴帮助而感激不尽,称兄道弟甚至两肋插刀也在所不辞;但却无视朝夕相处的领导和同事的种种恩惠,将这一切视为理所应当,这种感恩,严格说这只是一种低层次的感恩,这也是许多公司内部紧张、员工之间有隔膜的原因之一。我们所倡导的感恩是高层次的,是以良好素质为基础、以团队要求为导向的那种高尚的感恩,时常怀着感恩的心,你就会变得坦然、谦和、可敬而且高尚。

5. 求实的心态

一个人才的成长历程通常是在实践中产生经验,有了经验加以思考、总结、提炼并上升为理论,再实施于实践,如此周而复始。在现实生活中,往往文化程度高、思考能力强,理论能力也很强的人,却会因他人对自己学识的称赞而忽视了实践。古人云:"士虽有学,而行为本焉。"这即是说读书人虽有学问,但是亲身实践才是根本。

因而知识型人才要重视实践,并身体力行地从基层做起。企业的发展必须要有知识型和专业人才的加盟,才能发展壮大,这是企业发展的客观规律。求实,求真务实,就是讲究实际、实事求是,按企业发展的客观规律办事。所以,美德特别强调理论与实践的结合,全面提高。

6. 持有者的心态

将公司当成自己的事业,投入自己的责任心,将身心彻底融入公司,尽职尽责,处处为公司着想,那么一定会成功。因为这种理念会使我们为未来做准备,我们会主动学习一些足以超越目前职位,甚至成为企业持有者的技巧。并且以持有者的心态对待公司,会使他人觉得我们是值得信赖的人,是公司乐于培养的人,是可能成为持有者的人。

7. 归零的心态

归零心态也可称为"空杯归零"心态。归零心态首先是这个"剧"变而又"巨"变的时代对我们提出的客观要求。对于企业,秉承"不墨守成规,永远创业"的经营哲学,是归零心态的核心思想。对于美德员工,归零心态一方面要求我们要有勇气放下成功的光环,敢于不断挑战自我,向更大的目标和胜利奋进;另一方面,要求我们虚怀若谷,主动并善于学习,不断提升工作技能和工作业绩。归零心态不是简单的自我否定,也不是无视成功的心态;相反,归零心态是对工作、对业绩和对成功的积极扬弃,是追求持续成功和胜利的必由之路。

七、项目可行性分析

(一) 地点与采访对象的选择

实践地:就业办。

选取原因:我们选取通过发放问卷的方式了解本校的毕业生理想雇主的形象以及他们为之付出努力的方式,而后将这些调查情况同采访企业对毕业生的期望进行横向对比,再依靠网上权威评选机构给出的行业最佳雇主信息进行纵向的比较。

(二) 项目可持续性

此项目纳入指导老师高红霞老师指导的项目上海市教委民办党工委、民办高校创新计划"B类项目""上海杉达学校职业生涯课程思政化协同建设"的子项目相关,子项目名称为"寻找最佳雇主"。

开展该项实践活动的优势:可在我们自身的大学和我们大学所在的城市进行,不需要分散去其他城市进行调查采访。其次调查对象主要是本校以及毕业的大学生,所得到的数据真实可靠，且相对而言更有说服力和对比性。

八、成员感想

完成项目的过程真的是一种全新的生活，我收获到团队成员间齐心协力的喜悦，也会为缺少创意感想、数据途径而担忧，这是我在完成自己组织、自己规划的项目前没有感受过的，也算是为将来毕业后的生活积攒一点经验吧。项目组的成员来自全国各地，性格、饮食习惯、处事方式都不一样，不可避免地会产生摩擦，但令人庆幸的是大家都秉承了包容、友爱、替他人着想的理念。成员们为实践项目延迟放假回家的时间，为撰写文稿拖着疲惫的身躯努力坚持。这个项目，我们共计开展了13次线上或是线下的会议，而这个暑假里不曾有人失联、放弃。虽然完成项目的过程让人疲惫，但是细细想来，其实收获还是很多的。除了变得更为理性和客观以外，项目研究改变了我的许多价值观。比如，现在我不再盲目崇拜学术项目研究，而是只把它看成一种普通的运用知识的技巧。现代的学术项目研究，越来越趋向于职业化、规范化，越来越依赖于大规模的投资和规范化的管理数据。而研究学术也并不一定需要高智商，因为创新活动越来越规范化，创新也就变成了一种技能。既然是技能，理论上说，只要经过系统训练，谁都有希望掌握这种技能。所以，在我眼里，能完成学术项目研究的人不意味着聪明过人，而仅仅代表他有某一领域的基础知识，有比较规范的思考方式，有理性客观的态度，能用一些实践检验理论或假说。

——林玉婷

此次暑期社会实践历经两个多月的时间，期间感受颇为丰富。我主要负责文章的部分编写以及改写。整篇文章将近3万字，可以说我只是贡献了一小部分，在此我要感谢我们的组长，无论是企业的采访还是文章的框架和编写，我们的组长都付出了巨大的心血，当时又正值暑假，可以说是难能可贵的。在我进行找寻资料以及改写的过程中，我发现大学生对于企业的认识其实并不深刻，无论是企业自身的宣讲还是网上最佳雇主的评价都是流于表面，不深入。大学生看到的东西往往有限。通过此次的社会实践，我们找到了企业与大学生之间的矛盾，就此我们也了解了大学生就业的一系列问题、企业对于大学生的要求，以及大学生对于企业的考虑。为了更好地解决这些问题，我们通过对比双方需求找到了互相靠近解决的最好方式。感谢这次活动让我过了一个有意义的假期。

——阮方舟

这个暑假的社会实践结束了，我的内心松了一口气。比起说如释重负，不如说这是一个让我甘之如饴的过程，给了我充实而满足的回味。它让我知道什么是拓展思维局限的挑战和团队合作的1+1＞2的凝聚力。

——屈迪雅

我们的社会实践从建立研究思路开始就不那么容易，但我一直认为万事开头难，一个好的课题研究，它的创新性和实践意义无疑占据主导地位。我们看到了最佳雇主的时代价值，更看到时代大环境学生就业的症结，我们不断探讨交流的过程就是我们自己打破思维壁垒找到明确方向的过程。我越来越明白一个完整的实践课题绝不是在街上发下调查问卷那么容易，它需要把零散的想法转化成系统的论证，把论证转化成实践，再让实践服务于想法。社会实践就是源于我们对社会问题的近乎迫切的关心，过程中的社会性贡献哪怕是一点点边际增量都是值得而可贵的，这就是我认为的意义，是凝聚我们的力量。

暑期社会实践很快就要接近尾声了。通过这一段时间的走访调查，我收获颇多，也对就业有了更多的了解。每位应届生在毕业时都希望可以找到称心的工作。结果可能并不会那么如意，但每位毕业生都在为自己考虑着。通过这次实践，我收获最多的就是了解了大学期间应该如何管理和规划自己。在我们的走访以及问卷调查的过程中，我们发现其实有很多毕业生对自己的未来并不清晰。所以，在以后的大学生活中，应该对自己有一个清醒的定位，找准自己的优缺点，不让自己毕业即失业。而且，对自己做规划时，要清楚用人单位需要的是什么，进而自己也就有了方向和目标。此外，通过此次的实践，我发现在工作的过程中可能会被拒绝，被不理解，但是努力的付出后总是会有回报的。我们整个团队一起努力，一起解决种种问题才是我们此次实践留下来的最宝贵的东西。只问耕耘，不问收获，因为收获总是会在辛勤耕耘后到来。

——林娜

这几天的活动让我收获匪浅，不仅对最佳雇主有了更深刻的认识，而且对大学生该如何做自己的职业规划也有了不止人云亦云的自己的感受。企业采访以及问卷调查是项目的根本，而它们让我知晓怎么样做能让企业 HR 和同僚感觉满意和尊重。多次成员会议，细抓项目中的每一节点，不仅适用于这次的项目，在做很多其他项目的时候，都可以用来让队员更熟悉流程和注意事项。毕竟计划赶不上变化，事情不会一直跟随自己的想法走，制定多个计划，在变化中灵活运用才是最稳妥的。

——田雪艳

【作者简介】

本文作者为上海杉达学院学生，指导教师：高红霞。

后　记

为了大力宣传和推广上海杉达学院职业生涯教研室、职业生涯教育协同创新中心和上海市民办高校职业生涯教育联盟实施课程思政和幸福生涯育人理念的实践经验，进一步推动混合式行动教学设计和幸福增值评价等教学改革与创新，经过近 8 年的实践成长与沉淀总结，《大学生职业生涯课程思政教改研究》一书终于和大家见面了。

新时代大学生职业生涯教育是一项培根铸魂的教育工程，是践行社会主义核心价值观的具体体现。基于新时代的社会背景和立德树人的根本任务，结合学生自我发展的内在需求，以职业生涯理论为基，以积极心理学为筑，提出"幸福生涯"的主题和混合式教学研究拓展并进行效果评价推广是我们出版这本书的直接动因。

在大学生职业生涯教育中践行"美德发挥优势，优势获得幸福"，不仅能够实现社会主义核心价值观在学生人生中的落实，更能够促进新时代高校"三全育人"及教育综合改革，用好社会这个思政大课堂、大教材，还能让大学生树立"四个自信"，培养大学生的胜任力和创新力。虽然学者们在职业生涯规划的课程思政与积极心理品质的培育方面已有较多探索，但是符合我国国情、可以直接运用于大学生职业生涯教育的积极心理品质行动研究和培育研究成果并不多，而这也是本书的学术价值所在。

感谢上海杉达学院职业生涯教研室提供的广阔平台，在教研室高红霞主任和陈敏云老师的大力支持下，历经征集、初次选稿、初次修稿、再次筛选、具体指导、分章修改、定稿等多个环节，参编本书的各位老师和有关专家领导为本书的编辑付出了智慧和汗水。

本书的编写得到了上海民办高校党建与思想政治工作创新专项计划实施项目"上海杉达学院职业生涯课程思政教学改革创新示范建设"（2018 年一期工程和 2019 年的二期工程均已顺利结题）、2019 年上海市民办高校党建和思政咨询类课题项目"上海民办高校中外合作办学党建工作状况研究"（已顺利结题）、上海杉达学院 2018 年校级课程思政建设项目（已顺利结题）和 2020 年校级虚拟仿真实验教学课程项目（已顺利结题）等相关课题项目的大力支持，为本书奠定了在"幸福增值"中"思政育人"的基调。

特别要说的是复旦大学出版社为本书的出版做了大量工作，在此一并致谢！

何妍蓉

2021 年 3 月 19 日

图书在版编目(CIP)数据

大学生职业生涯课程思政教改研究/何妍蓉,高红霞主编.—上海:复旦大学出版社,2022.8
ISBN 978-7-309-16347-6

Ⅰ.①大… Ⅱ.①何…②高… Ⅲ.①大学生-思想政治教育-教学改革-研究-中国 Ⅳ.①G641

中国版本图书馆 CIP 数据核字(2022)第 139865 号

大学生职业生涯课程思政教改研究
DAXUESHENG ZHIYESHENGYA KECHENGSIZHENG JIAOGAI YANJIU
何妍蓉 高红霞 主编
责任编辑/王轶飏

复旦大学出版社有限公司出版发行
上海市国权路 579 号 邮编:200433
网址: fupnet@ fudanpress.com http://www.fudanpress.com
门市零售: 86-21-65102580 团体订购: 86-21-65104505
出版部电话: 86-21-65642845
上海华业装潢印刷厂有限公司

开本 787×1092 1/16 印张 15.75 字数 317 千
2022 年 8 月第 1 版
2022 年 8 月第 1 版第 1 次印刷

ISBN 978-7-309-16347-6/G · 2395
定价: 56.00 元